외국어로서의

한국어 문법
교육론

우형식

한글파크

📖 머리말

문법 교육은 언어 교육에 관련된 문제를 토대로 성립된다. 따라서 한국어 문법 교육은 이론언어학의 문법 연구를 활용하면서, 교수-학습의 목표와 내용, 방법, 평가 등과 같은 교육과정의 일반적 체계 안에서 구성된다.

이런 관점에서 이 책에서는 한국어 문법 교육의 문제를 크게 네 영역으로 구분하여 정리하였다. 1부에서는 문법 교육의 성격을 규명하고, 이를 바탕으로 한국어 문법 교육의 목표 설정 문제를 다루었다. 여기서는 한국어 교육 문법이 실제적인 의사소통 능력의 신장에 기여해야 함을 강조하였다. 2부에서는 한국어 교육 문법의 내용 구성에서 요구되는 문법 항목의 선정과 배열 문제를 다루었다. 특히 덩이 형태의 중요성을 강조하였으며, 아울러 몇 가지 주제를 통해 한국어 교육 문법의 내용 구성에서 언어유형론적 접근이 유용할 수 있음을 서술하였다. 3부에서는 한국어 문법의 교수-학습에서 적용되는 교수 방법에 관한 문제를 다루었다. 구체적으로는 전통적인 문법 교수법 외에 새롭게 논의되고 있는 교수 방법과 기법을 살펴서 한국어 문법 교육에 실제로 적용할 수 있는 방안을 모색해 보고자 하였다. 4부에서는 한국어 문법 교육에서 요구되는 오류 분석과 평가 문제를 다루었다. 한국어 문법 학습에서 나타나는 오류의 유형과 그에 대한 처리의 문제를 실증적으로 서술하고, 언어 평가의 일반적인 논의와 함께 한국어 문법 평가의 구체적인 양상을 제시하고자 하였다.

전반적으로 이 책은 한국어 문법 교육에서 제기될 수 있는 문제들을 언어 교육의 일반적 관점에서 조망해 본 것이다. 일부의 경우(제3장과 제6장, 제7장, 제11장)는 특정한 주제에 대해 심화된 내용으로 구성되었는데, 필요에 따라 활용할 수 있을 것으로 기대된다.

이 책은 앞서 같은 이름으로 출간되었던 원고를 재구성한 것이다. 여기서는 종전의 원고에서 부족한 부분을 수정하거나 보완하고 가능하면 이해하기 쉽게 정리하고자 하였으며, 일부의 경우에는 삭제하거나 주제를 바꾸어 새롭게 편집하였다. 그렇지만 그동안 한국어 문법 교육에 많은 발전이 있었음에도 그러한 현실을 모두 반영하기에는 한계가 있었다.

이 책을 구성하는 데 주위로부터 많은 도움을 받았다. 우선 이 책은 이미 앞선 연구에서 다룬 것을 기반으로 하였음을 밝혀야 한다. 앞선 연구에서의 고민이 없었다면 이 책도 존재할 수 없었을 것이다. 또한 이 책에서 한국어 문법 교육의 실제적 현상이나 자료를 제시하는 부분은 한국어 교육 전문가들의 도움을 받아 구성하였다. 여러 사람들이 떠오르지만 김혜진, 이민경, 임진숙, 고승연 선생에게 이 자리를 빌려 고마운 인사를 전하고 싶다. 아울러 부족한 원고를 어엿한 한 권의 책으로 출판해 주신 한글파크 관계자들께도 감사를 드린다.

2024년 3월

우 형 식

목 차

2부 한국어 교육 문법의 내용

목 차

3부 한국어 문법의 교수 방법과 절차

제 8 장 한국어 문법 교수 방법의 전개

제 9 장 한국어 문법 교수의 절차

제10장 형태 초점 교수법의 적용

1 부

한국어 문법 교육과
교육 문법

제 1 장

한국어 문법 교육의
성격과 목표

■ 한국어 교육에서는 개별 언어 중의 하나인 한국어에 대해 무엇을, 어떻게, 그리고 왜 교육할 것인지가 주요한 문제가 된다. 이를 위해서는 우선 언어란 무엇이며 그것이 우리의 일상생활과 어떠한 관련이 있는지를 분석하여 한국어 교육의 성격을 규명하고 목표를 설정할 필요가 있다. 이 장에서는 언어관과 언어 교육의 관계를 바탕으로 한국어 교육에서 차지하는 문법 교육의 성격을 정리하고, 의사소통 능력의 신장을 지향하는 한국어 교육에서 한국어 문법 교육이 지향하는 목표를 설정해 보기로 한다.

① 언어관과 언어 교육

1.1 언어 이론의 성립

1.1.1 인간은 선천적으로 타고난 능력에 따라 언어를 습득하여 사용한다.[1] 언어는 공기와도 같이 인간의 삶에 절대적인 영향을 미치지만, 일상에서는 그리 크게 의식되지 못하는 존재이기도 하다.

언어 교육에 관한 문제를 다루기 위해서는 우선 논의의 대상이 되는 언어의 범위에 대해 생각해 볼 수 있다. 이에 대해 광의적으로는 인간의 말과 글은 물론이고 의사 전달을 위한 몸짓이나 표정, 신호 등도 언어에 포함되는 것으로 해석한다. 또한 의사소통을 위한 동물의 소리나 행동, 컴퓨터 작동을 위한 명령어 등도 일종의 언어로 본다. 그런데 협의적 관점에서는 인간이 사용하는 것으로 한정되며, 그중에서도 특히 음성으로 실현되는 것을 진정한 의미의 언어라고 한다. 그리고 이것은 가장 근원적이고 보편적인 인간의 의사소통 수단이라고 해석한다.

이러한 인간의 언어에 대해 역사적으로 다양한 관점에서 생각하고 해석하여 왔다. 그 대표적인 것으로 신성관(神聖觀)과 권위관(權威觀), 그리고 도구관(道具觀)을 들 수 있다. 언어 신성관은 고대인들의 의식이 반영된 것으로, 여기서는 언어에 주술적이며 신비로운 힘이 있다고 믿는다. 이러한 언어관에서는 언어의 올바른 전승(傳承)이 언어 교육의 주요한 목표가 된다. 언어 권위관은 중세 유럽의 라틴어나 과거 동양에서의 한문처럼 어떤 특정 언어에 권위를 부여하는 한편, 권위가 있는 것으로 인정되는 언어가 다른 것에 비해 우월하다고 생각하는 관점이다. 여기서는 교육을 통해 타락한 언어를 바로 잡아야 한다고 보며, 언어의 보편성과 규범성을 중시한다.

---

[1] 이러한 언어 사용의 특성을 근거로 하여 언어적 인간(Homo Loquens)이라 하기도 한다.

한편, 언어 도구관은 언어를 인간의 생각과 감정을 표현하고 이해하는 도구로 본다. 여기서 언어는 편의상의 도구이므로 사용에 적절하고 편리하도록 인위적으로 조정할 수 있다는 관점을 취한다. 오늘날의 언어 교육에서는 언어 도구관의 관점을 수용하며, 언어는 자연적으로 존재하며 시간의 흐름에 따라 타락하는 것이 아니라 변화하는 것으로 본다.

1.1.2 20세기 들어 언어에 대한 과학적인 연구가 시작되면서 다양한 관점에서 해석이 제기되었으며, 이러한 언어에 대한 이론적 관점은 언어 교육의 내용과 방법을 모색하는 데 큰 영향을 미쳐 왔다. 언어 교육과 관련하여 주목할 만한 언어 이론으로는 구조주의(structuralism)와 생성 이론(generative theory), 그리고 기능주의(functionalism)를 들 수 있다. 우선 구조주의 언어 이론에서는 언어를 다음과 같이 해석한다.

① Language is speech, not writing.
② A language is a set of habits.
③ Teach the language, not about the language.
④ A language is what its native speakers say, but not what someone thinks they ought to say.
⑤ Languages are different.

이것은 문자보다는 음성을 1차적인 언어로 본다는 점에서 문자언어 중심의 전통적인 언어관과 구분된다. 특히 이 이론은 행동주의 심리학에 기초를 두어 언어를 습관으로 보며, 언어 교육은 언어에 대하여 가르치는 것이 아니라 언어 그 자체를 가르치는 것이라고 주장한다.[2] 언

---

2) 행동주의 심리학에서는 학습을 자극(stimulus)과 반응(response), 강화(reinforcement)를 통한 습관화(habit formation)가 이루어지는 과정으로 보는데, 특히 언어 학습과 관련해서는 습관과 강화, 단순화를 강조한다.

어 교육에서 이러한 언어관을 바탕으로 나타난 것이 청각구두식 교수법 (audio-lingual method)이다. 이 교수법은 기계적인 반복을 통한 습관의 형성을 강조하여 교사의 발화를 단순히 따라하거나(mim-mem), 모방 기억(mimicry-memorization)과 문형 연습(pattern drill) 등을 언어 교수 의 주된 방법으로 활용한다.

생성 이론은 1960년대 이후 언어 연구에 큰 영향을 주었는데, 이 이론 의 언어관은 다음과 같이 정리된다.

① A language is characterized by rule-governed creativity.

② The rules of grammar are psychologically real.

③ Man is uniquely built to learn language.

④ A living language is a language in which we can think.

⑤ Languages are universal.

여기서는 언어가 규칙-지배적임을 강조하며, 그 규칙을 심리적 실체 로 해석한다. 그리고 언어는 인간만이 사용한다는 점과 언어의 보편적 성격을 강조한다. 이 이론에 바탕을 두는 언어 교육에서는 인간의 보편 적인 언어 습득 능력에 기초하여, 외국어 습득에서도 모국어에서와 마찬 가지로 어떤 보편타당한 인지적 전략이 있음을 전제로 한다. 즉, 언어의 단계별 습득 순서는 인지 발달에 따라 추진되며, 보편적인 습득의 원리 와 전략에 따라 목표 언어의 가상적인 문법 구조를 만들고 이를 수정해 가는 과정을 통해 목표 언어를 습득한다는 것이다.

한편, 기능주의 언어 이론의 언어관은 다음과 같이 정리된다.

① Language is a system for expression of meaning.

② The primary function of language is for interaction and communication.

③ The structure of language reflects its functional communicative uses.

④ The primary units of language are not merely its grammatical and structural features, but categories of functional and communicative meaning as exemplified in discourse.

여기서는 언어를 의미 표현을 위한 체계로 보며, 언어의 1차적 기능을 상호작용과 의사소통에 있다고 본다. 그리고 기능(function)과 사용(use), 의미(meaning), 담화(discourse) 등이 언어를 해석하는 주요 개념이 된다. 언어 교육에서는 이 이론을 기반으로 1970년대 들어 담화적 사용에서의 유창성과 의사소통 능력을 강조하는 이른바 의사소통적 접근법(communicative approach)이 등장하였으며, 오늘날에도 언어 교육의 목표와 내용, 방법을 설정하는 데 기본적인 바탕이 되고 있다.

1.2 언어 교육의 관점

1.2.1 언어 교육에서 우선적으로 제기되는 문제는 언어란 무엇이고 인간은 그것을 어떻게 습득하여 사용하는가 하는 것이다. 이 문제는 언어 교육의 이론 정립에서 오랜 세월 동안 주요한 관심사 중의 하나였으며, 따라서 이 문제는 여러 관점에서 논의되어 왔다. 언어 교육에서 유용할 것으로 예상되는 몇 가지 언어에 대한 해석을 제시하면 다음과 같다 (Larsen-Freeman, 2003:1-4 참조).

- 언어는 문화 전수의 수단이다.
- 언어는 음성 기호와 문장 형식의 집합이다.
- 언어는 규칙의 집합이다.
- 언어는 일상생활에서 필요한 것을 표현하기 위해 사용하는 것이다.
- 언어는 인간의 상호작용 수단이다.
- 언어는 의미와 메시지를 전달하는 수단이다.
- 언어는 다른 것을 배울 수 있게 하는 매개물이다.

언어를 어떻게 정의하는가에 따라 언어 교육의 내용과 방법도 달라지기 마련이다. 예를 들어, 언어를 문화 전수의 수단이라고 한다면, 전통적인 문법번역식 교수법(grammar-translation method)에서처럼 문학 작품이나 시가, 역사 텍스트를 읽고 번역하며, 이를 정확하게 수행하기 위해 텍스트를 구성하는 어휘와 문법 구조에 집중하게 될 것이다. 그리고 언어를 음성 기호와 문장 형식의 집합으로 본다면, 언어 교육은 의미적 차이를 변별하는 음성적 특징을 구별하는 연습과 함께 문법 연습을 통해 문장의 형식을 습득하는 데 관심을 기울일 것이다. 이것은 청각구두식 교수법(audio-lingual method)과 관련된다.

그런데 언어가 일상생활의 필요에서 사용되는 것으로 정의한다면, 언어 교육에서는 기능 중심의 친구 소개하기나 쇼핑하기와 같은 발화 상황에 따르는 대화의 연습에 초점을 두게 될 것이다. 아울러 언어가 인간의 상호작용을 통한 의미와 메시지 전달의 수단이라고 본다면, 언어 교육은 의사소통적 활동과 과제 수행에 중점을 둘 것이다. 이것은 근래에 강조되고 있는 의사소통적 접근법(communicative approach)과 관련된다.

1.2.2 언어 교육과 관련하여 언어란 무엇인가에 대한 해석은 다양할 수 있다. 그런데 이들 중 언어 교육의 내용과 방법을 구성하는 데 가장 두드러지게 영향을 미치는 것은 구조적(structural) 관점과 기능적(functional) 관점이라 할 수 있다.

구조적 관점은 언어의 어떤 형태들이 어떤 방식으로 특정한 구조를 형성하는지에 주목하며, 언어가 어휘와 문법의 규칙(rule)으로 이루어진다는 점에 바탕을 둔다. 어휘는 규칙에 따라 형태가 변화하고, 문법은 어휘들을 특정한 원리와 규칙에 따라 올바르게 배열하여 문장을 구성하는 바탕을 제공한다. 그리하여 학습자는 어휘와 문법의 규칙을 통해 끊임없이 생성되는 다양한 문장을 이해할 수 있게 되며, 또한 한 언어로부터 다른 언어로 번역도 가능하게 된다.

언어에 대한 구조적 관점은 문법번역식 교수법이나 청각구두식 교수법과 관련된다. 이러한 교수법에서는 어휘에 대한 광범위한 지식뿐만 아니라, 문장 구조와 텍스트 구성 방식 등에 대한 상당한 지식을 강조한다. 특히 문법번역식 교수법에서는 텍스트의 의미를 이해하기 위해 번역을 활용할 수 있으며, 따라서 수업은 주로 텍스트 읽기와 번역하여 쓰기에 초점을 둔다.

한편, 기능적 관점은 인간이 언어를 어떻게 사용하는가에 초점을 둔다. 기능적 관점은 언어 형식이 특정한 맥락(context) 안에서 어떤 의미를 실현하며 어떻게 의사소통의 목적에 맞게 사용되는지를 설명하려고 한다.[3] 그리하여 언어의 의미는 언어가 사용되는 맥락에 의존하여 분명해진다고 하여 언어 사용의 맥락을 강조한다.

기능적 관점에서 언어 교육의 내용은 인간의 언어 사용 목적에 따르는 의사소통의 맥락을 기반으로 범주화된다. 그리하여 의사소통의 맥락에서 나타나는 인사하기나 소개하기, 동의하기, 약속하기, 제안하기, 거절하기, 사과하기, 설명하기 등과 같은 기능적 유형이 언어 교육의 주요한 내용이 된다. 일상적인 언어 표현을 위한 구절이나 대화를 암기하는 것을 강조하는 직접 교수법(direct method)과 의사소통을 강조하는 의사소통적 접근법은 이러한 언어관과 관련이 있다.

---

3) 맥락(context)은 어떤 사물이나 대상이 서로 연결되어 있는 관계를 말하는데, 언어 사용에서 맥락은 화자와 청자, 발화 상황 등이 서로 관련되어 있는 상태를 의미한다.

1.2.3 대부분의 언어 교육은 특정한 언어관을 바탕으로 내용과 방법이 구성된다. 예를 들어, 실제 언어 교육 현장에서는 일련의 문법 형태나 구조를 중심으로 구성된 문법적 교수요목도 활용되며, 기능 중심의 활동이 강하게 드러나는 교재들도 존재한다. 또한 교실에서도 다양한 교수법이 적용되는데, 이러한 예들은 구조적 관점이나 기능적 관점의 어떤 특정한 언어관을 염두에 두고 성립되는 것이라 할 수 있다.

언어관의 차이는 언어 교육의 내용과 방법뿐만 아니라 목표 설정에도 영향을 주며, 그리하여 다른 결과를 도출하게 하기도 한다. 예를 들어, 기능 중심의 언어관과 관련되는 교재를 활용하게 되면, 문법 지식이나 번역 능력을 평가하는 시험을 준비하는 학습자들을 도와주기가 쉽지 않다. 학습자들이 상황에 따라 적절하게 대화를 할 수 있을지 몰라도, 형태 변화나 문법적 기능을 구별하기는 어려울 것이기 때문이다. 이와 반대로, 학습자들은 일상생활에서의 의사소통을 위해 목표 언어를 학습하고자 하는데, 교재가 문법만을 다루는 것일 수도 있다. 그렇게 되면, 학습자들은 문학 작품을 번역할 수는 있으나 인사하기와 소개하기, 길 묻기와 같은 일상적 언어 표현을 습득하기가 어려울 것이다.

실제 언어 교육의 현장에서는 구조적 관점과 기능적 관점을 절충적으로 수용하여 적용하고자 한다. 그것은 실제적인 언어 교육에서는 상황적인 변인(variable)에 따라 목표와 내용, 그리고 방법을 적절하게 수용할 필요가 있기 때문이다.

② 한국어 문법 교육의 성격

2.1

언어는 인간의 일상생활에서 가장 널리 활용되는 기본적인 의사소통의 도구이다. 그리고 인간은 누구나 선천적으로 언어를 습득하여 사용할 수 있는 능력을 지니고 있다. 따라서 인간은 이러한 타고난 능력을 활용하여 언어를 습득하고, 이를 통하여 사회생활을 영위하게 된다. 인간의 언어 습득 능력은 인간이 사용하는 모든 언어를 대상으로 발휘될 수 있으나, 우선적으로는 모국어를 그 대상으로 한다.

그런데 사회가 발달하고 여러 민족과 국가 사이의 문물 교류가 활발해지면서 서로 다른 언어를 사용하는 개인이나 집단 간에도 의사소통의 기회와 필요성이 커지고 있다. 이에 따라 모국어 외에 또 다른 언어(외국어)의 습득이 요구된다. 물론 외국어의 습득에서도 모국어의 경우와 마찬가지로 인간이 지니고 있는 선천적 능력이 바탕이 된다. 그러나 외국어의 습득은 모국어의 경우와 다른 점도 있다. 그것은 언어의 내적 구조가 다르다는 기본적인 차이뿐만 아니라, 언어 습득의 목표와 방법에서도 서로 다르기 때문이다. 그리하여 외국어 교육과 관련한 연구에서는 외국어 습득에 대해 이론적으로 접근하고 이를 올바로 실천할 수 있는 다양한 방법들을 모색해 오고 있다.

인간의 언어는 매우 다양하고 복잡한 것이어서 원활한 의사소통을 이루려면 언어 사용 능력을 길러야 할 필요가 있다. 언어 교육은 언어 사용 능력을 타당한 방법을 통해 효과적으로 신장시키는 일련의 활동이라 할 수 있다. 언어 사용 능력의 신장을 목표로 하는 언어 교육은 일반적인 언어 사용을 위한 기저 지식(언어 지식)과 이를 바탕으로 하는 실제적인 언어 사용의 활동(언어 기술)을 주요 내용으로 한다. 이런 측면에서 언어 교육의 영역을 다음과 같이 정리할 수 있다.

- 언어 지식: 언어 자체에 대한 개념적 지식과 언어 사용에 대한 절차적 지식을 포함한다. 개념적 지식은 발음과 음운, 어휘, 문법 등의 규칙과 특징을 뜻하고, 절차적 지식은 언어의 사용과 관련하여 발화 상황에 따른 적절한 표현을 구사하는 활용 능력과 관련된다.
- 언어 기술: 언어 사용에서의 이해와 표현을 포함한다. 이해는 듣기와 읽기로 구성되고, 표현은 말하기와 쓰기로 구성된다. 그리고 듣기와 말하기는 음성언어를 대상으로 하고, 읽기와 쓰기는 문자언어를 대상으로 한다.

위에서 언어 지식은 순수한 언어학적 관점에서의 지식이 아니라 교육적 관점이 적용되어 다시 정립된 것을 의미한다. 그것은 언어 교육은 보편적인 언어 능력이 아니라 제한된 맥락 안에서 선택된 언어적 변이나 사용을 위한 지식(knowledge)을 주요 내용으로 하기 때문이다. 그리고 언어 기술은 듣기와 말하기, 읽기, 쓰기 등이 작동되는 절차를 알고 맥락에 따라 적절한 언어 형태를 사용하는 기술(skill)과 관련된다.

2.2

앞에서 논의한 언어 교육의 성격을 바탕으로 하여 한국어 교육의 체계를 몇 가지 하위 영역으로 나누어 이해해 볼 수 있다. 일반적으로 언어 교육이 언어 지식과 언어 기술로 구분된다는 점에서 한국어 교육도 목표 언어로서의 한국어의 언어 지식과 언어 기술이 주요한 영역이 된다. 그리고 여기에 한국어를 대상으로 하는 교육 활동 영역과 이러한 활동이 이루어지는 배경 영역이 더해질 수 있다. 이러한 관점에서 한국어 교육을 구성하는 하위 영역을 체계적으로 정리하면 다음과 같이 될 것이다 (우형식, 2010ㄴ 참조).

한국어			교육 활동
언어 지식		발음 어휘 **문법** 담화	교육과정 교사 학습자 교재
언어 기술		듣기 말하기 읽기 쓰기	교수법 교수-학습 오류 분석 평가

배경: 문화, 사회, 정책

　위에서 한국어 영역은 한국어에 대한 기저 지식(언어 지식)과 실제적인 사용 기술(언어 기술)을 포함한다. 언어 지식 영역은 발음과 어휘, 문법, 담화 등과 같은 언어의 하위 영역에 대한 지식(knowledge)을 주요 내용으로 한다. 그런데 이것은 순수한 언어학적 이론이 아니라 교육적 관점에서 재구성된 것을 의미한다. 그리고 언어 기술 영역은 듣기와 말하기, 읽기, 쓰기와 같은 한국어의 이해와 표현을 위한 언어 사용 기술(skill)과 관련된다. 이것은 언어 사용 기술의 성격과 아울러 사용 능력의 구성요소와 작용 등을 주요 내용으로 한다.

　교육 활동 영역은 교육학의 연구 성과를 바탕으로 한국어 교육을 수행하는 데 요구되는 요소들을 주요 내용으로 한다. 이것은 교육 활동 계획으로서의 교육과정을 비롯하여 교육 활동의 주요 구성요소가 되는 교사와 학습자, 교재뿐만 아니라, 실제적 활동으로서의 교수-학습과 오류 분석, 평가 등을 모두 포함한다.

　그리고 한국어 교육에는 사회와 문화, 정책 등의 배경도 또 하나의 영역이 된다. 이것은 한국의 사회와 문화에 대한 단편적인 지식보다는 사회·문화적 배경에서 어떤 언어적 표현이 어떻게 수용되는지와 같은 언

어 교육의 관점에서 접근한다.[4]

위에서 보면, 한국어 교육의 하위 영역에서 문법은 언어 지식에 속해 있다. 그런데 여기서 문법은 언어 지식 영역에 고립되어 존재하는 것이 아니라 언어 기술과 교육 활동의 세부 항목들과 관련을 맺는다. 그리하여 문법 지식은 듣기와 말하기, 읽기, 쓰기 등의 언어 기술에서뿐만 아니라(예를 들면, 한국어 회화와 문법, 작문과 문법, 독해와 문법 등), 교육과정(교수요목)과 교재, 교수법, 교수-학습, 오류 분석, 평가 등의 교육 활동에서도 주요한 논의의 대상이 된다(예를 들면, 한국어 문법 교재, 문법 교수법, 문법 평가, 작문에 나타난 문법 오류 분석 등). 또한 한국어 교육에서 문법은 높임 표현 등과 같이 한국어가 사용되는 사회 · 문화적 배경과 관련되기도 한다.

③ 한국어 문법 교육의 목표

3.1 문법 교육의 필요성

3.1.1 문법(grammar)은 언어 교육에서 언어 지식의 영역에 위치한다. 문법에 관한 지식은 언어 교육의 내용 요소가 되는데, 전통적으로 문법은 언어 교육에서 매우 큰 비중을 차지해 왔다. 그런데 언어 교육에서 문법은 매우 낯익은 것이기는 하지만, 문법이 무엇인지 그리고 어떻게 다루어야 하는지의 문제는 그리 간단하지 않다.

언어 사용에서 의사소통에 참여하는 사람들 사이에는 세계에 대한 지

---

4) 문화체육관광부 · 국립국어원(2020)에서는 '한국어 표준 교육과정은 다양한 주제와 맥락에서 한국어로 의사소통할 수 있는 능력을 배양하는 것을 목표로 삼으며 동시에 한국 문화를 이해하고 경험할 수 있는 상호문화 의사소통 능력을 기르는 것을 목표로 한다.'고 기술하고 있다.

식과 문법을 비롯한 언어에 대한 지식이 요구된다. 이 둘 사이에는 반비례의 관계가 존재하는데, 그것은 언어 사용자들이 세계 지식을 충분히 공유하고 있다면 정밀하게 명세화된 언어 지식은 의사소통에 잉여적이게 되고, 공유된 세계 지식이 충분치 못하거나 적게 활용될수록 언어에 대한 지식의 역할은 더 커지게 된다. 따라서 언어 지식으로서의 문법은 실재 세계에 대한 지식의 한계와 맥락 의존성을 보완해 준다고 할 수 있다 (김지홍 뒤침, 2002:47-64 참조).[5]

일반적으로 문법은 언어를 구성하는 원리(principle)와 규칙(rule)을 말하는데, 언어 교육과 관련되는 문법에 대한 정의 또는 해석을 보면 다음과 같다.

- 문법은 언어의 구조에 대한 기술 및 언어에서 문장을 만들기 위해 단어 또는 구와 같은 언어적 단위가 결합되는 방식에 대한 기술이다(Richards et. al., 1992).
- 문법은 학습자들로 하여금 해당 언어를 정확하고 의미 있고 적절하게 사용할 수 있도록 하는 것이다(Larsen-Freeman, 2003).
- 문법은 형태가 전달하는 의미를 포함하는 문장 형성의 규칙이다 (Thornbury, 1999).

위에서 보면, 문법은 작은 언어 단위들이 결합하여 더 큰 언어 단위를 구성하는 데 요구되는 규칙이며, 목표 언어를 정확하고 의미 있게 사용할 수 있도록 하는 지침이 된다. 따라서 언어 교육에서 보면, 문법은 학습자가 목표 언어로 접근해 가는 과정을 구조화해 주며, 학습자가 목표 언어의 구조에 어느 정도 접근해 있는지를 측정하는 기준이 된다. 이런

---

5) 한편, 세계 지식뿐만 아니라 사회적 또는 심리적 거리감도 더 많은 문법을 요구한다. 예를 들어, 한국어의 경우 개인의 품위와 체면을 유지하는 등의 사회적인 거리감을 나타내거나 언어 사용자 사이의 심리적인 친소 관계를 표현하기 위해 높임 표현의 문법이 추가적으로 요구되기도 한다.

의미에서 문법은 교육적 가치가 있으며, 언어 교육에서 고유한 성격을
지니게 되는 것이다.

3.1.2 언어 교육에서 문법은 전통적으로 주요하게 다루어지는 영역이
었다. 그런데 언어 교육을 지나치게 문법 지식 위주로 수행하는 과정에
서 문법 교육의 필요성에 대한 의문이 제기되기도 하였다.

20세기 후반 이후 언어 교육에서 문법 교육이 필요한지의 여부에 대한
논의에는 긍정과 부정으로 서로 대립되는 견해가 있어 왔다(Thornbury,
1999:14-21; 정희정, 2004 참조). 우선 언어 교육에서 문법 교육이 필
요 없다고 보는 견해는 다음과 같은 근거를 제시한다.

- 외국어를 배우는 것은 언어의 내용을 배우는 것이 아니라 어떻게 사용
  (use)하는지를 배우는 것이다. 언어는 자전거 타기를 배우는 것처럼 행동하
  면서 배워야 한다.
- 외국어 교육은 의사소통(communication) 중심이 되어야 한다.
- 언어는 학습(learning)하는 것이 아니라 습득(acquisition)하는 것이다.
- 문법을 배우는 것보다 덩이 형태(chunk)를 배우는 격이다.

이 견해에서는 언어는 실천을 통해 사용할 수 있게 되는 것이며, 문법
에 대해 잘 안다고 해서 그 언어를 잘 사용하는 것은 아님을 강조한다.
그리고 문법 자체에 대해 학습하는 것보다 그 문법이 사용되는 상황을
연습하는 경험적 학습이 더 중요하며, 문법적 지식은 의도적으로 학습되
기보다는 실제 의사소통에 참여하는 활동을 통해 무의식적으로 습득된다
고 본다.[6] 또한 문법은 전통적으로 한 문장을 구성하는 원리를 중심으로

---

6) Krashen(1982)에서는 외국어를 통한 성공적인 의사소통은 학습이 아니라 습득에 바탕을 둔다고 주장하였
   다. 그리고 습득은 언어 사용자와의 접촉을 통해 언어를 경험하게 될 때 일어나는 자연적인 과정인데, 문법
   은 습득보다는 형식적인 지도에 의한 학습에 의존한다고 하였다.

기술되어 왔으나, 교육적으로는 문법을 어휘처럼 덩이 형태(chunk)로 접근하는 것이 언어 발달에 효과적이라고 본다.[7]

한편, 언어 교육에서 문법 교육이 필요하다고 보는 견해는 다음과 같은 근거를 제시한다.

- 문법은 문장을 생성해 내는 장치이다. 언어를 배우는 것은 단어나 구와 같은 항목을 습득하는 것이고, 이들은 규칙에 의해 연결되는데 바로 이것이 문법이 된다. 즉, 문법은 언어의 질서이며, 이 질서들을 알 때 학습자는 무한한 창조력을 가지게 된다.
- 문법은 문장을 정교하게 다듬어 주는 장치이다. 문법은 화자의 의도를 정확하게 전달하게 하는 데 기여한다.
- 문법을 배우지 않으면 학습자의 언어는 화석화되기 쉽다.
- 문법을 인식함으로써 언어를 조직화하는 데 도움을 받을 수 있다.
- 문법은 한정적인 규칙으로 이루어져 있기 때문에 이것을 익히면 언어를 습득하는 과정이 단순화될 수 있다. 또한 언어의 문법 항목은 분절적인 특징을 보이는데, 교육 목적에 따라 분절 항목을 설정할 수 있다.

위의 견해를 보면, 문법은 언어를 이루는 질서와 규칙으로 문장을 구성하는 기제가 되는데, 학습자는 새로운 문장을 구성하기 위해서 문법을 학습할 필요가 있다는 것이다. 그리고 문법은 학습자가 무한한 문장을 구성할 수 있도록 하며, 따라서 학습자들은 문법을 통해 다양한 의미를 표현할 수 있는 수단을 확보한다고 해석한다. 또한 문법 교육은 오류의 화석화를 방지하며, 잘못된 표현을 교정해 주거나 학습자 스스로 교정해야 할 의지를 갖게 해 준다고 본다.[8]

---

7) 덩이 형태(chunk)는 단어보다는 크지만 대체로 문장보다 작은 단위에 해당한다(다음의 6장 참조).
8) 화석화(fossilization)는 외국어 습득 과정에서 어떤 규칙이나 언어 요소를 목표 언어와 비슷하게 고착시켜 사용하는 현상을 말한다. 학습자가 목표 언어의 규칙을 쉽게 습득할 수 없을 경우에는 영구적인 화석화가 발생하는데, 이것은 외국어 습득에 부정적인 영향을 미치게 된다.

특히 이 견해에서는 문법은 언어 습득의 선행 조직자(advance organizer) 역할을 하며, 따라서 문법에 대한 학습은 다른 영역의 언어 습득 과정에 긍정적으로 작용한다고 본다.[9] 그리고 문법은 길고 복잡한 언어 구성체를 분절하여 문법 항목(grammatical item)이라 불리는 작은 형태 단위를 중심으로 조직되는데, 이를 통해 학습자들은 목표 언어에 쉽게 접근할 수 있다고 해석한다.[10] 그리하여 의사소통 기능에 따라 부탁하기, 약속하기, 사과하기 등에 필요한 문법 항목을 설정하고 실제로 교수-학습 활동을 할 수 있게 된다는 것이다.

3.1.3 언어 교육에서는 문법을 올바른 형태에 대한 규범이 아니라, 교육 활동이 적합하도록 언어를 분석하고 기술한 것이라고 이해한다. 또한 언어 교육에서 문법은 단순히 언어 형태의 형식적인 연결망을 기술한 것이 아니라, 의사소통적 기능에 근거한 것으로 이해한다. 이에 따라 언어 교육에서는 교육을 위한 문법 항목을 선정하고 범주와 위계에 따라 조직하는 등 교육의 내용과 방법에 관련한 논의가 활발히 전개되어 왔다(다음의 5장 참조).

이론적으로 보면, 문법은 언어에 내재된 규칙의 집합으로, 한 언어에 존재하는 수많은 형태들이 어떻게 배열되어 하나의 명제로서의 의미체(문장)를 형성하는지에 관한 원리와 규칙을 제시해 주는 것이다. 언어 교육의 관점에서 보면, 이러한 원리와 규칙에 대한 지식은 학습자들의 언어에 대한 의식을 강화하고 효율적인 습득을 촉진시켜 주는 것으로 이해한다.

언어 교육의 현장에서 교사는 효율적인 언어 교육을 위해 목표 언어의

---

9) 학습 과정에서 학습자들은 이미 머릿속에 들어 있는 개념이나 지식, 정보 등을 활용하여 새로운 어떤 새로운 것을 수용하게 되는데, 이들을 지칭하여 선행 조직자라 한다.

10) 문법 항목은 실제 언어 교육에서 연습에 초점을 두고 제시되는 문법 체계의 작은 단위(형태 또는 문법범주)를 말하는데, 주로 문법 형태를 지칭한다(다음의 5장 참조).

문법에 관한 충분한 지식을 갖출 필요가 있다.[11] 그것은 언어 교육에서 어떤 교수법이나 교수요목을 활용하더라도 문법 지식은 유용하기 때문이다. 또한 학습자들은 문법 학습을 기대하기도 하는데, 학습자가 성인이며, 고급에 가까울수록, 그리고 교육 경험이 많을수록 문법에 대한 교육이 필요하며 중요하다.

언어 교육에서 문법은 형태와 구조에 초점을 두는 전통적인 방식과 함께 의사소통을 위한 의미와 기능을 강조하는 방식으로 다루어져 왔다. 전자는 학습자들이 점점 더 많은 복잡한 구조에 체계적으로 접근해 가면서 목표 언어에 대한 지식을 수용하고 종합해 가는 것으로 전제한다. 이에 비해 후자의 경우에는 언어 교육의 궁극적 목표를 목표 언어의 원활한 사용에 두고, 문법은 의사소통을 위한 방편을 제공하는 것으로 다루어진다.

언어 교육의 현장에서는 학습자들이 목표 언어의 문법에 직접적으로 주의를 기울이게 하는 것이 유용하다는 점을 인정하며, 실제로 이러한 방식이 적용되고 있다. 그리하여 교육을 위한 문법(교육 문법, pedagogical grammar)을 구성하고, 여기서 언어 교육에서 요구되는 문법 형태와 구조에 대한 필요한 정보를 제공한다. 그리고 교육 문법에서는 목표 언어의 기본적인 구조와 규칙뿐만 아니라, 그것의 사용 양상을 매우 구체적으로 기술하고자 한다(다음의 2장 2절 참조).

---

[11] 언어 교육의 성패를 좌우하는 요인으로 교사의 능력이 언급되는데, 그 중에서도 목표 언어에 대한 지식과 구사 능력, 관련 학문에 대한 지식, 수업 기술 등이 중요하게 거론된다(신은경, 2014 참조). 특히 효율적인 수업을 위해서는 교수법(how to teach)도 중요하지만, 가르칠 내용(what to teach)이 더 우선한다고 할 수 있다. 왜냐하면 모르는 것은 가르칠 수는 없기 때문이다. 그리하여 문법 지식은 언어 교육의 최소한의 필요조건이 되는 것이다.

3.2 문법 교육의 목표 설정

3.2.1 한국어 교육은 한국어를 외국어 또는 제2언어의 하나로 습득하는 활동과 관련한 이론과 실제를 다룬다. 그리고 한국어 교육의 목표는 '한국어를 통한 의사소통 능력의 신장'으로 귀결된다.

이에 대해 문화체육관광부·국립국어원(2020)에서는 다음과 같이 기술하고 있다.

"한국어 표준 교육과정을 통해 함양할 수 있는 가장 중요한 학습자 역량은 의사소통 능력이다. 한국어 의사소통 능력이란, 한국어를 사용하여 메시지를 전달하고 해석하며 상호 간의 의미협상을 가능하게 하는 능력이다. …… 한국어 표준 교육과정은 한국어 학습자들이 효율적이고 효과적으로 한국어로 소통이 가능하도록, 학습자들의 의사소통 능력을 신장하는 데에 초점을 맞춘다."

여기서 의사소통 능력은 1970년대 언어 사용의 맥락을 강조하는 관점에서 제시된 것으로, 특정 상황이나 맥락에서 적합한 발화를 생성해 내는 능력을 의미한다. 따라서 의사소통 능력은 개인의 내재적인 언어 지식이라기보다는 언어 사용자들 사이의 역동적인 상호작용과 관련된다.

Chomsky(1965)에서는 언어 연구에서 이상적 화자의 언어능력 (linguistic competence)을 강조하였다. 언어능력은 언어에 대한 내면화된 지식으로서 문법적으로 올바른지에 대해 직관적인 판단을 가능하게 하며, 구체적인 상황에서의 언어의 실제적 사용에 대응하는 개념이다(다음의 3장 1절 참조).

이에 대해 Hymes(1972)에서는 언어는 사용되어야 함을 전제로 하면서 사회성이 강조되는 의사소통 능력(communicative competence)을 도입하고, 이를 언제 말해야 하고 언제 말하지 않아야 하는지, 누구와, 언제, 어디서, 어떤 방법으로 말하는지는 아는 능력이라고 하였다. 그리고 의사소통 능력은 암묵적 지식으로서의 문법 능력(grammatical competence)과 주어진 사회적 맥락에서 알맞은 문법 규칙을 사용할 수 있는 능력으로서의 사회언어학적 능력(sociolinguistic competence), 그리고 언어 수행의 기저 규칙으로서의 사용 능력(ability for use)을 포함한다고 하였다. 이것을 정리하면 다음과 같다(김희숙 외 옮김, 2011:128-131 참조).

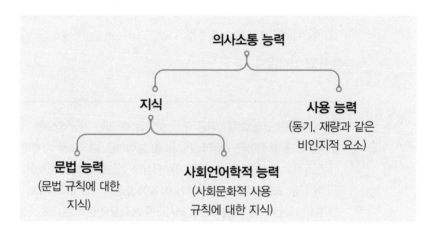

한편, Canal & Swain(1980)에서는 의사소통 능력을 다음과 같이 네 가지의 하위 능력으로 해석하였다.

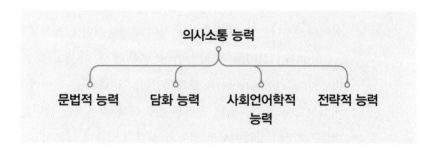

여기서 문법적(grammatical) 능력은 어휘와 통사 규칙, 형태 규칙, 발음 규칙, 철자법 등의 언어학적 기호를 정확하게 사용하여 문법적으로 올바른 문장을 생성해 내는 능력을 말한다. 그리고 담화(discourse) 능력은 담화의 유형과 구조에 대한 이해 능력을 포함하여, 담화 구성에 필요한 지시어나 접속사 등의 형식적 응집 장치와 내용상의 결속 장치를 이

용하여 의미적 완결성과 통일성이 있는 담화를 구성하고 이해할 수 있는 것과 관련된다.

사회언어학적(sociolinguistic) 능력은 묘사와 설명, 설득, 정보 전달 등의 담화 구성에 필요한 언어 기능을 수행하기 위해 사회적 맥락과 담화 상황에 맞게 문법 형태를 사용하거나 이해하는 능력을 말한다. 그리고 전략적(strategic) 능력은 발화 생산자가 소통의 효율성을 높이고 소통 장애를 보상하기 위해 사용하는 회피하기, 바꿔 말하기, 도움 요청하기와 같은 언어적이거나 비언어적인 전략의 사용 능력을 말한다.

이러한 이론적 접근과 관련해 보면, 한국어 교육에서 지향하는 한국어 의사소통 능력은 한국어에 대한 문법적 지식과 다양한 상황에서의 사용 규칙을 포괄하는 언어적 능력이라 할 수 있다.[12]

3.2.2 언어 교육에서 문법은 의사소통 능력을 기르기 위한 수단이지, 그 자체가 목표는 아니다. 문법 자체를 목표로 한다면 학습자가 모든 문법 규칙에 대한 지식은 있으나 의사소통 상황에서 그것을 펼쳐내지 못한다는 문제에 직면하게 될 것이다. 따라서 문법 교육은 학습자들로 하여금 학습하고자 하는 목표 언어를 정확하고 의미 있게 사용할 수 있도록 하는 데 궁극적인 목표를 둔다. 즉, 문법 교육은 문법 규칙을 이해하고 그에 따라 문장을 구성하는 것을 뛰어넘어 문법 규칙을 사용하여 자유롭게 의사소통을 할 수 있는 능력을 기르는 것을 목표로 한다. 의사소통 능력의 신장을 목표로 하는 문법 교육은 의미와 담화, 사회적인 요인들을 복합적으로 고려하여 운용된다.

한국어 문법 교육의 목표는 한국어를 통한 의사소통 능력의 신장이라는 한국어 교육의 일반적 목표에 부합하도록 설정된다. 이에 대해서는

---

12) Richards et. al.(1992:61)에서는 의사소통 능력을 '언어에 대한 문법적 지식과 그 언어를 여러 가지 사회적 상황에서 적절하게 사용할 수 있는 언어 사용에 대한 심리적, 사회적 규칙에 대한 지식을 포괄하는 언어능력'이라고 하였다.

한국어 문법 교육과 관련한 여러 연구에서도 논의된 바 있는데, 이미혜(2009)에서는 한국어 문법 교육의 목표를 외국인(또는 재외동포)을 대상으로 상황에 맞게 정확하고 유창하게 의사소통을 할 수 있도록 문법을 이해하고 사용하도록 하는 것이라 하면서, 다음과 같은 세부 항목을 제시하였다.

- 언어의 형태, 의미 등 언어 사용에 필요한 정보를 파악한다.
- 문장 구성에 대해 이해하고, 올바른 문장을 생성한다.
- 부적절한 문장을 올바른 문장으로 교정하는 능력을 기른다.
- 의사소통 상황에 맞게 정확하고 알맞게 표현하는 능력을 기른다.

이것은 한국어 문법 교육이 한국어의 내적인 지식뿐만 아니라 실제 사용에 유용하도록 수행되어야 함을 뜻하는 것으로 이해된다.[13] 즉, 한국어 교육에서 문법 교육의 목표는 학습자들이 문장을 정확하게 구성하고 실제로 담화상에서 유창하게 사용할 수 있도록 하는 데 있다는 것이다.[14]

종래의 한국어 교육은 지나치게 문법 중심이었다는 비판이 제기되기도 하였다.[15] 물론 이러한 점은 반성의 여지가 있는 것이기는 하지만, 의사소통을 목표로 하는 한국어 교육에서도 문법 교육의 중요성은 인정될 필요가 있다. 결국 한국어 문법 교육은 한국어를 문법적으로 정확하면서도

---

[13] 따라서 한국어 문법 교육에서 문법은 정확한 문장을 구성하는 내적 지식뿐만 아니라, 의사소통적 목적을 성취할 수 있도록 맥락에 적절한 문장을 구성하는 능력을 포함한다.

[14] 한국어 문법 교육의 목표에 대해 정희정(2004)에서는 학습자가 상황에 맞게 적절한 형식으로 자신의 의사를 명확하게 표현하고 그에 따르는 상대방의 의사를 정확하게 이해하는 말의 사용법을 익히는 데 있다고 하였으며, 이병규(2008)에서는 상황을 고려하여 정확하고 유창하게 의사소통을 할 수 있도록 음성, 단어, 문장, 문법 요소, 말의 사용과 관련된 한국어 문법 지식을 익히는 것이라 하였다.

[15] 종래의 문법 중심 교육은 문법의 내용이 복잡하고 어려우며, 설명과 연습 위주의 수업이 지루하기도 하거니와 특히 시험의 주요 대상이 되었던 문법 지식에 대한 부정적인 경험이 문법을 꺼리게 하는 요인이 되었다는 비판을 받았다.

실제 발화 상황에서 수용될 수 있도록 이해하고 표현하는 데 기여함으로써, 한국어 의사소통 능력을 신장시키는 방향으로 이루어져야 하는 것이다.[16]

---

16) 그런데 한국어 문법 교육은 의사소통 능력의 신장에 궁극적인 목표가 있는 것이지만, 구체적으로는 학습 조건과 학습 목적에 따라 설정될 필요가 있다. 그것은 실제 한국어 교육의 현장에서는 학습자의 한국어 능력과 학습 목적이 다르므로, 한국어 문법 교육의 목표도 다양한 변인에 부합되도록 설정되어야 함을 의미한다.

제 2 장

한국어 교육 문법의 성립

■ 인간의 언어는 어떤 의미를 표현하기 위해 필요한 형태들이 일정한 규칙에 따라 배열되어 구성되는 발화체이다. 여기서 문법은 의미 있는 발화체를 구성하기 위한 규칙들의 집합으로, 언어에 내재된 또는/그리고 언어 사용자의 머릿속 지식에 암묵적으로 존재하는 추상적 실체로 정의된다. 이 장에서는 언어 교육을 위해 기술된 문법(교육 문법)의 성격을 규명하고, 이를 바탕으로 한국어 교육 문법의 위상은 어떻게 정립될 수 있는지 살펴보기로 한다.

❶ 문법에 대한 일반적 이해

1.1

'문법'을 의미하는 영어의 'grammar'는 그리스어의 'gramma'(쓰인 것, 글자), 'grammatikos'(글자를 알다)에서 유래하였다고 하는데, 따라서 원래 문법은 문자 또는 글에 대한 학문을 뜻하였던 것으로 보인다(『영어학 사전』, 1990:517-521 참조). 그리고 라틴어로는 'grammatica'라 하는데, 이것은 옳게 말하고 쓰는 기술이라는 뜻으로, 이를 통해 보면 문법은 올바른 언어 표현을 위한 기술로 인식되었음을 알 수 있다. 이렇게 그리스어나 라틴어의 어원으로 보면, 문법은 학문적 성격과 실용적 성격을 함께 지니며, 이것은 오늘날 우리가 문법의 성격을 이해하는 데서도 발견된다.

오늘날 'grammar'가 일상적으로 어떻게 인식되는지에 대한 예로 영어 사전(『American Heritage College Dictionary』, Houghton Mifflin Company, 2002;602)의 주석을 보면 다음과 같다.

---

①-a. 단어와 단어의 하위 부분들이 어떻게 문장을 이루는지에 대한 연구
　　-b. 언어 또는 한 언어 내에서의 구조적 관련성에 대한 연구
②-a. 한 언어의 굴절, 통사, 단어 형성의 체계
　　-b. 한 언어에서 가능한 모든 문장을 생성하기 위한 기제로서의 규칙들의 체계
③-a. 문법의 표준을 구성하는 규범적이고 처방적인 규칙들의 집합
　　-b. 그러한 규칙들의 집합과 관련하여 판단되는 쓰기나 말하기
④ 특정 언어에 대한 형태적, 통사적, 의미적 규칙들을 담고 있는 책
⑤-a. 지식의 한 영역에 대한 기본적인 원리 (예, 음악의 문법)
　　-b. 그러한 원리들을 다루는 책

위에서 ①, ②, ③은 언어학에서의 이론적 정의와 관련되는 것으로, ①은 기술 문법, ②는 생성 이론, ③은 규범 문법에서의 문법에 대한 해석

에 해당된다. 이것은 문법이 형태소와 단어, 구와 같은 언어 단위가 결합하여 문장을 형성하는 방식에 대한 기술이라는 점을 표현한 것이다. 그리고 ④는 ①, ②, ③의 관점에서 기술된 결과물을 지칭하는 것이고, ⑤는 문법 구조의 체계성에 빗대어 어떤 불분명한 특정 대상의 구조나 패러다임을 은유적으로 표현하는 것으로 이해된다. 실제로 이러한 은유적 표현은 '역사의 문법'이나 '설화의 문법' 등의 표현에서도 나타난다.

그런데 일상적인 쓰임에서 보면, 문법은 다중적인 의미를 지닌다. 예를 들어, 다음과 같은 표현에서 '문법'이 의미하는 바가 반드시 동일하지는 않다(우형식, 2017 참조).

(1) ㄱ. 나는 한국어 문법이 영어 문법보다 더 복잡하다고 생각한다.

　　ㄴ. 그는 발음은 좋지만 문법에 오류가 많은 것 같다.

　　ㄷ. 나는 고등학교 때 ○○에서 간행한 교과서로 학교 문법을 공부했다.

　　ㄹ. 오늘 수업의 내용은 '문법을 활용한 말하기 연습'입니다.

(2) 문법은 문법에 대한 연구이다.(Grammar is the study of grammar.)

위에 제시된 예에서 '문법'이 의미하는 바를 보면, (1-ㄱ)은 한 언어의 규칙 체계의 전반을 가리키고, (1-ㄴ)은 인지·심리적으로 존재하는 추상적 실체에 해당하며, (1-ㄷ)은 어떤 특정 목적을 가지고 기술한 것을 뜻하고, (1-ㄹ)은 특정한 의미와 기능이 실현되는 특정의 언어 구조 또는 형태를 지칭하는 것으로 이해된다.

또한 (2)에서는 '문법'이 같은 말로 표현되었지만, 각각 연구 결과로서의 문법과 대상으로서의 문법으로 구분된다. 따라서 일상적으로 '문법'이라 할 때 그것이 뜻하는 바는 상황이나 화자의 의도에 따라 달리 해석될 수 있는 것이다.

언어 표현은 문법에 의해 일정한 틀(구조)이 구성되고 어휘를 비롯한 언어 형태들이 이 틀(구조)의 빈자리에 채워짐으로써 구체적으로 실현된다. 여기서 문법은 주어진 언어 표현에 대해 공통적인 구조 형식을 정의하는 원리와 규칙이며, 어휘는 구조의 빈자리를 채우게 될 형태들의 목록으로 해석된다.

예를 들어, 한국어에서 '[수식어]–[주어]–[수식어]–[서술어]'의 문장 구조가 존재하고 이 구조의 빈자리를 채우는 데 '꽃, 활짝, 예쁘(다), 피(다)'라는 어휘 목록이 주어졌다고 할 때, 이를 바탕으로 '예쁜 꽃이 활짝 피었다.'라는 문장이 어떻게 구성되는지에 대해 다음과 같은 설명이 가능하다.

- **문장 구조:** [수식어]–[주어]–[수식어]–[서술어]
- **어휘 목록:** '꽃, 활짝, 예쁘(다), 피(다)'
- **문법 형태:** '이, –(으)ㄴ, –었–, –다'

  ➔ [[[[예쁘–ㄴ] 꽃]–이 [활짝 피–]–었–]–다]

위에서 문장 구조는 문장 구성의 규칙에 따른 일정한 형식을 나타내며 이에 따라 주어진 어휘와 문법 형태가 결합하고 일정한 순서에 따라 배열됨으로써 하나의 문장이 형성된다. 이때 문장 구조는 명제적 의미를 실현하고 어휘 목록은 기본적인 개념을 나타내는데, 이들이 하나의 문장을 형성함으로써 어떤 상황에서의 구체적인 사태를 표현하게 된다.

(3) ㄱ. 예쁘(다) 꽃 활짝 피(다)

　　ㄴ. 예쁘–ㄴ 꽃–이 활짝 피–었–다

　　ㄷ. 예쁜 꽃이 활짝 피었다.

위에서 (3-ㄱ)은 어휘가 일정한 순서(한국어의 어순)에 따라 배열된 것으로 하나의 명제적 의미를 표현하는데, (3-ㄷ)은 문법 형태가 첨가되어 현실 세계와 관련되는 하나의 구체적 사태를 표현한다. 이것은 (3-ㄴ)에서처럼 문장의 형성에서 어휘는 주어진 일정한 순서에 따라 배열되며, 어휘가 배열될 때 각 어휘가 문장 안에서 어떻게 기능하는지에 따라 특정한 문법 형태가 결합됨을 보여 준다.

이처럼 문장의 형성에서 어휘 목록이 배열될 때 일정한 구조가 예상되며, 각각의 문법 형태가 결합되는 것도 주어진 규칙에 따른다. 그리하여 어휘와 문법 형태가 '*활짝 꽃었다 핀 예쁘이'나 '*꽃 피었은 활짝이 예쁘다' 등으로 배열되면 정상적인 문장의 구성에서 어긋나게 된다. 이와 같이 하나의 문장이 형성될 때 그에 참여하는 어휘들이 어떤 원리에 따라 배열되며, 그에 첨가되는 문법 형태들이 어떤 기능을 하는지에 대해 다루는 것이 문법이다.

이러한 관점에서 보면, 문법은 어휘와 독립적인 양상으로 존재하는 것으로 이해된다. 즉, 문법의 규칙은 따로 존재하며 그 규칙에 따라 적절한 형태들이 배열됨으로써 하나의 문장이 형성된다고 할 수 있다. 그러나 문법은 그것을 구성하는 언어 형태들의 속성에서 항상 자유로운 것은 아니다. 어떤 의미에서 보면, 문법은 언어 표현에 참여하는 형태들의 일반적인 사용 양상을 의미하는 것이기 때문이다. 이런 점에서 언어는 반드시 문법적인 구조가 먼저 주어지고 나서 실제 표현에 맞춰지는 것이라기보다는, 각각의 형태들의 사용 양상이 존재하는 것이고 문법은 이들의 공통적인 속성을 일반화한 것이라 할 수 있다.

1.3

문법의 기술에서는 문장(sentence)과 담화(discourse) 중 어느 것을 주요 단위로 할 것인가 하는 것과 문어(written language)와 구어(spoken language) 중 어느 것을 분석 대상으로 할 것인가의 문제가 있다.

우선 단위에서 보면, 전통적으로 하나의 문장은 모든 문법적 현상의 비밀을 간직하고 있으며, 문법 연구는 문장 단위를 벗어나지 않는 것으로 보아 왔다. 그리고 문장은 구조적으로 주어-서술어로 구성되며, 형식적으로나 의미적으로 완결성과 통일성을 지닌 발화의 독립된 단위로 인식하였다. 이러한 관점에서 문장 문법(sentence grammar)이 성립된다. 문장 문법에서는 문장은 중립적 단위로서 언어 사용자나 발화 상황과 관계없이 존재하며, 한 언어의 문법적 비밀을 모두 안고 있는 것으로 본다. 언어 교육에서 보면, 문장 문법은 언어 구조를 체계적으로 학습하고 짧은 시간에 많은 지식을 다룰 수 있게 하며, 특히 쓰기 영역에 유용한 지식의 습득을 가능하게 한다. 그러나 문법 지식이 강조됨으로써 실생활의 언어 사용과 유리될 수 있다는 문제가 제기된다.

그런데 좀 더 넓게 보면, 문장은 독립적으로 존재하는 것이 아니라 그 이상의 언어 단위, 즉 담화를 구성하는 요소가 된다.

(4) 가: 우유를 산다는 것이 그만 주스를 샀어요.

　　나: 그래요. 주스를 샀을지도 몰라요.

위 (4)에서 두 문장은 각각 발화 상황을 고려하지 않으면 문법적으로 문제가 되지 않는다. 그러나 실제 발화에서 (4-가)에 대해 (4-나)는 적절한 표현이 되지 못한다.

담화 문법(discourse grammar)에서는 문법 형태와 함께, 담화에 참여하는 화자와 청자, 담화 표현의 상황, 사회·문화적 맥락 등을 고려하여 의미를 해석한다. 따라서 담화 문법은 문장을 독립적으로 다룰 경우 드러나지 않는 언어 현상들에 대해 이해할 수 있게 한다. 언어 교육에서 담화를 학습의 단위로 하면, 발화 상황 안에서 문법의 형태와 구조를 인식하고 의미와 기능을 연결함으로써 의사소통 능력의 신장에 효과적일 수 있다. 그런데 담화 문법은 주로 화용론에 의존하며, 문장 문법과 달리 체계화에 어려움이 있다.

한편, 전통적으로 문법 기술에서는 문어(written language)를 분석 대상으로 하였다. 그런데 문어는 그것이 사용되는 상황과 크게 관련되지 않으며, 필자의 단독적 언어 행위로서의 특징을 지닌다. 특히 문어에서는 문법적 정확성이 크게 고려된다. 이에 비해서 구어(spoken language)는 상황의존적이고 대인적 언어 행위로서 화자와 청자의 즉각적인 상호작용을 특징으로 한다.

구어는 비교적 단순하며 빈번하게 생략되기도 하는데, 규범적인 문법에 어긋나더라도 몸짓언어나 표정, 분위기 등의 발화 상황에 동반되는 행위로 보완될 수 있다. 또한 구어는 대개 자연스럽게 습득한 어휘와 문법이 사용되고 그때그때 수정되기도 하는 데 비해서, 문어는 의도적인 학습에 의한 어휘와 문법이 활용되고 수정의 기회가 주어지지 않는다. 그리하여 구어에서는 문법이 단순하게 반영되고 발화 상황과 참여자가 상당히 고려되지만, 문어에서는 문법이 복잡하게 반영되고 실제 상황이나 참여자와 분리되는 경향을 보인다. 그런데 문어는 언어 단위가 비교적 명확하게 분절될 수 있으나, 발화를 대상으로 하는 구어는 분절의 기준이 불분명하며 비언어적 요소의 개입이 두드러져서 해석을 어렵게 하는 측면이 있다.

일반적으로 문법 기술은 주로 문장 중심의 문어를 대상으로 하였으며, 그 결과 문장 문법 또는 문어 문법은 어느 정도 체계적으로 정립되었다고 할 수 있다. 그런데 언어 사용에서의 의사소통 능력의 신장을 목표로 하는 언어 교육에서는 담화 문법 또는 구어 문법에 관심을 두어야 함은 당연한 일인 것이다.[1)]

---

1) 이와 관련하여 Larsen-Freeman(2003:67–77), 지현숙(2006), 이해영 외(2018), 강현화 외(2022ㄱ/ㄴ), 김강희(2022) 등을 참조할 수 있다.

② 문법 기술의 다양성과 교육 문법[2]

2.1 실체적 문법과 기술된 문법

2.1.1 문법은 본질적으로 언어 그 자체 또는/그리고 언어 사용자들의 인지 체계(머릿속 지식 체계)에 내재해 있는 것이지만, 다른 측면에서는 그것을 명시적으로 기술한 것을 뜻하기도 한다. 이 둘은 추상적인 실체(reality)로서의 문법과 구체적으로 기술된(described) 문법의 관계로 설명될 수 있다.

추상적 실체로서의 문법 (실체적 문법)	-	구체적으로 기술된 문법 (기술된 문법)

실체적 문법은 언어 그 자체 또는/그리고 인간의 인지 체계에 저장되어 있는 지식으로 가정되는데, 그것이 어떤 모습인지 직접적인 방법으로는 알 수 없다. 그것은 문법이 인간 정신의 자연 발생적 산물이며, 내재적인 정신 활동의 대상이기 때문이다.

그런데 언어 연구에서는 실체적 문법을 다양한 목적에 따라 기술하게 된다. 그리하여 기술된 문법은 특정한 학문적 경향을 띠거나(기술 문법, 생성 이론, 인지 문법 등), 실용적인 목적으로 개관한 것(규범 문법, 학교 문법 등)을 지시하기도 하고, 때로는 특정 문법범주나 구조, 형태 등과 관련되는 규칙 하나하나를 개별적으로 가리킬 수도 있다.

그러나 엄밀하게 말하면 기술된 문법은 단순한 가정에 불과할지도 모른다. 문법의 기술에서는 언어 사용자가 제보하는 직관(intuition)과 실제 사용된 발화 뭉치(corpus of utterance)가 기본 자료가 되지만, 그것들이

---

2) '문법 교육'은 언어 교육의 한 영역이며, '교육 문법'은 문법 교육을 수행하기 위해 기술된 문법 체계를 의미한다. 따라서 전자는 행위적 의미를 지니는 데 비해서 후자는 교육의 내용을 뜻하는 것으로 구별된다.

과연 문법에서 추구하는 분석과 기술의 바탕이 될 수 있는지 확신할 수 없기 때문이다(Radford, 1988:24 참조). 특히 문법은 이론이나 관점에 따라 상당히 추상적인 방법으로 기술된다는 점에서 확인될 가능성이 있는 하나의 가정일 뿐이지, 실제로 증명될 수 있는 것은 못 된다고 할 수 있다.

2.1.2 기술된 문법은 그 목적과 관점에 따라 달리 구성될 수 있다. 우선 문법 기술의 목적은 학문적인 것과 실용적인 것으로 구분되며, 실용성을 특징으로 하는 문법은 다시 규범 문법과 교육 문법으로 구분된다. 이것은 다음과 같은 체계로 정리될 수 있다.

실체적 문법	→	기술된 문법	
		(학문적)	학문 문법
		(실용적)	규범 문법
			교육 문법

기술된 문법은 독립적이면서도 상호 관계를 이루는데, 특히 언어 교육의 관점에서 보면 학문 문법은 교육 문법을 기술하는 정보를 제공해 준다는 데 의의가 있다.

학문 문법은 언어학적 이론에 근거하여 기술되는데, 언어 교육과 관련하여 보면, 크게 형식 문법(formal grammar)과 기능 문법(functional grammar)으로 나누어 이해할 수 있다. 형식 문법은 그 출발점을 언어의 형태와 구조에 두며, 어떤 형태들이 어떤 방식으로 특정한 구조를 형성하는지에 주목한다. 이에 비해서 기능 문법은 언어를 사회적 상호작용으로 해석하고, 특정한 맥락 안에서 어떤 의미를 실현하며 언어 사용에서 어떻게 의사소통의 목적에 부합하는지를 설명하려고 한다.

(5) ㄱ. 고양이가 개를 물었다.

    ㄴ. 개가 고양이에게 물렸다.

위 (5)에 대하여 형식 문법에서는 (5-ㄴ)이 (5-ㄱ)으로부터 도출(능동
→피동의 형식적 변형 과정)되었다고 해석하지만, 기능 문법에서는 개념
적 관점에 따라 이 두 문장 사이의 사용상의 차이를 설명하는 데 관심을
둔다. 기능 문법에서는 위 (5)의 두 문장이 동일한 사태를 기술하는데,
(5-ㄱ)은 참여자의 관점으로 표현된 것이고 (5-ㄴ)은 결과의 관점에서
표현된 것으로 해석한다. 즉, 기능 문법은 의사소통의 상황에서 어떤 문
맥적 자질이 화자의 표현 선택에 영향을 미치는지를 해석하는 데 관심이
있는 것이다. 그리하여 기능 문법의 관점에서는 언어 표현의 형식적 측
면보다 사용적 측면에 비중을 둔다.

2.2 교육 문법

2.2.1 교육 문법(pedagogical grammar)은 실용적인 목적으로 기술된
문법에 포함된다.[3] 따라서 교육 문법은 언어 그 자체 또는/그리고 언어
사용자의 머릿속 지식 체계에 저장된 언어 지식을 바탕으로 기술된다.
그리하여 언어학적 연구가 제공하는 언어에 관한 지식들을 참조하지 않
고서는 교육 문법을 체계적으로 기술하기 어렵다. 그러나 학문적 연구
결과가 그대로 교육 현장에 적용되는 것은 아니므로, 교육 문법은 언어
학의 연구 성과를 교육적 목적에 부합하도록 수정하여 수용하게 된다.
교육 문법에 포함되는 정보는 언어학적 연구 결과뿐만 아니라, 언어 교

---

3) 특히 한국어 교육을 위한 문법은 모국어로서의 국어 교육에서가 아니라 외국어로서의 한국어 교육에서 요구
    되는 문법을 의미한다. 따라서 한국어 문법은 국어 문법과 다르다는 것을 전제로 한다(우형식, 2002 참조).

육에 관련된 문제를 포함하여 구성될 필요가 있다.[4] 그리하여 교육 문법에서는 언어 학습의 목표와 조건에 따라 학문적 연구 성과를 직접 적용하기도 하고, 여과 과정을 거쳐 단순하게 하거나, 여러 견해를 절충적으로 수용하는 등의 절차를 통해 문법의 체계를 재조직하게 된다.[5]

그런데 교육 문법의 구성에서 학문 문법의 연구를 수용할 때에는 몇 가지 점에 유의할 필요가 있다. 첫째로, 교육 문법은 특정한 문법 형태나 구조가 어떠한 맥락에서 어떻게 사용(use)되는지에 초점을 둔다. 그리하여 문법 체계 전체를 기술하는 학문 문법과는 달리 주어진 특정한 사용 목적에 부합하는 부분을 선택하여 기술한다. 교육 문법에서는 문장 구성에 관한 이론적 해석보다는 언어 형식과 그것이 표현되는 상황적 배경 사이의 관계에 관심이 있다. 그것은 문법 교육이 의사소통 능력을 신장시키는 일반적인 언어 교육의 목표에 부합하도록 전개되어야 하기 때문이다.

둘째로, 학문 문법은 형식적이거나 기능적인 것의 어느 한 측면을 강조하는데, 교육 문법은 이 두 측면을 모두 다룬다. 이런 점에서 학문 문법은 이론적인 일관성을 중요하게 여기지만, 교육 문법은 지식 체계로서의 언어(형식)와 실제적 사용으로서의 언어(기능)에 대한 상호보완적인 성격을 띤다.[6]

셋째로, 교육 문법은 언어의 실제적 사용과 관련되는 것이기 때문에 분석적으로보다는 종합적이고 총체적으로 접근한다. 학문 문법에서는 어

---

4) 교육 문법은 언어 교수나 교수요목의 설계, 교수 자료의 준비 등과 같은 교육적 목적을 지향한다. 그리하여 교육 문법은 한 언어의 문법적 현상에 대한 실제적 분석과 아울러 오류 등과 같은 학습자들이 겪는 문법적인 문제와 적절한 교수 방법의 적용 등에 관한 연구를 바탕으로 기술된다(Richards et. al, 1992:267-268 참조).

5) 언어학의 연구 성과는 교육 문법이나 교재, 사전 등을 만드는 데 필요한 자료를 제공한다. 따라서 언어학은 언어의 본질에 대한 논의를 다룸으로써 언어 교육에 새로운 통찰을 가능하게 한다(심영택 외 옮김, 1995:190-191 참조).

6) 교육 문법은 단순히 교육을 위한 문법의 차원을 넘어 언어 교육의 효율성과 성공 가능성을 확보하기 위하여 문법 체계를 보다 근원적으로 고려하고 통합하는 데 중점을 둔다(양현권, 2008 참조).

떤 특정의 구조가 형태적으로 어떻게 형성되고 그것이 문장 안에서 어떠한 역할을 하는지뿐만 아니라 그것의 의미적 특징이나 화용적 특징이 각각의 영역에서 기술될 수 있을 것이지만, 교육 문법에서는 이러한 형태와 기능, 의미, 사용 맥락 등이 종합적으로 적용될 필요가 있다.

또한 교육 문법이 지니고 있는 교육적 적절성은 그것의 기술 내용이나 방법에 크게 영향을 준다. 교육 문법은 비교적 넓은 범위를 다루면서도 체계와 내용이 간결하게 정리될 필요가 있으며, 이에 따라 교육 문법의 내용 구성에서는 단순화의 과정도 요구된다. 그리고 교육 문법은 목표 언어를 이해하기 쉽도록 기술하는데, 기술의 대상이나 방법은 관점에 따라 폭넓게 선택될 수 있다. 또한 교육 문법은 목표 언어의 복잡한 현상을 모두 반영하는 것이 아니라, 학습자의 요구나 학습 가능성에 따라 그 내용이 선택적이게 된다.[7]

2.2.2 교육 문법은 포괄적 개념이며, 구체적인 목표와 대상에 따라 교사를 위한 문법(교사 문법, teacher's grammar)과 학습자를 위한 문법(학습자 문법, learner's grammar)으로 구분된다.

교사 문법은 학문 문법의 연구 성과를 참조하여 구성되며, 그것을 교실에서 적용되는 문법으로 이어주는 매개로서의 역할을 한다. 학습자 문법은 학습자의 의사소통 능력을 키워 주기 위해 실제 상황에서 사용되는 현상을 중요하게 다룬다. 교사 문법은 사용 양상이 일반화된 방식으로 기술되는데, 교실에서 적용되기 위해서는 다시 조정되는 절차를 거치게 된다. 교사 문법이 체계적으로 정리되었다 하여 그것이 그대로 학습자 문법이 될 수는 없는 것이다.

교사 문법이 학습자 문법으로 조정되기 위해서는 일정 수준에서 문법

---

7) 이런 의미에서 교육 문법은 명확하고 간결해야 하고, 비전문적이고 대중적/전통적인 관념에 가까워야 하며, 점증적이고 경험적이어야 함이 강조된다(Westney, 1994 참조).

지식의 교수학적 변환(didactic transposition)이 요구된다.[8] 이것을 정리하면 다음과 같이 될 것이다.

위에서 참조 문법에는 학문 문법과 규범 문법, 특히 한국어의 경우 학교 문법 등이 포함될 수 있으며, 그중에서 학문 문법이 주요한 참조 대상이 된다. 그리하여 문법에 관한 학문적 지식은 '가르칠 지식'(교사 문법)이 '가르쳐진 지식'(학습자 문법)으로 변환되는 과정을 거치는 교육 문법으로 재구성된다.

일반적으로 언급될 수 있는 범위에서 교사 문법과 학습자 문법의 차이를 간략히 보이면 다음과 같이 된다(우형식, 2002 참조).

구분	교사 문법	학습자 문법
성격	체계를 강조	활용을 강조
범위	한국어의 전체 구조	예상 학습자에 따른 선정
구성	전면적	부분적, 단계적
내용	한국어의 문법의 상 · 하위 영역	선정된 문법범주와 형태
기술의 특징	용법 중심	사용 중심
대상	교사 중심	학습자 중심
평가 관련	한국어 교육 능력	한국어 사용 능력

---

8) 여기서 교수학적 변환은 교육 내용이 될 지식을 학습자에게 제시하기 위해 맥락화되고 개인화되는 것으로, 학문적 지식으로부터 가르치고 배우는 지식으로 바뀌는 것을 의미한다(Chevallard, 1985 참조).

교사 문법과 학습자 문법은 각각 지향하는 목표가 다르므로, 각각의 구성 항목이나 기술 방법이 달라야 함은 당연하다. 따라서 한국어 교육 문법의 구성에서는 교사 문법을 구성하고 이를 학습자 문법으로 변환하는 절차가 요구되는 것이다. 여기서 교사 문법의 내재적 지식은 학습자 문법에서는 문형 연습이나 과제 활동 등 교실에서 실제로 활용하는 자료나 방법에 반영된다(다음의 8장 3절 참조).

2.2.3 교사 문법은 비교적 명시적으로 정리될 필요가 있다. 그것은 교사 문법이 교사로 하여금 특정 문법 항목의 실제적인 용법(usage)을 익히며 아울러 문법적 통찰력을 기를 수 있게 하기 때문이다. 교사를 위한 명시적인 문법 정보는 그 자체가 목표가 아니라 목표를 이루기 위한 수단이 되며, 원리와 규칙 중심의 문법서와 특정의 문법 항목이 사용되는 양상을 주요 내용으로 하는 용법서 등의 모습으로 구성된다(다음의 4장 2절 참조).

교사 문법은 교수–학습에서 요구되는 문법 지식을 작동시키는 데 도움을 준다. 예를 들어, 교사는 학습자들의 문법에 관한 질문에 응답하고 학습자들의 오류에 대해 피드백을 하는데, 이러한 것도 문법적 지식에서 영향을 받는다. 이와 같이 교사 문법은 목표 언어의 실제적인 사용과 언어 학습 사이를 중재하는 역할을 한다.

학습자 문법은 실제적인 교수–학습의 상황을 고려하여 구성된다. 그것은 언어 교육에서 문법을 적용할 때에는 예시나 맥락을 통한 교수 방법이 활용되기 때문이다. 이때 제시되는 상황은 특정 언어 형식이 사용되는 가장 전형적인 것으로, 학습자는 이를 통해 사용 규칙을 일반화할 수 있게 된다. 학습자 문법은 체계 또는 용법을 중심으로 기술되는 학습서를 비롯하여, 연습이나 과제 활동을 수행하기 위한 교수–학습의 자료나 방법에 반영된다.

교사는 목표 언어 문법에 대한 지식이 풍부할수록 목표 언어가 어떻게 작동되는지에 대한 학습자들의 관심을 더 크게 불러일으킬 수 있다. 그런 교사는 학습자들로 하여금 특정 문법 항목의 변별적 자질에 초점을 두게 할 수 있다. 그러나 교사는 단순히 교육 문법의 지식을 아는 것만으로 충분치 않으며 그것을 교육적 목적으로 변환하고 조직하여 제시하는 방법에 대한 지식도 필요하다. 따라서 교사 문법과 학습자 문법의 변환 관계에서는 교사의 역할이 크게 주목되는데, 교사는 주어진 교육 내용이 되는 지식을 학습자들이 수용하기 쉽도록 교수 상황에 맞게 변환해야 하기 때문이다.

언어 교육의 다른 영역에서와 마찬가지로 문법 교육에서도 교사들에게 이른바 교수학적 내용 지식(pedagogical content knowledge; PCK)이 요구된다(Shulman, 1987; 신은경, 2014; 손다정, 2018 참조).[9] 여기에는 목표 언어의 문법에 대한 지식과 아울러, 그것을 교육적 목적으로 변환하는 능력이 포함된다. 이를 바탕으로 교사 문법이 학습자에게 적절히 제시됨으로써, 학습자들은 목표 언어를 문법적으로 올바르게 사용하는 능력을 습득할 수 있게 되는 것이다(박민신, 2019; 임진숙, 2022ㄴ 참조).

③ 한국어 교육 문법의 위상

3.1

한국어의 경우에도 문법 기술의 목적과 관점은 학문적인 것과 실용적인 것으로 구분되며, 후자는 규범 문법과 교육 문법으로 나뉜다. 그리고 교육 문법은 다시 내국인 학습자를 위한 국어 문법(학교 문법)과 외국어

---

9) Shulman(1987)에서는 교사의 지식 기반 요소로 교과 내용 지식과 교육과정 지식, 교수학적 내용 지식(PCK)을 들었는데, 여기서 교수학적 내용 지식은 교과 내용을 가르치는 방법에 대한 지식으로 교과 내용 지식과 교수법 지식의 특별한 결합체라고 하였다.

로서의 한국어 학습자를 위한 한국어 문법(한국어 교육 문법)으로 구분된다. 이런 측면에서 한국어 교육 문법은 다음에서처럼 실용성을 추구하며 교육을 위해 기술된 문법에 해당한다(우형식, 2002 참조).

〈실체적 문법〉	(한국어 자체 또는/그리고 한국어 모어 화자의 머릿속 지식에 내재된 규칙과 질서)		
〈기술된 문법〉	학문 문법	(이론 중심)	
	실용 문법	규범 문법	(규범성)
		교육 문법	국어 교육 문법 (학교 문법)
			한국어 교육 문법

한국어 문법에 대한 기술은 여러 면에서 상호적이기는 하지만, 이론 중심의 학문 문법의 연구 결과가 바로 교육 현장에 적용되는 것은 아니다. 한국어 교육 현장에는 교수−학습의 과정에 적용할 수 있는 문법 정보가 필요한데, 한국어 교육 문법은 그에 대한 근거를 제공해 줄 수 있어야 한다.

한국어 교육 문법은 모국어로서의 국어 교육에서가 아니라 외국어로서의 한국어 교육에서 요구되는 문법을 의미한다. 이러한 구분을 바탕으로 논의를 전개하는 것은 외국어로서의 한국어 교육을 위한 문법 기술에 포함된 정보가 모국어 교육을 위한 문법 기술에 포함된 정보와 같을 수 없음을 전제한다.[10] 그리하여 (외국어로서의) 한국어 교육 문법은 (내국인을 위한) 국어 교육 문법의 체계와 달리 구성될 필요가 있는데, 이것은 교육의 목표와 내용, 교수−학습의 방법이 달라야 함을 뜻한다.

---

10) 국어 교육을 위한 문법과 외국어로서의 한국어 교육을 위한 문법은 학습자와 학습 목적이 다르다는 점에서 구별된다.

한국어 교육 문법은 학습자의 의사소통 능력을 활성화하는 데 기여할
수 있어야 한다. 이에 따라 통합을 지향하는 학습서에서 문법을 다룰 경
우에는 특정 문법 항목에 대해 규칙 중심으로 해석하는 것이 아니라, 문
법이 해당 단원의 주제와 언어적 기능에 관련되도록 내용을 구성하게
된다.

통합적 관점에서 보면, 문법 교육은 언어 교육의 한 부분으로 수행된
다. 이것은 문법만으로 언어 교육의 전부를 이루는 것은 아니며, 문법 교
육은 형태와 구조뿐만 아니라, 주제와 상황, 기능 등과 관련되는 유의미
적인 맥락 속에서 이루어져야 함을 의미한다. 이에 대해 통합을 지향하
는 한국어 학습서에서 단원 구성을 위한 계획의 한 예를 제시하면 다음
과 같다(우형식 외, 2007 참조).

주제	기능	문법	활동
주말	• 과거 표현하기 • 제안하기	• –았/었/였– • –(으)러 가다/오다 • '으'동사 • –(으)ㅂ시다	• 달력 보고 이야기 하기 • 어제 한 일 이야기 하기
날씨	• 날씨 표현 익히기 • 이유 표현하기	• –이/가 어때요? • –지만 • –아/어/여서(이유) • 'ㅂ'동사	• 그림 보고 날씨 이야기하기 • 일기도 보고 설명 하기
계절	• 좋아하는 계절 말하기 • 능력 유무 말하기 • 이유 표현하기 • 의지 표현하기	• –이/가 좋다 / 싫다 • –중에서 • –(으)ㄹ 수 있다 / 없다 • –(으)니까 • –(으)ㄹ 거예요 (의지) • –지요?	• 좋아하는 계절 묻고 답하기 • 계절에 따라 하고 싶은 일 이야기하기

약속	• 약속하기 • 의견 묻기 • 행동의 순서 표현 하기	• –기로 하다 • –(으)ㄹ까요? • –고 나서 • '르'동사	• 주말 약속 정하기

예를 들어, 위에서 약속이라는 주제에서 약속하기의 기능을 수행하는 것을 보면, '–기로 하다' 등의 문법 항목을 활용하면서 주말 약속 정하기의 활동을 통해 학습하도록 구성되어 있다. 이에 관련되는 해당 단원의 일부를 보면 다음과 같다.

> 가: OO 씨, 이번 주 토요일에 시간 있어요?
>
> 나: 네, 있어요. 무슨 일이 있어요?
>
> 가: 친구들과 경주에 갈 거예요. OO 씨도 갈 수 있을까요?
>
> 나: 네, 갈 수 있어요. 저도 경주에 가고 싶어요.
>
> 가: 그럼, 어디에서 만날까요?
>
> 나: 토요일 오전 9시에 기숙사 앞에서 만나기로 해요.

위에서는 '–기로 하다'와 '–(으)ㄹ까요'의 문법 항목으로 약속하기와 의견 묻기의 기능을 실현하는 것이 문법 학습의 내용이 되는데, 여기서 이들은 주제를 비롯하여 어휘와 기능, 그리고 교실에서의 활동 등과 함께 다루어진다.

이와 같이 한국어 교육 문법에서는 주제와 기능, 활동에 부합하도록 문법 항목을 적절히 선정하여 제시하고, 연습과 다양한 활동을 통해 실제 사용 능력을 습득할 수 있도록 교수 방법을 구안하며, 피드백을 통해 문법 학습에서 나타나는 오류를 발견하고 이것을 적절히 수정할 수 있도록 교수 절차를 수행하게 된다.

제 3 장

문법의 규칙과
언어 사용

■ 문법을 언어에 내재된 규칙의 집합으로 해석할 때, 언어의 내재적 원리(구조 형성과 의미 해석의 규칙)뿐만 아니라 언어 사용의 양상도 일종의 규칙(사용 규칙)으로 설명된다. 그러므로 언어를 습득한다는 것은 다양한 형태의 언어 단위를 재료로 하여 올바른 문장을 구성하는 규칙과 의사소통적 목적을 성취하기 위해 적절히 문장을 사용하는 규칙을 모두 포함한다.[1] 이 장에서는 언어 교육의 관점에서 문법의 규칙을 어떻게 이해할 것인지를 기술한다. 그리고 이러한 문법의 규칙이 의사소통을 목적으로 하는 언어 교육에서 요구되는 언어 사용의 현상(용법, 사용)과 어떻게 관련될 수 있는지를 한국어 교육 문법을 중심으로 살펴보기로 한다.[2]

① 문법의 두 측면

1.1

일반적으로 문법은 언어의 기본적인 구조를 형성하는 원리(principle)와 규칙(rule)으로 정의된다. 그리고 언어 교육에서는 언어 사용자들이 문법을 이루는 원리와 규칙을 습득하여 맥락에 따라 적절하게 사용(use)함으로써 의사소통이 가능하게 되는 것으로 해석한다. 그런데 문법은 언어에 내재된 추상적 실체이며, 그것이 구체적 현상으로 실현(사용)될 때에는 언어 내외적으로 다양한 맥락의 영향을 받는다. 여기서 특정의 문법범주나 형태가 실제로 실현되는 양상(사용 방법)을 기술할 수 있는데, 이것을 용법(usage)이라 한다.

언어를 언어능력(competence)과 언어수행(performance)으로 구분하여 이해하면,[3] 언어능력은 개념적 지식으로서의 원리와 규칙에 관련되고, 언어수행은 용법과 사용을 포함한다. 이들의 관계를 묶어 정리하면 다음과 같이 될 것이다.

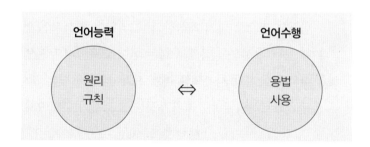

---

1) Hymes(1972)에서는 언어에는 사용 규칙이 있으며 이러한 사용 규칙이 없다면 문법 규칙은 아무 쓸모가 없다고 하였다. 그러면서 어린이가 모어를 습득할 때 문법 지식뿐만 아니라 사용 지식도 함께 습득한다고 하였다.

2) 이 3장은 우형식(2009)를 수정·보완한 것이다.

3) 이것은 Chomsky(1965)의 'competence'와 'performance'의 구분과 관련된다. 여기서 언어능력은 추상적인 언어 규칙에 대한 언어 사용자의 지식으로 설명될 수 있으며, 이 지식은 행위로서 효력을 나타내게 되는데 그것은 언어수행을 통해 드러나게 된다.

언어는 개념적 지식(언어능력)만으로 존재하는 것이 아니라, 그것이 유목적적으로 실천(언어수행)될 때 비로소 존재 가치가 실현된다. 언어능력은 언어의 구조를 형성하는 원리 또는 규칙으로 언어수행을 예측하고 통제하는 성격을 지닌다. 그런데 추상화의 정도가 높은 언어능력이 구체적 상황에서 실현되기 위해서는 그에 적절하도록 조정될 필요가 있다. 언어수행은 특정한 상황에서 의사소통의 목적이 성취될 수 있도록 언어가 사용되는 제반 양상을 가리키는데, 여기에는 실제 사용의 현상과 아울러 언어 사용에 따르는 수많은 변인들을 조작하는 방법이 포함된다.

언어의 원리와 규칙은 언어 사용 현상을 통해 도출될 수 있으며, 원리와 규칙이 사용 현상과 이루는 교호적 작용을 통해 용법이 도출될 수 있다.[4] 그리하여 문법 연구에서는 언어 구조를 형성하는 원리와 규칙뿐만 아니라 어떤 특정 형태나 문법범주가 유목적적으로 사용되는 양상을 체계적으로 설명하고 기술하고자 한다.

학문적 관점에서처럼 좁은 의미로 해석하면, 문법은 원리와 규칙들로 이루어진다고 할 수 있다. 그런데 일상적인 관점에서의 문법은 언어에 내재된 원리와 규칙뿐만 아니라 그것이 실제로 사용되는 양상까지를 포함하는 것으로 넓게 해석한다. 그리하여 일상적인 언어 사용에서 의사소통 능력의 신장을 목표로 하는 언어 교육에서의 문법은 원리와 규칙뿐만 아니라 용법과 사용의 문제를 모두 다루게 되는 것이다. 여기서 전자를 '규칙으로서의 문법', 후자를 '사용으로서의 문법'으로 구분할 수 있다.

1.2

언어 교육은 올바른 언어 표현을 구성하는 능력과 함께 그것을 맥락에 따라 적절하게 사용하는 능력을 기르는 것을 목표로 한다. 그리하여 언

---

4) 이런 의미에서 보면, '원리·규칙 ⇔ 용법 ⇔ 사용'의 관계로 풀어쓸 수 있다.

어 교육에서 문법은 추상적 체계로서의 원리와 규칙뿐만 아니라, 그것을 의미 있는 의사소통적 행동으로 실현하는 현상 모두에 관심을 둔다. 한국어 교육을 위한 문법에서도 원리와 규칙, 용법, 그리고 사용의 관계에 주목하며, 특히 실제 교수 활동에서는 문법의 규칙보다는 용법이, 그리고 용법보다는 사용이 우선되어야 함을 강조한다.

그런데 이론적으로 문법이 원리와 규칙들로 이루어진다고 하지만, 언어 교육의 관점에서 원리 또는 규칙이 의미하는 바와 그것이 지닌 특성이 무엇인지는 분명하지 않은 점이 있다.[5] 문법의 규칙과 실제적 사용은 어떤 관련이 있으며, 용법과 사용의 관계는 어떠한지의 문제가 분명치 못한 것도 사실이다. 이런 의미에서 언어 교육의 관점에서 문법의 규칙을 어떻게 이해할 것인지를 정리할 필요가 있다. 그리고 이러한 문법의 규칙이 의사소통을 목적으로 하는 언어 사용의 현상(용법, 사용)과 어떻게 관련될 수 있는지를 규명함으로써, 한국어 교육 문법을 기술하는 기본적인 관점을 모색할 수 있게 될 것이다.

---

[5] 일상적 관점에서 '원리(principle)'는 사물의 근본이 되는 진리 또는 행위의 선결된 양식을 뜻하며, '규칙(rule)'은 모든 경우 또는 대부분의 경우에 참인 것을 기술하는 일반화된 진술 또는 행위의 관습적이거나 일반화된 과정을 뜻하는 것으로 해석된다(『The American Heritage College Dictionary』, Boston: Houghton Mifflin Company, 2002:1108,1214 참조). 결국 원리가 기초적 근거 또는 보편적 진리와 관련된다면, 규칙은 그것의 실천에서 나타나는 관습성과 일반성의 문제와 관련된다고 할 수 있다. 문법 교육에서는 문법이 원리와 규칙으로 이루어진다는 것을 전제하지만, 기본적 보편성의 원리보다는 관습적 일반성의 규칙과 관련하여 문법이 지니고 있는 속성을 논의하게 된다.

② 규칙으로서의 문법

2.1 문법 규칙의 성격

2.1.1 일상의 언어 사용자는 자신이 사용하는 언어가 왜 그리고 어떻게 특정한 방식으로 구성되는지를 설명할 수 없다 하더라도 해당 언어 사용자들의 공유된 방식에 따라 언어를 사용한다. 그것은 언어에는 다양한 표현을 가능하게 하는 일정한 원리와 규칙이 존재함을 의미한다. 이런 점에서 언어는 규칙-지배적(rule-governed)인 양상으로 존재한다고 해석되며, 언어 연구에서는 언어 형식의 형성이나 의미 해석, 그리고 실제 사용에 대한 지식이 어떤 규칙들의 체계(system of rules)로 기술될 수 있다고 생각한다.

언어 현상이 규칙-지배적이라는 생각은 언어 연구나 교육에서 널리 수용되고 있다.[6] 이러한 관점을 옹호하는 입장에서는 많은 종류의 언어 규칙을 제안하고 그러한 규칙으로 다양한 언어 현상을 해석하려는 시도를 이어 왔다. 그러나 언어 이론에 따라서는 이러한 규칙에 대한 해석이 달라진다. 우선 전통 문법에서의 규칙은 관념적이거나 마땅히 어떻게 해야 하는가를 말해 주는 규범적(prescriptive)인 성격을 지닌다. 그러나 이러한 규범성을 띠는 규칙은 오랜 세월 동안 반복적으로 언급되면서 많은 사람들에 의해 수용되어 온 것이지만, 그것의 타당성에 대한 객관적인 검증은 제시되지 않았다는 문제가 있다.[7]

언어 현상이 규칙에 의해 지배되지만, 모든 발화가 항상 규칙에 일치하는 것은 아니다. 실제의 언어 사용에서는 때때로 실수가 나타나기도 하

---

6) 언어가 규칙-지배적이라는 것은 인간이 특정 언어를 모국어 또는 외국어로 습득하여 사용하는 현상을 통해 이해할 수 있다. 그것은 만약 언어가 규칙적이지 않다면, 인간은 언어를 습득할 수 없으며, 동일한 언어를 사용하더라도 상대방의 발화 내용을 해독해 내지 못하여 의사소통이 불가능할 것이기 때문이다.

7) Richards et al.(1992:319-320)에서는 전통 문법에서의 '규칙'을 '언어 단위의 형성에 관한 진술' 또는 '어떤 언어 단위나 단위들의 올바른 용법(usage)에 관한 진술'로 주석하였다.

고, 상황에 따라서는 사용자가 고의적으로 규칙을 무시하기도 한다. 따라서 엄밀히 말하면, 한 개인의 언어 사용을 지배하는 규칙은 그 자신의 문법 안에 존재하는 것이며, 그 규칙은 표준적일 수도 있고 그렇지 않을 수도 있다. 이런 의미에서 규칙은 기술적(descriptive)인 특성을 지닌다.[8] 규범적인 것과 기술적인 것은 일치하는 것도 있고 다른 경우도 있지만, 기술적 규칙에서 제시되는 모든 변이형은 동등한 언어적 가치를 갖는다. 기술적 규칙은 수많은 변이형들을 관찰하고 분석하여 그중에서 관습적으로 인정될 수 있는 것을 대상으로 하여 성립한다. 따라서 규범적 규칙이 연역적이라면, 기술적 규칙은 귀납적인 성격을 띤다는 점에서 구별된다.

2.2.2 언어가 규칙으로 이루어졌다고 할 때, 그 규칙은 어떤 성격을 갖는 것인지에 대해 생각해 볼 여지가 있다. 일상적인 관점에서 규칙은 관습이나 규범, 법률 등과 같이 어떤 사회 안에 존재하며, 한 사회 공동체 안에 축적된 일반적인 사실들을 포함하는 개념이다. 이것을 다른 측면에서 보면, 규칙은 한 공동체 안에서 그 구성원들의 행위와 관련되는 기대들의 체계라 할 수 있다. 즉, 한 공동체의 구성원은 다른 구성원들이 자신과 동일한 기대를 지니고 있다고 믿는데, 이런 믿음으로 인해 다른 사람들의 기대에 따르게 되며, 결국 자신도 다른 구성원들과 일치하게 될 것으로 기대한다는 것이다(Pagin, 1994 참조).

용어상에서 규칙과 유사한 것에 '법칙(law)'이 있다. 법칙은 현상의 본질적인 구조를 명확하게 하는 것으로, 그것이 진리임을 의심할 여지가 없어야 한다는 점에서 전칭적으로 표현되는 것이 특징이다.[9] 법칙이 전칭적인 데 비해 규칙은 개개의 행동이나 사고를 진행시키는 데에 지켜

---

8) 여기서 기술(記述)은 '대상이나 과정의 내용과 특징을 있는 그대로 열거하거나 기록하여 서술함'(『표준국어대사전』, 국립국어원)의 뜻으로 쓴다.

9) 법칙은 모든 경우에 들어맞아야 하며 유한한 경우에만 부합하는 것이어서는 안 되기 때문에 '모든' 등과 같은 전칭 형식으로 표현된다.

져야만 하는 것을 말한다. 그리하여 법칙이 본질적 · 객관적 · 내면적임에 대하여, 규칙은 편의적 · 주관적 · 외면적인 성격을 지닌다. 이런 관점에서 법칙이 자연 현상과 같은 본질적이고 필연적인 속성과 관련된다면, 규칙은 사회적 기능이나 사회적 수용성에 의존하는 것이 된다.[10]

이러한 규칙의 사회적 속성과 관련한 해석은 영어의 'rule'에 관한 주석을 통해 이해할 수 있다. 영어에서 'rule'은 'norm, convention, standard, regulation, directive, instruction, law' 등을 포함하는 용어의 그룹에 속한다. 이들이 어떻게 구분되는지에 대한 분명한 기준은 성립되기 어려운 것이지만, 이들을 비교해 보면 문법 현상의 기술에서 'rule'이 선호되는 이유를 어느 정도 이해할 수 있다(Pagin, 1994 참조).

---

① 'rule'은 덜 권위적인 뜻을 지닌다.
② 'rule'은 옳고 그름을 평가하는 뜻을 지닌다.
③ 'rule'은 사람들을 행동으로 이끄는 뜻이 있다.
④ 'rule'은 자의성(arbitrariness)의 의미가 강하다.
⑤ 'rule'은 특별한 절차와 관습적으로 형성된 활동과 관련된다.
⑥ 'rule'은 일반성(generality)과 관련된다.

위의 각 항목을 언어의 속성과 관련해 보면, ①과 ②는 언어의 규범성과 관련되고, ③은 언어가 지닌 행위적 속성과 관련되며, ④와 ⑤는 각각 언어의 자의성과 관습성(사회성)과 관련된다.

그런데 ④의 경우 규칙은 실제로 자의적이지만, 매우 특정한 의미에서 자의적이라는 점이 추가될 필요가 있다. 즉, 관습이나 법칙 등은 정도의 차이는 있다 하더라도 사물들의 자연적인 관계에 기반을 두고 있으며

---

10) 문법의 규칙은 마땅히 그리되어야 한다는 당위성보다는 당연히 그리된다는 사실에 바탕을 둔다는 점에서 자연 과학에서의 법칙과 유사한 점도 있다. 예를 들어, '중력의 법칙'은 모든 사물이 땅에 떨어져야 한다는 것이 아니라, 모든 사물은 당연히 땅에 떨어진다는 사실을 말해 주는 것이다.

사용 수단이 추구하는 목적과 필연적으로 일치하지만, 언어는 그 수단의 선택에서 아무런 제약을 받지 않는다는 것이다. 왜냐하면 언어 기호의 양면을 이루는 음성(형식)과 개념(내용) 사이에는 필연적인 관련이 존재할 수 없기 때문이다.

그리고 언어의 경우에서 보면, ⑥의 일반성은 규칙이 그대로 수행되지 않을 수 있다는 점에서 두 가지 특징을 지닌다. 하나는 행동의 유형과 관련되는 것으로 규칙 그 자체가 무수히 많은 시간 동안 어겨질 수 있고 축적될 수 있다는 것이며, 또 하나는 행위자와 관련되는 것으로 무수히 많은 사람에 의해 어겨질 수 있고 축적될 수 있다는 것이다. 따라서 규칙은 일반화가 가능하다 하더라도 모든 규칙이 반드시 절대적으로 적용되는 것이 아니다.

이와 같은 규칙이 지닌 일반적 속성에 따라 해석하면, 문법에서의 규칙은 자연적이고 필연적이라기보다는 관습에 따라 형성된 사회적 산물이라는 점에 비중을 두게 된다. 또한 언어에서 음성과 개념 사이의 관련이 자의적이듯이, 이들 사이의 연관을 설명하는 문법 규칙도 자의적이라는 점이 주목된다.

2.2 문법 규칙의 적용 범위

앞에서 논의한 규칙의 일반적인 속성은 문법의 규칙에서도 관련된다. 우선 문법은 규칙의 집합이지만 그렇다고 하여 그것이 언제나 절대적으로 적용되는 것은 아니라는 점이 지적될 필요가 있다. 문법의 규칙은 그것을 실현하는 언어 형태와 구조에서뿐만 아니라, 사용 맥락이나 언어 사용자들 사이의 정보 공유 정도 등과 같은 여러 조건에 의해 제약

(constraint)을 받는다.[11]

특히 문법의 규칙은 일정한 언어적 환경에서 적용되며, 실제로 함께 나타나는 어휘나 문법 형태와 상호 의존적인 관계를 이룬다. 그리하여 문법의 규칙성과 수용가능성은 주변의 언어 환경에 의해 제약되거나 조건화되는 현상이 나타난다.

(1) ㄱ. 우리는 그가 꼭 {돌아오기를, *돌아옴을} 기다린다.

　　ㄴ. 그가 {*돌아왔기가, 돌아왔음이} 분명하다.

(2) ㄱ. 아이가 자리에 {앉고, 앉아} 있다.

　　ㄴ. 아이가 밥을 {먹고, *먹어} 있다.

(3) ㄱ. 내일 {내가, *네가, *그가} 다시 전화할게.

　　ㄴ. 내일 {*내가, 네가, *그가} 다시 전화하렴.

위에서 (1)은 명사절 형성에서 상위문 동사와 명사형어미 '-기', '-(으)ㅁ', (2)는 본용언과 보조용언 '-고 있다', '-어 있다'의 관계에서, 그리고 (3)은 주어의 인칭과 종결어미 '-(으)ㄹ게', '-(으)렴' 사이의 관계에서 제약이 있음을 보여 준다. 그리하여 실제적인 언어 표현에 관여하는 문법 규칙이 구성체를 이루는 구성요소로부터 반드시 독립적이라고 할 수 없게 된다.

또한 문법 규칙은 어느 정도 일관되게 적용되는 현상이기는 하지만, 일반화의 정도에 따라 적용되는 방식이 다르기도 하다. 즉, 문법 규칙에는 일반적인 층위에서 전면적으로 적용되는 필수적인 것이 있는가 하면, 선택적으로 적용되는 것도 있다.

---

11) 문법의 실현에서 제약에 무엇을 포함시킬 것인지에 대해서는 두 가지 관점이 있다. 하나는 규칙 이외의 일반적, 개별적인 적격 조건 등을 제시하는 것이고, 다른 하나는 규칙까지도 문장의 적격성에 관한 조건의 하나로 간주하는 것이다. 여하튼 최대한으로 제약된 언어 이론은 언어 습득에 대한 적절한 이론을 개발하는 바탕이 된다(Radford, 1988:34 참조).

(4) ㄱ. 철수가 어제 책을 샀다.

　　ㄴ. 영희는 그 책을 모두 읽었다.

　　　(밑줄 친 부분은 동일한 대상을 지시함.)

(5) ㄱ. *영희는 [철수가 어제 책을 샀다] 책을 모두 읽었다.

　　ㄴ. *영희는 [철수가 어제 책을 산] 책을 모두 읽었다.

　　ㄷ. 영희는 [철수가 어제 산] 책을 모두 읽었다.

위에서 (4)의 두 문장이 (5-ㄷ)과 같이 관계절을 내포하는 복문을 구성할 경우, (5-ㄱ)에서처럼 서술어에서 '샀다'가 '산'으로 어미 변화가 일어나고, (5-ㄴ)에서처럼 동일 명사구 '(그) 책(을)'이 삭제되어야 하는 것은 필수적인 현상이다.

그런데 위의 예에서 주어가 동일하다면 다음과 같은 두 가지 관계절 내포문이 예상된다.

(6) *영희는 [영희가 어제 산] 책을 모두 읽었다.

(7) ㄱ. 영희는 [어제 산] 책을 모두 읽었다.

　　ㄴ. 영희는 [자기가 어제 산] 책을 모두 읽었다.

위에서 (6)은 내포된 관계절에서 동일 주어가 나타나서 적절하지 못하며, 이들은 (7-ㄱ)과 같이 동일 주어 생략 규칙이 적용되거나, (7-ㄴ)에서처럼 주어에서 재귀화 규칙이 적용되어야 한다. 물론 (7)의 두 가지는 선택적으로 적용될 수 있는 것이기는 하지만, 각각의 특징은 다르게 해석된다.

2.3 문법 규칙의 창조성

언어를 규칙의 체계로 보는 관점에서는 언어가 규칙을 통해 습득된다고 해석한다. 즉, 언어의 습득은 문법 규칙들을 지식 체계에 내재화하는 것을 의미한다. 이런 의미에서 언어의 습득도 규칙-지배적인 속성을 띠는 것이다.[12]

그런데 언어는 규칙-지배적인 동시에 창조적(creative)인 속성도 지닌다. 언어의 규칙성은 규칙과 질서, 법칙, 관습뿐만 아니라 반복과 문형, 구조 등과 관련되어 고정적인 것으로 일반화될 수 있겠으나, 다른 측면에서 보면 상황에 따라 기존의 규칙을 새롭게 이용할 가능성(창조성)도 지니는 것이다.[13]

언어의 창조성은 언어가 단순히 모방에 의해 습득될 수 없는 것임을 보여 준다. 이것은 언어 학습이 단순히 다른 사람들이 산출해 놓은 문장의 목록을 기계적으로 배워서 앵무새처럼 반복하는 것이 아님을 의미한다 (Radford, 1988:13 참조). 인간은 평생 새로운 문장을 산출하며, 또한 새롭게 산출된 문장은 정상적인 언어 사용에 부합하는 것이다.

언어의 창조적 사용은 언어를 사회적 관습으로 보는 관점과 다르다. 사회적 관습으로서의 언어는 사회 구성원 개인에 의해 바뀌기는 어렵지만, 창조적 사용으로서의 언어는 언어 사용자들 사이의 관계나 맥락에 따라 달라질 수 있기 때문이다. 따라서 창조적인 언어의 사용은 언어를 가변적이게 하는데, 이에 따라 언어를 이루는 규칙도 가변적일 수 있게 된다.

---

12) 언어가 규칙의 형상화를 통해 습득된다는 근거 중 하나로 언어 학습에서 나타나는 오류(error)를 들 수 있다. 영어의 경우 'come'의 과거형으로 처음에는 규칙적으로 적용하여 'comed'로 쓰다가 점차 'came'으로 바뀌게 된다고 한다(다음의 12장 2.1절 참조).

13) 좁은 의미에서 보면, 창조성은 언어의 규칙에서 벗어나지 않는 범위에서 창조적으로 문장을 구성하는 능력과 관련된다. 그러나 창조성을 좀 더 넓은 뜻으로 언어 사용과 관련하여 이해하면, 이것은 새로운 규칙을 이루어 낼 수 있다는 뜻으로 해석될 수 있다. 왜냐하면, 언어 사용은 상황과 맥락, 화자와 청자의 관계 등에 따라 달리 실현될 수 있는 것이기 때문이다.

③ 사용으로서의 문법

3.1 언어 사용과 규칙

언어 사용자는 자신의 언어에 내재된 규칙을 잘 알고 있으며, 또 한편으로는 그러한 규칙을 적절히 사용하는 능력을 지니고 있다. 그런데 언어는 문맥이나 상황, 사회·문화적 특징 등과 같은 맥락(context)에 의존하여 사용된다. 따라서 언어의 사용은 언어 구조적인 제약뿐만 아니라 비언어적인 제약과도 관련된다.

그러므로 언어를 습득한다는 것은 두 가지를 내포한다. 하나는 독립적으로 존재하는 다양한 언어 단위를 재료로 하여 올바른 문장을 구성하고 이해하는 규칙과 원리이고, 또 하나는 의사소통적 목적을 성취하기 위해 적절히 문장을 사용하는 것이다. 여기서 전자는 규칙으로서의 문법이고, 후자는 사용으로서의 문법과 관련된다. 규칙으로서의 문법이 모든 언어 표현에 적용되는 일반적인 언어능력을 바탕으로 한다면, 사용으로서의 문법은 특정한 형태가 사용되는 언어수행과 관련된다는 점에서 구별된다.

사용은 언어 형식을 명세화하는 것이 아니라 정상적인 의사소통적 행위를 실현하는 것이다. 어떤 언어 표현이 사용의 적절한 예가 되기 위해서는 상황이 그러한 표현을 산출하기에 적절하고 또한 동시에 화자가 의사소통의 행위를 하고 있어야 한다. 언어의 사용적 측면에서는 일정한 조건이나 제약 등이 관여하는데, 따라서 사용으로서의 문법은 특정한 맥락에서 의사소통을 위해 어떤 형식의 표현이 적절한지를 선택하는 능력과 관련된다.[14]

---

14) Larsen-Freeman(2003:59-66)에서는 언어 화자는 그가 표현하고자 하는 의미를 유지하기 위해 어떤 문법 구조를 선택(choice)한다고 하였다. 그런데 이러한 구조의 선택은 특정한 의미를 표현하기 위한 의도뿐만 아니라, 화자가 직면하는 사회적 또는 담화적인 동기와도 관련되는 것이며, 그러한 선택은 사용(use)의 차원에 해당한다고 보았다.

의미적인 측면에서 규칙으로서의 문법에 의해 실현되는 의미와 사용으로서의 문법에 의해 실현되는 의미는 서로 구별된다. 즉, 전자가 문장이 산출되는 맥락이나 특별한 상황과 유리된 상태에서 형태와 구조에 관련되는 것이라면, 후자는 문장이 다양한 의사소통적 행위를 수행하기 위해 사용될 때 실현되는 것이다.15) 예를 들어, 의문문은 구조적으로 특정한 것에 대한 정보를 분명히 하도록 요구하지만, 사용적으로는 어떤 행위를 제안하는 의미를 표현하기도 한다.

(8) ㄱ. 커피 좀 더 드시겠어요?
    ㄴ. 나와 함께 가지 않을래?

규칙으로서의 문법에 의해 표현되는 의미가 개념화(conceptualization)와 관련된다면, 사용으로서의 문법에 의한 의미는 특정한 의사소통적 상황에서 언어 형태가 어떤 기능(function)을 실현하는지와 관련된다.16) 개념화는 구조를 이루는 통사적 선택과 어휘 항목들의 의미 사이의 관계에서 도출되며, 사용적 의미는 언어 형식이 사용되는 맥락이나 상황에 의존한 의사소통적 기능을 실현하는 것이다.

3.2 용법의 성립

언어 사용의 양상은 매우 다변적이고 광범위하다. 하나의 언어 형식이 구체적인 맥락에 따라 다른 의미를 실현하는 사용의 양상은 언어 사용자

---

15) Widdowson(1978:10-12)에서는 언어 항목이 규칙의 예로서 지니는 의미를 그 항목이 나타내는 사물에 대한 추상적 개념(signification)이라 하고, 사용의 예로서 지니는 의미를 가치(value)라 하여 구분하였다.

16) 기능은 하나의 발화에서 언어 단위 하나가 사용되는 목적을 말한다(Richards et. al., 1992:148). 언어 교육에서 언어 기능은 요청하기나 사과하기, 거절하기, 제안하기, 칭찬하기 등과 같이 행위적인 범주로 표현된다(다음의 3장 3.4절 참조).

들 사이에 관습적인 형식으로 나타나게 된다. 여기서 언어 사용자들이 실제로 말하고 쓰는 관습화된 방법을 용법(usage)이라고 한다.[17] 규칙으로서의 문법이 언어 현상을 기술하고 설명하며, 예언하고 통제하는 원리라 하면, 용법은 예견되는 의사소통의 목적을 성취할 수 있도록 언어수행에서 나타나는 수많은 변인들을 조작하는 방법이라 할 수 있다.

용법은 언어 사용자가 언어에 내재된 규칙을 활용하여 언어를 사용하는 지식을 드러내 준다. 이런 의미에서 용법은 규칙으로서의 문법과 관계가 있다. 그러나 이 둘은 서로 구분되는데, 용법은 그것이 통용되고 있고 잘 정리되었다 하더라도 자동적으로 규칙이 되지는 않으며, 반대로 정리된 용법이 항상 정확하다면 규칙으로서의 문법 연구는 의미가 없어질 것이다. 용법은 규칙에 조화되어야 하지만, 규칙이 정확해지기 위해 용법에 조화되어야 하는 것은 아니다. 용법은 언어수행의 한 부분을 차지하며, 규칙으로서의 문법에 비해 외연이 더 넓다.

용법은 대상을 전제로 하며, 문법범주나 형태, 구조 등의 문법적 언어 단위가 대상에 해당될 수 있다. 또한 용법은 형식화된 규칙과 달리 일상적인 용어로 기술하는데, 실제로는 표현상의 한계로 인하여 언어 구조나 형태의 사용 양상을 기술할 때 어느 정도의 전문적인 용어를 사용하기도 한다.[18] 용법은 현상으로부터 추상화된 원리 또는 규칙과 그 현상 사이의 교호적 관점에서 도출된다. 따라서 용법은 언어수행과 밀접하게 관련되며, 실제적(authentic) 언어의 표본을 분석하거나 사용 양상을 분석하여 기술될 수 있다.

그리하여 용법은 특정한 언어 형태나 구조가 사용되는 구체적인 항목을 추상화하여 다음과 같은 형식으로 기술할 수 있다.

---

17) Strickland et al.(2004:414)에서는 용법을 '어떤 상황에 적절한 언어적 관습'으로 해석한다.

18) 여기에는 명사, 동사 등과 같은 품사 명칭이나 주어, 서술어와 같은 기능상의 용어, 그리고 현재, 과거, 미래와 같은 문법범주의 기술에 요구되는 것들이 포함될 것이다.

- A는 ... 형태로 사용된다.
- A는 ... 뜻으로 사용된다.
- A는 ... 경우에 사용된다.

위에서처럼 용법은 사용 방법을 배열하는 형식으로 기술되는데, 여기서는 하나의 항목이 지니고 있는 다양한 용법적 특징을 어떤 순서로 배열할 것인지의 문제가 대두될 수 있다.[19]

좀 더 구체적으로 보면, 용법의 기술에는 다음과 같은 정보가 포함된다.

- 언어적 환경
- 문법범주
- 의미
- 사용 맥락

위에서 언어적 환경은 형태 · 통사적인 정보와 공기 제약과 같은 문맥 정보를 나타내는 것으로 '....의 앞/뒤에 붙어' 등으로 기술되며, 의미는 각 형태가 지닌 의미적인 특징이 실제적으로 드러나도록('의무, 능력, 추측, 허락, 강조, 의도, 예정' 등과 같이) 기술된다. 문법범주는 형태가 지닌 문법적 성격 유형('명사적 용법, 형용사적 용법, 부사적 용법' 등)을 뜻하며, 사용 맥락은 발화 상황이나 참여자 등에서 나타나는 특징적인 정보를 의미한다(다음의 4장 2.3절 참조).

---

19) 국립국어원(2005ㄴ)에서는 가급적 쉬운 말로 해설하고, 기본 의미와 의미의 빈도수를 고려하여 배열하며, 다양한 제약이나 사용 맥락을 제시하는 것을 용법 기술의 원칙으로 하였다.

3.3 용법과 사용

　언어 교육에서는 언어 구조에 대한 이론적이고 형식적인 기술보다는 특정 언어 형태나 구조가 실제적인 맥락에서 사용되는 방법에 초점을 둔다. 그런데 언어 교육에서 문법의 규칙은 추상화의 정도가 높아서 직접 적용하기가 어렵기 때문에 규칙으로서의 문법보다 용법에 더 비중을 둘 것을 강조한다. 용법은 실제적이며 상황 의존적인 언어 사용의 양상을 다루며, 듣기나 말하기, 읽기, 쓰기 등의 실제적인 언어 사용 기술에 적절히 적용될 수 있을 것으로 기대되기도 한다.

　그러나 용법은 한 언어가 사용되는 전체적인 국면을 모두 포함할 수 없다. 즉, 사용 능력과 그 능력의 실현으로서의 사용은 반드시 일치하는 것이 아니다. 예를 들어, 어떤 언어 표현은 그것이 나타나는 문맥에서는 형식적으로 적절하지만, 주어진 상황에서 적절한 기능을 수행하지 못하는 경우도 있다(Widdowson, 1998:10-12 참조).

　(9)　ㄱ. 이것은 칠판입니다.

　　　ㄴ. 저것은 창문입니다.

　(10)　ㄱ. 이것은 무엇입니까?

　　　ㄴ. 그것은 책입니다.

　위에서 (9, 10)은 지시어 '이것, 저것, 그것'이 이루는 전형적인 구조를 보여 준다. 이것을 언어 교육의 측면에서 보면, 위 (9, 10)은 구조적인 연습을 위해 제시될 수 있는 적절한 예라 할 수 있다. 그러나 문제는 실제로 이러한 표현이 실행되는 상황은 그리 많지 않으며, 이러한 표현은 실제 발화 상황에서는 매우 어색하게 느껴진다는 데 있다. 따라서 이러한 용례의 제시는 실제적인 사용(use)보다는 용법(usage)에 초점을 두는 것이 된다.

　언어 교육의 상황과 관련하여 좀 더 살피면, 발화의 실제성(authenticity)

이 확보되지 않은 채 특정 형태가 사용되는 예를 제시하는 경우가 많다. 예를 들어, '-고 있다'와 '-어 있다'의 차이를 설명하기 위해 다음과 같은 발화를 하면서 실제 행동으로 보여 줄 수 있다.

> (11) ㄱ. 나는 지금 의자에 앉고 있습니다.
>
> ㄴ. 나는 지금 의자에 앉아 있습니다.

위 (11)의 경우도 이러한 표현이 실제적인 상황과 관련되지 않게 제시된다면, '-고 있다'와 '-어 있다'의 용법에 초점을 두는 것이 된다.[20]

이런 관점에서 Widdowson(1978)에서는 용법과 사용의 구별을 제안한다. 여기서 용법은 언어 체계 안에서의 한 요소로서 언어 항목의 사용 방법을 말하고, 사용은 의사소통 체계의 한 부분으로서의 기능을 말한다.[21] 즉, 용법은 언어 체계의 명세화로서 단어와 문장들을 열거하는 방법이고, 사용은 정상적인 의사소통의 목적을 위해 그 언어 체계가 실현되는 현상으로 구분된다는 것이다. 특히 용법은 그 자체로는 의사소통 행위에서 유용성이 거의 없고 적절한 사용의 절차로 보완되어야 하며, 사용은 용법을 포함하지만 그 역은 가능한 것이 못 된다는 점을 강조한다.

---

20) 교실에서 교사가 실제로 앉는 동작을 하거나 앉아 있는 상황을 연출하면서 이러한 예를 제시한다 하더라도, 교사가 하는 행동은 실제적인 발화 상황과 관련되지 않는다.

21) Widdowson(1978:6)에서는 사용으로서의 언어를 실현하는 것은 특정한 언어적 맥락에 적합한 문장 형식을 선택하는 능력과 특정한 의사소통적 상황에서 한 문장에 의해 실현되는 기능을 인지하는 능력을 모두 포함한다고 하였다.

3.4 사용과 기능

언어 사용과 관련되는 의미는 기능(function)과 관련된다. 기능은 어떤 발화나 언어 형식이 사용되는 목적, 즉 발화자의 표현 의도에 관한 것으로, 언어 교육에서는 요청하기, 사과하기, 거절하기, 약속하기 등과 같은 행동의 범주로 기술된다.[22] 이러한 기능은 의미를 주고받는 일상적인 의사소통에서 중요한 요소가 된다. 그리하여 의사소통 능력을 강조하는 언어 교육에서는 실제로 표현하거나 이해하기 위해 필요한 여러 언어 기능들이 교수요목의 주요 항목을 구성한다.

그런데 언어 사용과 관련한 기능의 범주 체계에 대해 많은 논의가 있어 왔다. 여기서 한 예로 Finocchiaro & Brumfit(1983:65-66)에서의 기능 분류를 간단히 정리하여 보면 다음과 같다(이민선, 2004; 김중섭 외, 2016 참조).

- 개인적 기능: 사랑, 기쁨, 즐거움, 도덕적, 지적, 사회적 관심, 배고픔, 목마름, 피곤함, 졸림, 추움, 따뜻함 등 일상적 느낌 등
- 대인적 기능: 인사, 소개, 초대, 수락, 거절, 약속, 사과, 동의, 변명, 감사 등
- 지령적 기능: 제안, 요청, 권고, 허락, 경고, 금지, 명령, 지시 등
- 지시적 기능: 묘사, 정의, 요약, 번역, 비교, 가능성, 보고, 평가, 대조, 토의 등
- 상상적 기능: 시, 소설, 음악 등에 관한 토론, 문제 해결, 창조적 재구성 등

위에서 개인적(personal) 기능은 개인의 생각과 느낌을 표현하는 것이고, 대인적(interpersonal) 기능은 사회적 관계의 설정과 이를 유지하는 것을 가리킨다. 지령적(directive) 기능은 다른 사람의 행동에 영향을 미

---

22) 언어 교육에서 기능은 일반적으로 화행(speech act)과 관련하여 논의된다.

치거나 지시를 받아들이거나 거절하는 것이고, 지시적(referential) 기능은 사물, 행동, 사건, 사람들에 관해 이야기하거나 보고하는 것이며, 상상적(imaginative) 기능은 상상하여 표현하거나 이야기를 확장할 수 있는 것을 의미한다.

그런데 이러한 체계화는 언어 사용의 양상을 어떻게 기능의 요소로 분석할 수 있는가 하는 것도 문제려니와, 그러한 기능에는 어떤 것이 있으며, 그것들이 어떠한 체계로 존재하는지에 대한 해석은 관점에 따라 다를 수 있다는 한계를 지닌다.[23]

위의 경우에도 소개하기, 제안하기, 묘사하기 등의 의사소통적 기능을 수용하였지만, 토론이나 번역 등과 같은 언어 기술이나 활동, 일상적 감정 등이 복잡하게 혼합되어 있다. 즉, 기능은 언어 사용의 실제성을 어느 정도 만족시킬 수 있으나, 그 범위를 한정하거나 유목화하기가 어렵다는 문제가 있다.

또한 유목화된 각각의 기능이 어떤 언어 항목과 대응되는지에 대한 것은 문법 교육에서 실제로 부딪치게 되는 문제이다. 기능과 문법 항목과의 대응 관계를 보면, 이들은 일 대 일로 대응되기보다는 일 대 다 또는 다 대 일로 대응되는 것이 일반적인 현상이다(다음의 4장 3.3절 참조).

(12) ㄱ. 차 한잔하러 오십시오.

　　ㄴ. 발 조심하십시오.

　　ㄷ. 왼쪽으로 돌아가십시오.

　　ㄹ. 물 좀 주십시오.

(13) 이번 휴가에는 부산으로 여행 {갑시다./갈까요?/가지 않을래요?}

위에서 (12)는 모두 종결어미 '-(으)십시오'에 의한 명령문의 형식으로

---

[23] 이론적으로 기능을 분류한 예에 대해서는 이민선(2004), 김중섭 외(2016:60-76), 강현화 외(2022ㄱ:41-48) 등을 참조할 수 있다.

되어 있는데, 기능의 측면에서는 (12-ㄱ)은 초대하기, (12-ㄴ)은 경고하기, (12-ㄷ)은 지시하기, (12-ㄹ)은 요청하기 등을 실현하는 것으로 구별된다. 이에 비해서 (13)은 제안하기의 기능이 '-(으)ㅂ시다'와 '-(으)ㄹ까요', 그리고 '-지 않을래요'에 의해 구성될 수 있음을 보여 준다. 즉, 하나의 문법 항목이 여러 기능에 대응되기도 하고 역으로 하나의 기능이 여러 문법 항목으로 표현되기도 하는 것이다.

언어 교육이 사용을 지향해야 함은 당연하지만, 실제 교육에서 제시되는 것이 언제나 사용에 바탕을 둘 수는 없을 것이다. 왜냐하면 사용의 상황은 매우 다양하고 복잡하기 때문이다.

따라서 언어 교육에서 제시되는 것은 수많은 기능 요소들 중에서 의사소통의 목적을 실현하는 데 요구되는 잠재적인 가치가 높은 것으로 선택될 필요가 있다.

④ 한국어 교육 문법에의 적용

문법은 언어의 구조를 형성하는 질서이며, 언어 사용자들의 지식 체계에 존재하는 것으로 이해된다. 그런데 언어 교육을 위해서는 교수-학습의 가치를 실현할 수 있도록 문법을 기술할 필요가 있는데, 여기서 언어 교육을 위한 문법(교육 문법)을 실제로 어떤 내용과 방법으로 기술할지에 관한 문제가 대두된다.

이론적으로는 문법은 언어에 내재된 원리와 규칙들로 기술될 수 있다고 한다. 그러나 교육 문법은 이러한 학문적 관점을 그대로 수용하는 것이 아니라, 교육적 상황에 적용하기 위해 필요한 다양한 변인들을 고려하여 재구성될 필요가 있다.

그것은 언어 교육에서는 언어 형식을 올바르게 구성하는 것 외에, 언어 표현이 실제적 맥락에서 의사소통의 목적에 맞도록 효과적으로 사용되는 방법도 다루어야 하기 때문이다. 즉, 교육 문법은 언어 표현을 원리와 규칙에 맞도록 정확하게 산출하는 것(규칙으로서의 문법)뿐만 아니라, 맥락에 따라 그것들을 유의미하고 적절하게 사용하는 것(사용으로서의 문법)을 포함하는 것이다.

규칙으로서의 문법은 형식적이거나 일반화될 수 있는 속성을 띠지만, 그렇다고 하여 절대 불변의 고정된 지식이라 할 수는 없다. 왜냐하면 규칙은 언어 사용을 통제하고 예측하는 사회적 관습이기도 하거니와, 문맥과 발화 상황에 따라 적용이 제약되거나 달라지기도 하기 때문이다. 따라서 교육 문법에서의 규칙은 언어 사용에서 절대적인 구속력을 지닌다기보다는 맥락에 따라 가변적인 속성을 지닌다는 점에 유의하여 기술하게 된다.

사용으로서의 문법은 언어수행과 관련되는 것으로 맥락 의존성이 주요한 특징이 된다. 언어수행의 측면에서 한 언어를 안다는 것은 언어 형태와 범주의 용법과 사용에 대한 지식을 모두 지니고 있음을 뜻한다. 그리하여 문법은 용법과 사용의 관점에서 접근할 수 있으며, 특히 교육 문법의 기술에서는 문법의 맥락 의존성이 그 내용과 방법을 결정하는 주요한 요인으로 작용한다.

의사소통의 관점에서 보면, 교육 문법은 상황적 맥락이 강조되는 용법과 사용에 주목할 필요가 있다. 그것은 실제적인 맥락에서 언어의 사용을 강조하는 언어 교육은 언어수행 능력을 신장시키는 데 초점을 두기 때문이다.

전통적인 교육 문법에서는 실제적인 사용은 학습자 스스로가 깨치게 된다고 여기면서 용법에 중점을 두기도 했으나, 용법은 다양한 사용의 상황을 예상하여 기술한다 하더라도 구체적 상황에 언제나 적절하게 전이되지 못하는 한계가 나타나기 마련이다.

한국어 교육 문법에서는 규칙으로서의 문법과 사용으로서의 문법에 모두 관심을 갖는다. 전자는 한국어 학습자들이 복잡한 언어 구조에 체계적으로 부딪쳐 가면서 한국어에 내재된 규칙을 수용하고 종합할 수 있게 하며, 후자는 실제적 상황에서 다양한 맥락에 적절히 대처하여 한국어를 사용할 수 있는 능력을 부여해 주기 때문이다. 따라서 한국어 교육 문법은 이 둘 사이 어느 중간 지점에서 성립된다고 할 수 있다.

2부

한국어 교육 문법의 내용

제 4 장

한국어 교육 문법의
체계와 내용 기술

■ 교육 문법은 언어 표현을 원리와 규칙에 맞도록 정확하게 산출하는 것뿐만 아니라, 맥락에 따라 그것들을 유의미하고 적절하게 사용하는 방법을 포함한다. 그리하여 교육 문법은 학문적 관점을 수용하되, 교육적 상황에 적용하기 위한 다양한 변인들을 고려하여 재구성된다. 한국어 교육 문법의 내용을 기술하기 위해서는 한국어 의사소통 능력의 향상을 위한 최상의 문법 규칙이 어떤 것인지, 그리고 이들이 어떻게 사용자에게 인지되고 언어 습득과 어떤 관계가 있는지에 대해 고민하게 된다. 이 장에서는 한국어 교육 문법의 내용을 구성하고 기술하는 데 요구되는 문제들을 다루며, 특히 한국어 교육 문법을 어떻게 기술하는 것이 적절한지에 대해 살펴보기로 한다.

❶ 한국어 교육 문법의 체계 설정

1.1

교육 문법은 목표 언어를 이해하기 쉽도록 기술하는데, 그 기술의 대상이나 방법은 관점에 따라 폭넓게 선택될 수 있다. 그리고 교육 문법은 목표 언어의 복잡한 현상을 모두 반영하는 것이 아니라, 학습자의 요구나 학습 가능성에 따라 그 내용이 단순화된다. 그리하여 교육 문법은 복잡하지는 않지만, 실제로는 그 대상과 방법에서 학문 문법보다 더 넓은 범위를 포함하기도 한다.

교육 문법을 전체적으로 접근하여 기술하고자 하면, 그것을 어떻게 체계화할 것인지의 문제가 대두된다. 교육 문법 기술을 위한 체계를 설정하기 위해서는 우선 목표 언어 문법의 전체 영역을 구분하는 범주를 설정할 필요가 있으며, 이에 대해서는 형태·구조를 중심으로 하는 방법과 의미·기능을 중심으로 하는 방법이 예상된다.[1]

영어의 경우, Celce-Murcia & Larsen-Freeman(1983)은 교사를 위한 영어 문법 교본의 성격을 띠는 것으로, 형태·구조를 중심으로 범주를 구분하였다. 특히 여기서는 생성 이론과 격 문법의 이론을 바탕으로 영어 문법을 36개의 하위 범주로 구분하여 기술하였는데, 그 얼개의 일부를 보면 다음과 같다.[2]

---

1) 교육 문법은 실천적인 대상을 다루기 때문에 분석인 것보다는 종합적으로 접근한다. 그러나 언어는 그 자체가 복잡하고 너무 큰 대상이어서 종합적 관점만으로 기술하기는 어렵다. 그리하여 교육 문법을 기술하기 위해서는 어느 정도까지는 범주를 구분하여 개념화하고 분석하는 것이 필요하게 된다.

2) Celce-Murcia & Larsen-Freeman(1983)에서는 영어 교사가 영어 문법의 지식을 필요로 한다면 영어 문법 연구를 위한 모델이나 틀을 선택하는 문제가 생길 수밖에 없다고 하면서, 생성 이론(generative theory)을 모델로 하고 격 문법(case grammar)을 원용하여 기술하였다. 그것은 생성 이론이 인간 언어를 정적인 것보다는 동적인 것으로 보며 형태 중심이라기보다는 생성 과정 중심이기 때문이고, 격 문법은 전치사의 역할이나 의미를 설명하는 데 적절하기 때문이라고 하였다.

위에서 보면, 명사나 부사, 전치사 등과 같은 어휘적 형태나 부정사와 동명사 등과 같은 문법 형태가 실현된 형태적인 것과 함께, 어순이나 구 구조, 보문 등과 같은 구조적인 문제에 해당하는 항목들로 짜여 있다. 이와 같이 형태·구조를 중심으로 문법 기술의 범주를 설정하게 되면, 그 내용이 비교적 체계적으로 정리될 수 있다. 그러나 이러한 형태·구조 중심의 접근 방법은 교육 문법에서 강조하는 실제적인 사용 양상이 두드러지지 않는다는 등의 한계를 지닌다.

1.2

교육 문법은 의미·기능 중심으로 체계화할 수도 있다. Leech & Svartvik(1975)에서는 영어 교육 문법의 내용을 의미·기능 중심으로 기술하였는데, 이를 위해 교육 문법에서 요구되는 의미 영역을 다음과 같이 체계화하였다.

영역	의미 또는 의미 조직의 유형	형태 단위 유형
A영역	개념	단어, 구, 절
B영역	정보, 실체 믿음	문장
C영역	서법, 감정과 태도	발화
D영역	관련 담화 의미	담화 또는 텍스트

위에서 A영역은 개념적 의미 영역으로 인간의 세계에 대한 경험 양상을 표현한다. 이 영역은 수(數)와 양(量), 한정성, 시간, 방법, 정도 등과 같은 문법의 기본적인 의미 범주와 관련된다. B영역은 논리적 의사소통을 표현한다. 이것은 A영역을 활용하여 진(眞)과 위(僞)를 판단하고 세상의 일에 대한 정보를 주거나 분명히 하는 것으로, 예를 들어 진술, 의문과 반응, 긍정과 부정, 가능성과 확실성 등이 포함된다. 그리고 C영역은 의사소통의 또 다른 영역인 화자와 청자의 태도와 행동을 표현한다. 이것은 명령이나 제안, 사과, 금지, 약속 등과 같은 화행(speech act)과 관련된다. D영역은 의사소통의 조직적 양상과 관련되며, 여기서는 가장 적절한 방법으로 의사소통을 하기 위해서 생각을 어떻게 순서 지우며 어떻게 결합할 것인가를 다룬다.

의미 · 기능 중심의 체계에서는 문법 규칙들이 문장을 생성하는 문제보다는 맥락에 어울리는 발화의 산출이 응집성 있는 의사소통의 수단이라는 점을 강조한다. 이러한 의사소통적 관점에서는 문법 기술의 단위는 문장을 넘어서게 되며, 다양한 문법 구조에 대한 설명은 담화 차원에서 시도된다. 인간의 언어가 의미를 표현하고 아울러 주어진 의사소통 상황에서 제기되는 다양한 언어적 기능을 나타낸다는 점에서 볼 때, 이러한 의미 · 기능 중심의 범주 구분은 매우 의미 있는 것이기는 하다. 그러나 의미와 기능의 영역은 그 자체가 복잡하여 체계화가 어렵기도 하거니와, 실제로 이를 바탕으로 문법을 기술할 때 그 범위를 어떻게 한정하고 범주 사이의 구분을 어떻게 정해야 하는지의 문제가 남는다.

이러한 문제 때문이기도 하겠지만, 실제로 Leech & Svartvik(1975)에서 기술된 것을 보면 각각의 영역이 특정한 언어 단위에 대응한다. 즉, A 영역은 문장 이하(단어, 구, 절 등), B영역은 문장, C영역은 발화, D영역은 담화 또는 텍스트로 해당 언어 단위가 제시되는데, 각 영역에서 제시되는 의미 · 기능은 각 영역의 언어 단위를 바탕으로 설정되어 있다.[3]

1.3

한국어 교육 문법의 내용을 기술하는 경우에서도 형태 · 구조를 중심으로 할 것인지, 아니면 의미 · 기능을 중심으로 할 것인지에 대한 문제가 있다. 여기서는 우선 문법 기술의 일반적인 경향을 따라 형태 · 구조를 중심으로 접근할 수 있다.[4] 이 경우 형태 · 구조의 용법을 중심으로 기술하더라도, 의사소통 능력의 신장에 목표를 두는 한국어 교육 문법에서는 한국어의 본질과 체계에 대한 지식을 강조하지 않는다.

그런데 한국어 교육 문법은 학습자들이 실제로 사용하는 데 직접적인 도움을 줄 수 있도록 기술될 필요가 있으며, 이런 측면에서 의미 · 기능을 중심으로 체계를 설정하는 것이 요구된다. 의사소통적 관점에서 보면, 한국어 교육 문법에서는 의미와 기능을 기반으로 하는 체계의 설정이 필요함은 당연하다. 그러나 의미 · 기능 중심의 체계는 각각의 문법 항목이 나타내는 의미와 기능을 어떻게 종합하고 범주화할 것인지의 문제가 대두된다. 그것은 언어 표현에서 의미와 기능은 심리적이고 주관적인 속성을 지니고 있기 때문이기도 하다.

---

3) 여기서 발화(utterance)는 언어 단위로는 문장과 같은 것이다. 그러나 B영역이 문장의 논리적인 부분을 다룬다면, C영역은 양태적인 측면을 다룬다는 점에서 구분된다.

4) 형태 · 구조 중심의 범주 체계가 언어 체계는 단순하여 명시적인 규칙으로 제시할 수 있고 그 규칙들은 학습자들이 이해하여 누적적으로 축적하도록 하는 방법으로 설명할 수 있다고 가정한다면, 의미 · 기능 중심의 범주 체계도 역시 그 범위가 유한하며 어떤 언어 형식과 조화되고 누적적인 축적의 방식으로 습득된다고 가정한다(우형식, 2016 참조).

실제로는 형태·구조 중심과 의미·기능 중심의 방법은 절충적으로 적용될 필요가 있다. 그리하여 한국어 교육 문법의 내용 기술에서 전체적인 체계를 설정하거나 하위 영역을 구분할 때에는 형태와 구조를 고려하고, 이들이 실제로 사용되는 현상을 기술할 때에는 의미와 기능에 초점을 두는 방법이 선호되어 왔다. 그런데 한국어 교육 문법의 내용을 어떻게 체계화하여 구성할 것인지는 확정적일 수 없는 것으로 보인다. 특히 교육 문법이 학문적 체계를 강조하는 것이 아니기 때문에, 내용의 범위나 체계화가 비교적 열린 문제로 이해되기도 한다(김재욱, 2003; 한송화, 2006; 연재훈, 2020 참조). 그것은 교육 문법이 실제적인 사용과 관련되어 의미·기능적 요인의 중요성이 인정되면서도, 한국어가 지닌 형태적 복잡성을 고려하면 형태·구조적인 접근이 요구되기 때문이다.

전통적으로 한국어 교육에서 문법은 문법 항목을 기본 단위로 하고, 그것이 실현되는 형태를 중심으로 하여 의미와 기능을 다루어 왔다. 이에 따르면 한국어 교육 문법은 형태·구조 중심으로 체계를 설정하고, 그 틀 안에서 의미·기능을 기술하는 접근 방법이 유용할 것으로 기대된다. 이러한 관점에서 한국어 교육 문법의 체계를 대강의 얼개로 구성하면 다음과 같이 제시할 수 있다(우형식, 2010ㄱ 참조).

I. 문장과 단어	1. 격조사 2. 보조사
○. 문장	3. '이/가'와 '은/는'
1. 문장의 구조 2. 문장의 분류	○. 용언
○. 단어	1. 동사 2. 형용사
1. 단어의 구조 2. 단어의 분류	3. '이다'와 '있다' 4. 보조용언
II. 품사별 특징	○. 용언의 활용
○. 체언	1. 규칙 활용과 불규칙 활용
1. 명사와 대명사 2. 의존명사	2. 선어말어미와 어말어미
3. 분류사	○. 그 밖의 품사
○. 조사	1. 관형사 2. 부사 3. 감탄사

위에서는 한국어 교육 문법의 얼개가 문장과 단어의 구조, 품사별 용법, 의미 표현 범주별 특징, 그리고 문장 확대의 특징을 기술하는 내용으로 구성되어 있다.[5] 특히 품사별 용법에서는 각각의 단어의 유형을 다루는 것이 아니라, 의존명사와 조사, 보조용언, 용언의 활용 등과 같이 한국어 교육 문법의 구성에서 중요한 영역을 중심으로 구성된 것이 특징이다. 또한 의미 표현 범주에서는 좁은 의미의 문법범주에서 벗어나 영역을 확대하는 방법으로 내용을 전개하고자 하는 의도가 들어 있다.

이와 같이 전체의 얼개를 어떻게 구성하는가도 중요하지만, 문제는 실제로 각 하위 영역을 어떻게 구성하여 기술하는가에 있다. 하위 영역은 실제적인 표현에 기여할 수 있도록 구성하는데, 이것은 예를 들어 동사의 용법에서 전통적인 자동사와 타동사의 구분보다는 인지동사, 화행동사, 변화동사, 수여동사, 이동동사 등과 같이 구분하여 각각의 동사에 의해 형성되는 문장의 구조나 결합 형태의 차이를 제시할 수 있도록 하는

---

5)　이것은 시안이며, 구체화하기 위해서는 세부적으로 검토해야 한다.

것과 같다.

특히 의미 표현 범주에서는 학문 문법이나 전통적인 학교 문법과 달리 형태 범주를 넘어서는 방식으로 각 하위 영역을 구성한다. 예를 들어, 수량 표현은 '친구들'에서와 같은 체언의 복수를 표현하는 접미사 '들'의 용법과 함께 '친구 한/두 명'과 같은 수관형사와 분류사에 의한 수량화 현상을 함께 다룬다. 즉, 전통적인 문법에서는 '들'은 명사에서 다루고, '한, 두' 등과 같은 수관형사는 관형사 또는 수사에서, 그리고 '명'과 같은 분류사는 의존명사 항목에서 다루지만, 한국어 교육 문법에서는 이들을 의미적으로 수량 표현과 관련되는 하나의 범주 안에서 다루는 것이다.

이러한 특징은 지시 표현에서 대명사와 '이 그, 저'류 형태(관형사의 '이, 그, 저', 지시대명사의 '이것, 그것, 저것', 동사의 '이리하다, 그리하다, 저리하다', 형용사의 '이렇다, 그렇다, 저렇다' 등)가 묶여서 다루어질 수 있으며, 의문 표현에서 의문형 종결어미와 함께 대명사('누구, 언제, 어디, 무엇')와 수사('몇, 얼마'), 관형사('무슨, 어떤, 어느, 웬'), 부사('얼마나, 어떻게, 왜'), 형용사('어떻다'), 그리고 동사('어찌하다')가 하나의 범주에서 다루어지는 것을 포함한다.

한편, 한국어 교육 문법의 내용 기술에서는 언어유형론(linguistic typology)의 관점을 수용할 필요가 있다. 언어유형론은 많은 언어의 표면적 구조에서 나타나는 보편적 경향성을 바탕으로 성립하며, 이를 바탕으로 언어 간 차이의 패턴을 밝히고 특정 언어의 문법적 현상을 언어 보편적 경향으로 기술할 수 있게 한다(손호민, 2008 참조). 따라서 한국어 교육 문법에서는 한국어 문법의 언어유형론적 특징을 반영함으로써 교육적 효과를 향상시킬 수 있을 것으로 기대된다(다음의 7장 참조).

❷ 한국어 교육 문법 내용의 구성 체제

2.1

한국어 교육 문법의 내용을 구성하기 위해서는 한국어 의사소통 능력의 향상을 위한 최상의 문법 규칙이 어떤 것인지, 그리고 이들이 어떻게 사용자에게 인지되고 언어 습득과 어떤 관계가 있는지에 대해 고민하게 된다.

한국어 교육 문법의 내용을 기술하는 것을 좀 더 잘게 구분하면, 문법 규칙을 일반적인 수준에서 기술하는 것, 개별 문법 항목들의 용법을 중심으로 기술하는 것, 그리고 문법 규칙과 문법 항목들의 사용 양상을 기술하는 것으로 나눌 수 있다.[6] 이들은 각각 한국어 교사에게 요구되는 교과적 문법(문법서)과 용법 중심의 문법(용법서), 그리고 학습자들의 학습을 위한 문법(학습서)에 대응한다. 이에 따라 한국어 교육 문법의 내용 기술에 관한 것은 다음과 같이 정리될 수 있다(우형식, 2017ㄴ 참조).

구분	문법서	용법서	학습서
성격	교과적 문법	교수를 위한 문법	학습을 위한 문법
내용	일반적 수준의 규칙	개별 문법 항목의 용법	문법 규칙과 항목의 사용 양상

위에서 문법서는 일반적 수준의 문법 규칙을 다루는 것으로, 교과적 관점에서 구성한 것이다. 용법서는 일반적인 문법 규칙을 문법 항목에 따라 개별적으로 기술하여 각 문법 항목을 중심으로 교수-학습이 가능하도록 하는 역할을 한다. 그리하여 용법서는 교과적 문법과 학습을 위한 문법을 중재하면서도 이들에 존재하지 않는 특정한 조건을 포함한다는

---

6) 이들은 실제로 한국어 문법 교육에서 활용되고 있는 자료들에 해당되는 것이기도 하다. 따라서 이와 관련한 자료는 한국어 교육 현장에서 쉽게 접할 수 있다.

점에 특징이 있다. 그리고 학습서는 실제 한국어 교수-학습의 현장에서 교수 자료로 사용되는 것과 학습자가 개인적으로 활용하는 것으로 구별된다.[7]

2.2

문법서는 한국어 문법을 전면적으로 기술하는 것으로, 문법범주를 중심으로 전체적인 체계를 구성하고, 그 안에서 문법의 구조와 형태, 의미, 기능 등을 서술하는 방식을 택한다. 그런데 여기서는 한국어 교육 문법의 범위를 광의적으로 보는가 아니면 협의적으로 보는가에 따라 달리 구성될 수 있다. 교육 문법에 대한 광의적 관점에서는 한국어 문법의 개관으로부터 문장과 문법 요소, 단어, 음운, 담화에 이르기까지 서술하고, 협의적 관점에서는 한국어의 형태·통사적인 현상과 문법범주의 실현을 중심으로 서술한다.

문법서의 구성에서는 한국어 문법의 전반을 어떤 언어 이론을 참조하여 서술할 것인지도 고려의 대상이 된다. 그것은 한국어 문법의 전반적 체계는 문법 그 자체에 대한 이해뿐만 아니라, 한국어에 대한 언어적 통찰력과 그것을 교수-학습에 적용할 수 있는 능력을 기르는 데 기여하기 때문이다.

한국어 교육 문법에는 문법서의 형식을 취한 것이 있다. 예를 들어, 국립국어원(2005ㄱ)은 한국어 문법과 한국어에 대한 개관으로 시작하여 문장, 문법 요소, 단어, 말의 소리, 담화를 포괄하면서 한국어 교육 문법의 성격을 지향한다. 이것의 전체적인 구성을 보면 다음과 같다.

---

7) 이들을 영향 관계로 보면 문법서→용법서→학습서로 예상되는데, 그 역도 성립될 수 있다.

여기서는 품사와 문장의 개념이나 범주 구분은 형태·구조 중심으로 접근하면서 구체적인 내용에서는 의미·기능을 고려하는 방식으로 기술되어 있다. 그리고 문법을 광의적으로 해석하였으며, 의사소통에 필요한 요소를 중심으로 체계화하였고, 문법 형태의 의미와 함께 사용되는 양상을 기술했다는 특징을 지닌다. 또한 문장의 확대에서 대등과 종속의 구분을 피하고, 높임법의 체계를 단순화하고자 하였으며, '-는 바람에, -을 것 같다' 등과 같이 덩이 형태를 포함하면서 오류 정보를 제시하여 한국어 교육 문법의 성격에 부합하도록 하였다. 또한 여기에 이해하기 쉬운 문법 용어 사용하고 있음도 덧붙일 수 있다.

2.3

용법서는 개별 문법 항목의 사용 양상을 중심으로 기술하는 것으로, 대체로 각각의 개별 문법 항목(형태)에 대해 의미와 용법, 예문, 형태 정보,

문장 구성 정보, 제약 정보, 확장, 유사 문법 등의 내용을 다룬다. 그리하여 이것은 개별 문법 항목의 용법적 특징에 대해 충실히 기술하는 것이 장점이라 할 수 있으며, 문법 형태의 선정에서는 단일 형태뿐만 아니라 덩이 형태를 포함한다.

용법서에서는 일반적으로 선정된 문법 항목을 사전식으로 배열하여 각 항목의 용법을 서술하는데, 이와 관련하여 국립국어원(2005ㄴ)의 구성 체제를 보면 다음과 같다.

① 표제어	④ 관련어	⑦ 용법
② 주요 용법	⑤ 형태 정보	⑧ 결합 정보
③ 분류	⑥ 가표제어	⑨ 보충·심화

위에서처럼 문법 항목을 표제어로 하고, 각각의 표제어에 대해 형태 정보를 비롯하여 용법과 문장 구성에서 요구되는 결합 제약 정보를 기술하는 것으로 구성되어 있다.[8] 예를 들어, 국립국어원(2005ㄴ:263-264)의 어미 '-는지' 항목의 경우 '용법' 부분을 간략히 정리하면 다음과 같다.

---

① 막연한 의문을 나타낸다.
  예) 나는 그 사람이 어떤 영화를 좋아하는지 안다.
② [주로 '-는지 모르다' 구성으로 '얼마나', '어찌나'와 함께 쓰여] 앞선 상황이 상당함을 강조할 때 쓴다.
  예) 그 아이가 어찌나 귀엽게 생겼는지 모르실 거예요.

---

8) 이와 관련하여, 백봉자(1999)에서는 형태를 제시하고 그에 대해 범주, 구조, 의미를 주석하였다. 그리고 강현화 외(2016)에서는 문법 항목의 범주를 구분하고 각 범주에 따라 해당 문법 항목을 표제항에 대한 정보(표제항, 형태 정보), 용법별 정보(의미 정보, 문법 정보, 공기 정보, 담화 정보, 관련 표현), 기타 정보(기타 용법, 참고 정보, 확장)의 절차로 주석하였다.

③ 뒤 내용에 대한 막연한 이유나 상황을 나타낼 때 쓴다.

　예) 이 과장이 얼마나 일을 잘하는지 상사들 칭찬이 대단하다.

④ ['-는지도 모르다' 구성으로 쓰여] 앞 내용에 대해 추측할 때 쓴다.

　예) 지금쯤 아이가 학교 정문으로 나오고 있는지도 모르겠다.

⑤ ['-는지 모르다' 구성으로 쓰여] 앞 내용에 대해 걱정함을 나타낼 때 쓴다.

　예) 철수가 밥은 잘 먹고 다니는지 모르겠다.

위에서 보면, '[구성으로 쓰여]'로 문맥 정보를 제시하고, '-을/를 나타낸다'의 형식으로 의미를 제시하며, '-(으)ㄹ 때 쓴다'로 발화 상황이나 맥락을 제시하는 방식으로 '-는지'의 용법을 서술하고 있다(앞의 3장 3.2절 참조).

　용법서는 문법을 형태 중심으로 기술함으로써, 개별 형태의 쓰임에 대해서는 충실할 수 있지만, 한국어 문법의 구조에 대한 이해에는 크게 도움이 되지 못한다는 한계가 있다. 즉, 미시적인 관점에서 개별 문법 항목의 형태와 의미, 사용 양상을 서술하지만, 이들이 문법 체계 전반의 거시적인 관점에서 어떻게 설명될 수 있는지에 대한 부분은 처리하기 어려운 문제로 남는다. 이것은 용법서가 형태 중심의 기술 태도를 취하는 것과 관계가 있다.

2.4

　학습서는 미시적으로 개별 문법 항목의 용법을 중심으로 서술하거나, 거시적으로 한국어 문법 체계를 학습자의 모국어와 대비하는 내용으로 구성된다.

　용법 중심의 학습서에서는 개별 문법 항목의 형태를 중심으로 제시하고, 각 항목의 형태와 통사, 의미의 특징과 실제 사용되는 양상을 다양한 자료와 함께 서술하면서 연습 활동을 수행하도록 한다. 한국어 교육 현장에서 활용되는 한국어 문법 학습서는 상당히 많은데, 대부분 형태의

제시, 용법 해설, 용례 제시, 연습의 과정으로 구성되어 있다.[9]

이들에서는 개별 문법 항목의 형태를 중심으로 제시하고, 각 항목의 형태와 통사, 의미의 특징과 실제 사용되는 양상을 시각 자료와 함께 서술한다. 여기서는 문법 항목을 난이도를 기준으로 또는 사전식으로 배열하거나, 의미·기능에 따라 상위 범주를 설정하고 각 범주에서 해당 문법 항목을 서술하기도 한다. 특히 이들은 학습자들로 하여금 한국어 문법 항목의 용법에 대한 정확한 이해를 바탕으로 실제 의사소통 상황에서 요구되는 올바른 문장을 구성할 수 있도록 하는 데 중점을 둔다.

그런데 교육 문법이 구체성과 실체성이 강조된다는 점에서 형태 중심의 기술은 타당한 면이 있는 것은 사실이지만, 실제로는 형태 범주의 범위를 어떻게 한정할 것이며, 형태와 기능의 연결과 통사 구조에 대한 기술에 제한이 있다는 한계를 지닌다.[10]

③ 한국어 교육 문법의 내용 요소

3.1 기본 요소

Larsen-Freeman(2003:34-48)에서는 문법 교육이 학습자들로 하여금 문법적 구조를 정확하고 의미 있으며 적절하게 사용할 수 있도록 수행되어야 한다고 하면서, 문법적 구조의 정확성과 유의미성, 그리고 적절성을 증진시키기 위해 형식(form)과 의미(meaning), 사용(use)의 3차원적

---

9) 이들은 교육 현장에서 교재로 활용되며, 예상 학습자에 따라 체제를 달리하기도 한다.

10) 일반적으로 학습서는 교수-학습 과정에서 교재로 활용된다. 교재는 교수-학습의 내용과 순서를 지정하고, 그에 따라 교수법과 학습 전략을 제시해 준다. 또한 교재는 교수-학습의 자료를 제공하며, 아울러 평가의 대상과 자료를 제공하는 기능도 지닌다. 그 밖에도 교재는 학습 동기 유발, 연습을 위한 자료를 제공하는 기능도 있다(우형식, 2010ㄷ:104-106 참조).

체계에 대한 기술이 요구된다고 하였다. 이것을 정리하여 옮기면 다음과 같다.

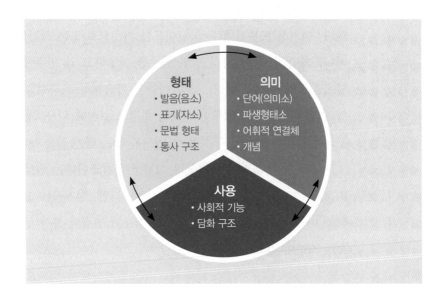

이에 따르면, 교육 문법의 내용 기술에서 형식은 언어적 형태와 문법적 구조이고, 의미는 어휘적 의미와 문법적 의미, 개념적 의미를 포괄한다. 그리고 사용은 언어 발화 행위와 관련되는 사회적 기능과 담화 구조를 포함한다. 즉, 문법 교육의 대상이 되는 항목(문법 항목)은 형식과 의미, 그리고 사용의 다양한 측면을 내포하고 있으며, 이들이 교육 문법에서 다루어야 할 내용이 되는 것이다.

Larsen-Freeman(2003:46)에서는 영어 수동태를 예로 들면서 그것의 형태와 의미, 사용에 대해 서술하였는데, 정리하면 다음과 같다.

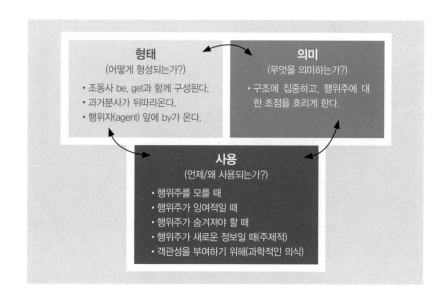

한국어 교육 문법의 내용도 이러한 관점에서 기술하게 된다.

3.2 형식의 기술

3.2.1 교육 문법의 기술에서 형식(form)은 언어 구성의 형태와 구조로, 언어 단위로 보면 담화와 텍스트, 문장, 절, 구, 단어, 형태소 등을 말한다(Westney, 1994 참조). 교육 문법은 우선 구조를 이루는 구성요소(그것을 구성하는 형태소와 단어)와 그것이 문장 안에서 놓이는 적절한 위치를 기술한다. 한국어에서 대부분의 문법범주는 특정 문법 형태에 의해 실현된다는 점에서 한국어 문법에서는 조사와 어미 등과 같은 문법 형태들의 중요성이 대두된다.

한국어에서 나타나는 문법 형태는 형태소와 이형태, 비표준 형태 등의 단일 형태뿐만 아니라, 둘 이상의 단일 형태가 결합된 덩이 형태(chunk)로 존재하는데, 교육 문법은 이들 모두를 기술의 대상으로 삼는다. 우선 단일 형태를 중심으로 보면, 문법 형태들은 다양한 이형태들로 실현되며 때로는 실제 발화에서 비표준적인 형태로 나타나기도 한다.

(1) ㄱ. 오늘은 아파서 집에서 쉬고 있다.

　　ㄴ. 날씨가 추워서 활동하기가 어렵다.

　　ㄷ. 그는 빵을 좋아해서(좋아하여서) 자주 사 먹는다.

　　ㄹ. 어제는 휴일{이어서, 이라서} 친구를 만났다.

(2) ㄱ. {나는, 난} 여행을 별로 좋아하지 않는다.

　　ㄴ. 그냥 가면 난 {어떡하라고, 어떡하라구}.

위 (1)에서는 어미에서 '-아서/어서/여서/라서' 등의 이형태가 실현되었다. 그리고 (2-ㄱ)은 조사 'ㄴ/은/는' 등의 이형태가 나타나고, (2-ㄴ)은 '-고'에 대해 비표준적인 형태 '-구'가 나타날 수 있음을 보여 준다.

문법 형태에 대해 학문 문법이 분석적인 관점을 취한다면, 교육 문법은 종합적인 관점에서 접근한다. 그리하여 개별 형태가 둘 이상 결합하여 특별한 용법으로 쓰이는 예들이 많은데, 이들도 한국어 교육 문법의 기술 대상이 된다.

(3) ㄱ. 그는 미국에 갔다.

　　ㄴ. 그는 미국에 갔었다.

(4) ㄱ. {*나는, 그는} 열심히 공부하더니, 시험에 합격했다더라.

　　ㄴ. {나는, *그는} 열심히 공부했더니, 시험이 별로 어렵지 않더라.

위에서 (3-ㄱ)의 '갔다'에 비해 (3-ㄴ)은 '갔었다'는 분명 의미가 다르다. 그리고 (4-ㄱ)의 '공부하더니'는 1인칭 주어가 제약되지만, (4-ㄴ)의 '공부했더니'는 오히려 1인칭 주어가 허용되고 3인칭 주어가 제약된다. 따라서 '-었었-'과 '-었더-'는 '-었-'과 '-더-'의 단순한 결합이 아니라 하나의 문법 형태로 굳어진 것이어서 한국어 교육 문법에서는 이들을 별개의 문법 항목으로 처리하게 된다.

한국어 교육 문법에서 형태는 문법범주를 실현하는 각각의 단일 형태뿐만 아니라, 문법 형태와 어휘가 밀접하게 결합하여 문법적 기능을 실현하는 덩이 형태(chunk)도 기술의 대상이 된다.

　(5) ㄱ. 비가 오는 바람에 경기가 취소되었다.
　　　 ㄴ. 비가 와서 경기가 취소되었다.

　위에서 (5-ㄱ)의 '-는 바람에'는 '-는, 바람, 에'로 구성된 것이지만, (5-ㄴ)의 연결어미 '-아서/어서'와 같은 접속의 기능을 수행한다. 그런데 '-는 바람에'는 형태적으로 분석하면 인과 관계의 접속이라는 의미적인 특성이 드러나지 않을 뿐만 아니라, 인과적 표현에서 이들이 언제나 함께 붙어 나타난다는 점에서 보면, 이들을 분석하지 않고 하나의 문법 항목으로 처리하는 것이 효과적이다.

　3.2.2　한국어 교육 문법에서는 문법범주를 실현하는 어휘와 통사적인 문형 등도 중요하게 고려한다. 예를 들어, 한국어에는 피 · 사동('당하다, 시키다' 등)이나 부정('아니다, 없다, 모르다' 등), 높임법('주무시다, 연세, 뵙다' 등) 등의 문법범주가 어휘로 실현되기도 하는데, 이렇게 문법 범주를 실현하는 어휘에 대한 기술도 요구된다.

　(6) ㄱ. 어머니는 시장에 가셨다(가시었다).
　　　 ㄴ. 할머니께서는 방에서 주무신다.

　위에서 주체 높임의 문법범주가 (6-ㄱ)에서는 선어말어미 '-(으)시-'로 실현되었지만, (6-ㄴ)에서는 어휘 '주무시다'로 실현되었다. 한국어 교육 문법에서는 문법 형태와 어휘 모두가 기술의 대상이 된다.
　아울러 형식의 측면에서는 특정 문법 형태가 다른 형태와 결합할 때의 제약에 대해서도 유의하게 된다.

(7) ㄱ. 어제 숙제를 {하느라고, *했느라고} 잠을 못 잤다.

　ㄴ. 나는 {*예쁘려고, 예뻐지려고} 화장을 한다.

(8) ㄱ. {나, *너, *그}는 일찍 집에 갈래.

　ㄴ. {*나, 너, *그}도 일찍 집에 갈래?

위에서 (7-ㄱ)의 연결어미 '-느라고'는 선어말어미 '-았/었-'과 결합하지 않으며, (7-ㄴ)에서 '-(으)려고'는 형용사 어간에 첨가될 수 없다. 또한 종결어미 '-(으)ㄹ래'는 동사 어간에만 결합하는데, 주어의 인칭에도 제약이 있어서 (8-ㄱ)처럼 평서문에서는 1인칭 주어만 가능하고, (8-ㄴ)처럼 의문문에서는 2인칭 주어만이 가능하다.

구조적인 면에서는 통사적 구조의 변화 등을 중요하게 고려한다. 여기서 구체적인 내용의 기술에서는 구조를 도식화할 필요도 있는데, 이것은 관련되는 문장들 사이의 유사성과 차이점을 쉽게 이해할 수 있게 한다.

(9) 경찰이　　도둑을　　　잡았다.

　도둑이　　경찰에게　　잡혔다.

위 (9)는 능동문과 피동문에서 주어-부사어, 목적어-주어 사이의 구조적인 관계와 서술어의 형태 변화 현상을 도식적으로 보여 줌으로써, 두 문장 사이의 관계를 이해하는 데 도움을 준다.

3.2.3 형식은 학습자들로 하여금 목표 언어의 형태와 구조에 관한 문법 지식을 체계적으로 이해할 수 있도록 하는 데 유효하다. 그것은 문법이 형태들이 모여 구조를 이루는 데 관여하는 규칙의 체계이기 때문이다. 그러나 교육 문법에서 지나치게 형식에 초점을 두면 학습자들의 실제 언어 사용에 어려움을 초래할 수 있다는 점을 간과해서는 안 된다.

이와 관련하여 Long(1991)에서는 의미-기반(meaning-based) 또는 의사소통적 접근법 안에서 형태를 두드러지게 하는, 이른바 형태 초점 (focus on form) 교수법을 제안한 바 있다(다음의 9장 참조). 목표 언어의 형태와 구조에 주의를 기울이는 것이 그 언어를 학습하는 데 필요하지만, 학습자들이 어느 특정 시간에 특정 형태와 구조에 대해 주의를 기울일 수 있는 자원은 제한된다. 그리하여 형태에 초점을 두는 문법 교수법에서는 학습자들이 의사소통에 집중하는 동안 주의를 잃을 수도 있는 목표 언어의 형태와 구조에 대한 의식을 일깨워 줌으로써, 학습자의 의사소통 능력을 강화시킬 수 있다고 본다.

물론 이러한 접근 방법이 전적으로 수용되는 것은 아니지만, 교육 문법에서 특정 형태들은 형태 초점의 교수법이 효율적임이 인정되고 있다. 특히 형태적으로 교착적인 성격을 지닌 한국어의 경우 이러한 형태 초점 교수법을 수용함으로써 많은 긍정적인 효과를 기대할 수 있을 것이다.

3.3 의미의 기술

3.3.1 언어 형식은 그에 따른 의미(meaning)를 수반한다. 따라서 교육 문법의 기술에서는 문법 형태에 대한 의미를 기술하는 경우 형태를 중심으로 할 것인지, 아니면 의미를 중심으로 할 것인지에 대한 선택이 가능하다. 학문 문법은 일반적으로 형태 중심으로 기술하는데, 교육 문법에서는 의미 중심의 기술이 고려될 필요가 있다. 왜냐하면, 언어의 사용적 측면에서 보면, 우선 의미를 생각하고 이에 적절한 형태를 선택하기 때문이다.

교육 문법에서 의미는 어휘적 의미와 문법적 의미의 두 가지 유형이 논의될 수 있다. 한국어에서 어휘적 의미는 조사나 보조용언, 특정 문법범주를 실현하는 어휘(부정부사 '안, 못', 어휘적 피동의 '되다, 당하다' 등)와 같은 특정한 문법범주의 구성원들에 대한 사전적 정의에서 찾아볼 수 있다. 따라서 이러한 경우에는 어휘적 의미보다 문법적 의미에 주목하게 되는데, 예를 들면 다음과 같다.

(10) ㄱ. 아이가 밥을 먹고 있다.

ㄴ. 그는 양복을 입고 있다.

ㄷ. *그는 10년 동안 결혼하고 있다.

위 (10)에서 보조용언 '-고 있다'는 어휘 '있다'의 의미가 아니라 진행의 문법적 의미를 지니며, 따라서 그것이 결합된 문장이 표현하는 사태가 미완성된 상태임을 뜻한다. 미완성은 동사의 의미 범주에 의존하여 설명될 수도 있어서 '-고 있다'의 문법적 의미는 일반적으로는 (10-ㄱ)과 같이 그 동작이 진행 중이며 따라서 미완료되었음을 의미한다. 그런데 '-고 있다'는 (10-ㄴ)과 같이 중의적인 경우도 있어서 그것이 첨가되는 동사에 따라 어느 정도 다르기도 하고, (10-ㄷ)과 같이 부적절한 구성이 되기도 한다.

한국어 교육 문법에서 문법 형태의 의미를 기술할 때 어떤 형태가 특정 의미를 나타낼 경우 그것이 실현되는 조건도 함께 기술한다.

(11) ㄱ. 그는 어제 서점에 가서 책을 샀다.

ㄴ. 날씨가 추워서 그는 학교에 가지 못했다.

ㄷ. 아이는 엄마를 찾아서 전국을 돌아다녔다.

ㄹ. 나는 걸어서 회사에 다닌다.

ㅁ. 새벽녘이 되어서 날이 밝기 시작했다.

위 (11)은 '-아서/어서/여서'가 여러 의미로 실현된 예이다. 우선 (11-ㄱ)은 시간적으로 선행절의 행위가 먼저 일어난 후에 후행절의 행위가 일어남을 뜻하는데, 이때에는 선행절과 후행절의 주어가 동일해야 하고 서술어도 동작성을 띠어야 한다. (11-ㄴ)에서는 선행절이 이유나 원인이 되고 후행절이 그로 인한 결과나 관련된 내용이 됨을 뜻하는데, 이 경우에는 (11-ㄱ)과 같은 제약이 반드시 적용되지는 않는다. (11-ㄷ)에서는 앞선 행위가 목적임을 뜻하고, (11-ㄹ)에서는 방법임을 뜻하는데, 이때 주어가 동일해야 하고 서술어도 동작성을 띠어야 한다. 그리고 (11-ㅁ)은 선행절이 후행절의 행위가 일어난 시간을 나타내며, 선행절이 시간의 의미가 드러나는 어휘로 구성되는 것이 특징이다.

3.3.2 의미는 복잡하고 미묘한 것이어서 그것을 구체적으로 기술하기란 매우 어려운 문제이다. 일반적으로 의미는 크게 어떤 언어 형태가 쓰이는 상황에 관계없이 언제나 일정하게 실현되는 개념적(conceptual) 의미와 상황에 따라 달리 해석될 수 있는 연상적(associative) 의미로 구분된다. 교육 문법에서는 우선 문법 형태의 개념적 의미(중심 의미)를 기술하고, 이에 수반되는 연상적 의미(주변 의미)를 고려한다. 또한 교육 문법에서는 문법 형태의 담화적 가치를 중요하게 고려하여 각각의 형태가 실제의 문맥이나 발화 상황에서 실현하는 의미를 깊이 있게 다룬다.[11]

예를 들어, '-겠-'은 문맥이나 상황에 따라 의미 해석이 달라질 수 있다(『표준국어대사전』, 국립국어원 참조).

> (12) ㄱ. 지금 떠나면 새벽에 도착하겠구나.
>
> ㄴ. 이번 달까지 목표치를 달성하겠다.
>
> ㄷ. 이걸 어떻게 혼자 다 하겠니?
>
> (13) ㄱ. 들어가도 좋겠습니까?
>
> ㄴ. 너는 공부를 좀 더 열심히 해야 하겠다.
>
> (14) 별사람을 다 보겠다.

---

11) Widdowson(1978:11)에서는 한 문장의 의미를 문법적 규칙에 따라 단어가 결합된 구조에 의해 표현되는 명제로서의 의미와 의사소통적 목적을 위해 사용될 때의 의미로 구분하는데, 여기서 전자가 구조적 의미라면 후자는 사용적 의미라 할 수 있다.

위에서 (12-ㄱ)은 미래의 일이나 추측, (12-ㄴ)은 주체의 의지, (12-ㄷ)은 가능성이나 능력의 의미를 나타내며, 특히 (13)은 완곡하게 말하는 태도를, (14)는 헤아리거나 따져 보면 그렇게 된다는 뜻을 나타낸다.

의미의 기술은 또 다른 언어(메타언어)를 사용한다는 측면에서 매우 어려운 부분이기도 하다. 실제로 어떤 형태의 의미를 기술하면, 형태 그 자체보다도 더 어렵게 되는 경우가 있으며, 둘 이상의 문법 형태가 나타내는 의미의 미세한 차이를 모두 기술하는 데 상당한 부담이 되기도 한다.

(15) ㄱ. 영희는 서점에 가서 친구와 만났다.

ㄴ. 영희는 서점에 가고 친구와 만났다.

위 (15)는 선행절과 후행절을 구성하는 언어 요소들이 동일하고 다만 연결어미 '-아서'와 '-고'로 연결된 것에서 다른데, 이들이 나타내는 의미가 반드시 동일하지는 않다. 물론 이러한 의미 차이를 면밀히 기술하기란 쉬운 일이 아니다.

또한 문법 형태가 실현하는 문법범주가 지닌 맥락적 의미도 고려해야 한다. 여기에는 예를 들어, 한국어의 높임 표현은 인물들 사이의 사회적인 관계뿐만 아니라 개인적인 심리적 거리감을 표현한다든지, 시제의 선택에서 과거는 멀고 현재는 가깝고 미래는 추측하는 등의 의미가 수반된다든지, 피동은 탈행동적 의미 특성으로 화자의 공손성을 나타낸다든지 하는 것들이 포함된다.

(16) ㄱ. 관객들이 많이 참석했다.

ㄴ. 관객분들이 많이 참석하셨다.

(17) ㄱ. 그는 어릴 때 부산에 {살았다, 살았었다}.

ㄴ. 그는 내일 부산에 올 것이다.

(18) ㄱ. 이러한 목적으로 오늘 제가 이 자리에 서게 되었습니다.

ㄴ. 여러분들의 관심과 노력으로 이러한 성과가 이루어졌다고 생각합니다.

위에서 (16-ㄱ)에 비해서 (16-ㄴ)은 주체가 사회적으로 높임의 대상이 됨을 나타내기도 하지만, 한편으로는 주체에 대한 개인적인 친밀감을 표현하기도 한다. 또한 (17-ㄱ)은 모두 과거 표현이지만 '살았다'에 비해 '살았었다'는 더 먼 과거의 사건(또는 달라진 상황)으로 이해될 수 있으며, (17-ㄴ)은 시제로는 미래라 할 수 있지만 앞으로의 사태에 대해 추측하는 의미도 포함하고 있다.[12] 그리고 (18)은 피동형이 공손성을 나타내는 것으로 해석된다.

3.4 기능의 기술

3.4.1 문법은 문법 형태와 구조를 통하여 인간의 사고와 감정에 내재되어 있는 의미를 표현하는 원리를 담고 있다. 또한 문법은 원리에 따라 구성된 언어 형식이 의사소통 상황에서 어떤 역할을 하는지와도 관련된다. 예를 들어, 의문문과 긍정문은 물음과 진술을 통해 정보 교환을 촉진하고 명령문은 지시와 명령을 내리는 방식을 제공한다.

문법 형태와 구조는 각각이 지니고 있는 개념적 의미와 실제 사용에서의 맥락적 의미를 바탕으로 다양한 기능(function)을 실현한다. 그리고 교육 문법은 기능적으로 동기화된 요소들(즉, 약속하기, 초대하기, 권유하기, 동의하기, 거절하기 등)이 어떻게 실현되는지에도 관여한다.

교육 문법에서 기능은 언어 표현에서 화행적 특성과 관련된다. 이것은 이른바 언표내적 행위(illocutionary act)와 관련되는 것으로, 실제 의사소통 상황에서 매우 중요한 요소가 된다.

---

12) 이와 관련하여, '-(으)ㄴ/는/(으)ㄹ 것 같다'는 추측의 뜻도 있으나 화자가 단정적 표현을 회피함으로써 청자에 대한 공손함을 드러내기도 한다.

(19) ㄱ. 어디 가십니까?

　　　ㄴ. 오늘은 날씨가 춥지 않습니까?

위에서 (19-ㄱ)은 발화 상황에 따라 어떤 정보를 요구하는 질문이 될 수 있으나 단순한 인사로 표현하는 것이기도 하다. (19-ㄴ)도 정보를 묻는 것 외에 상황에 따라서는 물음에 대한 응답 요청이나 완곡한 거절, 이유에 대한 대답 등의 다양한 해석이 가능하기도 하다.

　3.4.2 기능은 발화자의 표현 의도에 관한 것으로, 의사소통을 강조하는 언어 교육에서는 형식과 기능의 관계를 중요하게 생각한다. 따라서 교육 문법은 학습자가 문법 형태와 구조를 정확하고 유의미하며 적절하게 사용할 수 있도록 기능적인 요소들도 함께 다루어져야 함은 당연하다.

　그런데 이러한 기능의 범주가 어떻게 구분되고 체계화되는지는 분명하지 못하다는 한계가 있다(앞의 3장 3.4절 참조). 예를 들어, 김중섭 외 (2016)에서는 한국어 교육에서 활용될 수 있는 기능 항목으로 63개를 추출하고 이를 다시 6개 대범주로 체계화한 바 있다.[13]

범주	항목
정보 요청하기와 정보 전달하기	설명하기, 진술하기, 보고하기, 묘사하기, 서술하기, 기술하기, 확인하기, 비교하기, 대조하기, 수정하기, 질문하고 답하기
설득하기와 권고하기	제안하기, 권유하기, 요청하기, 경고하기, 충고하기/충고 구하기, 조언하기/조언 구하기, 허락하기/허락 구하기, 명령하기, 금지하기, 주의주기/주의하기, 지시하기

---

13) 이것은 김중섭 외(2011)에서 기능의 영역을 과제와 연결하여 모두 90개로 제시한 것에서 축소하여 정리한 것이다.

태도 표현하기	동의하기, 반대하기, 부인하기, 추측하기, 문제 제기하기, 의도 표현하기, 바람, 희망, 기대 표현하기, 가능/불가능 표현하기, 능력 표현하기, 의무 표현하기, 사과 표현하기, 거절 표현하기
감정 표현하기	만족/불만족 표현하기, 걱정 표현하기, 고민 표현하기, 위로 표현하기, 불평ㆍ불만 표현하기, 후회 표현하기, 안도 표현하기, 놀람 표현하기, 선호 표현하기, 희로애락 감정 표현하기, 심정 토로하기
사교 활동하기	인사하기, 소개하기, 감사하기, 축하하기, 칭찬하기, 환영하기, 호칭하기
담화 구성하기	주제 소개하기, 의견 표현하기, 의견 묻기, 열거하기, 예시하기, 강조하기, 정의하기, 요약하기, 전환하기, 첨가하기, 주제 바꾸기

또한 어떤 특정의 기능이 여러 형식으로 표현되기도 한다는 점도 기능에 대한 기술의 어려움으로 지적된다.

(20) ㄱ. 주말에 경주에 갑시다.

ㄴ. 오늘 오후에 도서관에서 공부할까요?

ㄷ. 언제든 한번 만났으면 하는데요.

ㄹ. 이 프로젝트 같이 하지 않을래요?

(21) ㄱ. 여기에 주차하면 안 돼요.

ㄴ. 화장실에서 담배를 피우지 마세요.

ㄷ. 영화관에서는 핸드폰을 사용하지 못해요.

ㄹ. 수업 시간에 이야기를 하지 않는 것이 좋습니다.

위에서 (20)은 제안하기, (21)은 금지하기의 기능이 표현된 것이다. 이것은 하나의 기능이 여러 형식으로 표현됨을 보여 주는데, (20)의 제안하기는 '-(으)ㅂ시다', '-(으)ㄹ까요', '-(으)면 하다', '-지 않을래요'의 형식으로 화자가 자신의 의지를 나타내 보이는 것과 동시에 제안하는 의미가 실현된다. 한편, (21)의 경우에서도 여러 표현 형식들이 상대방으로 하여금 어떤 행동을 금지하도록 하는 의미를 지니며, 금지하기의 기능이 다양한 형식으로 실현됨을 보여 준다.

3.5 과제와 전망

3.5.1 교육 문법에 무엇을 담아야 하는가 하는 것은 관점에 따라 다를 수 있겠지만, 이 부분은 언어 내적인 것과 외적인 것으로 나누어 생각할 수 있다. 언어 내적으로는 언어가 형식과 내용(의미)의 양면성을 띤다는 점에서 이 두 부분은 교육 문법 기술의 주요한 영역이며, 또한 밀접하게 관련되는 것이기도 하다. 그것은 언어에는 이 두 영역이 항상 함께 존재하고, 언어 교육은 형식-의미의 연결(form-meaning mapping)을 강조하기 때문이다. 그리고 언어 외적으로는 언어 사용과 관련되는 기능적인(functional) 영역이 강조된다. 결과적으로 교육 문법은 언어의 형식과 의미, 사용 양상과 관련한 기능적인 면을 모두 그 내용으로 한다.

그런데 실제로 교육 문법은 그것이 지니고 있는 형식과 의미, 기능의 모든 측면을 입체적으로 제시하기는 어렵다. 왜냐하면 문법은 언어의 문법적 양상에 대해 선조적으로 표현되는 또 다른 언어(메타언어)로 기술되기 때문이다. 따라서 실제로 교육 문법은 형식과 의미, 기능 중에서 어느 것을 중심으로 상위 범주를 구분하고, 이를 다시 하위 범주로 나누어 각각의 범주에서 실현되는 문법적 양상을 체계적으로 다루게 된다. 그리하여 교육 문법은 상위 범주를 어떻게 설정하는가에 따라 형식 중심의 기술과 의미 중심의 기술, 기능 중심의 기술로 구분할 수 있는데, 이들은 각각이 지향하는 바에 따라 다음과 같은 차이를 지닌다(우형식, 2017 참조).

구분	형식 중심	의미 중심	기능 중심
언어에 대한 관점	언어 체계가 단순하며 명시적으로 제시 가능함(규칙의 축적된 실체).	언어의 의미는 복잡하며 비명시적임.	언어 기능이 체계적이며 명시적으로 제시 가능함(기능의 축적된 실체).
학습에 대한 관점	의도적이며 의식적인 노력의 과정	의도적인 과정	비의도적인 과정
언어 학습에 대한 관점	언어 규칙의 선적, 누적적 축적 과정	언어 의미의 비선적, 비누적적 과정	언어 기능의 선적, 누적적 축적 과정
교수-학습 내용	언어의 구조와 형태 강조	언어의 구조 외에 개념과 의미 강조	언어 자체보다 사용 양상 중시
교수-학습 활동	언어 규칙의 명시적 제시와 분석, 연습 활동 강조	언어의 규칙 연습과 함께 의사소통 능력 강조	의사소통적이며 문제 해결을 위한 과제 활동과 의미적 상호작용 강조
관련되는 교수법	문법번역식 교수법, 청각구두식 교수법	자연적 접근법	과제 기반 언어 교수

3.5.2 교육 문법이 지니고 있는 교육적 적절성은 그것의 기술 내용이나 방법에 크게 영향을 준다. 또한 교육 문법은 비교적 넓은 범위를 다루면서도 체계와 내용이 간결하게 정리될 필요가 있으며, 이에 따라 교육 문법의 내용 구성에서는 단순화의 과정도 요구된다.

한국어 교육 문법의 기술에서 형식과 의미, 기능을 모두 다루어야 함을 당연하다. 그러나 여기에는 어떻게 상위 범주와 하위 범주를 구분하여 체계를 설정할 것인지의 문제가 대두된다. 이것은 형태·구조 중심으로 하는 것과 의미·기능 중심으로 접근하는 방법을 고려할 수 있는데, 실제로는 이 두 가지 방법이 절충적으로 적용될 필요가 있다. 한국어 교육 문법에서는 전체적인 체계를 설정하거나 하위 영역을 구분할 때에는 형식적 측면을 고려하고, 이들이 실제로 사용되는 현상을 기술할 때에는 의미와 기능에 초점을 두는 방법이 선호되어 왔다. 그러나 의사소통적 관점에서 보면, 한국어 교육 문법에서는 의미와 기능을 기반으로 하는 체계의 설정이 필요함은 당연한 것이다.

제 5 장

한국어 교육 문법
항목의 선정과 조직

■ 언어를 습득하여 사용하기 위해서는 목표 언어의 문법 항목을 이해하고 그것들이 어떤 역할을 하는지를 알아야 한다. 그런데 교육 문법에서는 목표 언어에서 예상되는 모든 문법 항목을 대상으로 하지 않으며, 실제로 그렇게 할 수도 없을 것이다. 따라서 교육 문법을 구성하기 위해서는 목표 언어에서 학습의 가치를 인정할 수 있는 특정의 문법 항목들을 선정하게 된다. 또한 선정된 문법 항목들을 교육적 상황에 적용하기 위해서는 이들을 적절한 기준에 따라 등급화하여 조직할 필요가 있다. 이 장에서는 한국어 교육 문법을 구성하는 문법 항목의 선정과 조직에 관한 문제를 살피고, 실제로 이에 해당하는 문법 항목들을 제시해 보기로 한다.

① 교육 문법 항목의 선정과 조직의 원리

1.1

교육 문법에서는 목표 언어에 내재되어 있는 문법적 현상들을 어떻게 체계적으로 기술할 것인지에 대한 논의가 요구된다. 여기에는 문법 용어의 선택이나 체계의 통일을 위한 문제도 예상되지만, 중요한 것은 교육 내용이 되는 문법 항목(grammatical item)을 어떻게 선정하고 조직하는가 하는 점이다. 이때의 문법 항목은 문법적 지식 그 자체라기보다는 목표 언어를 이해하고 표현하는 도구로 기능하는 것을 의미한다.[1]

교육 문법을 구성하기 위해서는 우선 교육의 내용이 되는 문법 항목을 선정해야 한다. 그리고 선정된 문법 항목을 다시 등급에 따라 단계적으로 조직하게 되는데, 이것은 선정된 수많은 문법 항목들을 어떤 순서로 교육에 적용할 것인지의 문제와 관련된다.

일반적으로 교육 문법에서 문법 항목은 다음의 기준에 따라 선정되고 조직된다.

- 사용 빈도
- 일반화 가능성 정도
- 난이도
- 학습자의 기대

위에서 사용 빈도(frequency)는 자연스러운 의사소통 상황에서 조사되어야 하며, 조사 대상이 되는 자료는 타당성이 인정될 수 있는 것임을 전제로 한다. 이를 위해서는 문어와 함께 구어에서의 사용 빈도에 대한 조사가 필요하다. 난이도는 해당 문법 항목이 어느 정도로 어려운가 아니면 쉬운가에 관한 문제로, 문법 항목의 형식과 의미, 기능을 모두 고려

---

1) 문법 항목에는 언어 형태나 구조뿐만 아니라 추상적인 규칙도 포함된다.

하여 판단한다. 일반화 가능성 정도는 동일한 범주의 문법 항목들이 무표적(unmarked)인 것에서 유표적(marked)인 것으로 배열되는 점과 관계가 있다. 예를 들어, 시제의 경우에는 과거와 미래보다는 현재가 무표적이라 할 수 있다. 결과적으로 문법 항목의 선정과 조직에는 많이 쓰이고, 쉬우며, 일반적인 것부터 우선 수용된다. 그리고 학습자가 어떤 것을 먼저 배우고 싶어 하는지가 고려되는데, 이것은 학습자의 학습 목적이나 접근 방식과도 관련된다.

또한 문법 항목의 선정과 조직에서 논의될 수 있는 것으로 활용성이나 교수-학습의 용이성 등이 거론될 수 있다. 활용성은 주어진 상황에 가장 적절한 문법 항목을 사용하는 문제와 관련되는데, 사용 환경을 고려하여 적절한 문법 항목을 선정해야 함을 의미한다. 그리고 교수-학습의 용이성은 교육과정의 구성과 교육 현장에서의 적용 가능성을 고려하여 항목을 선정하는 것과 관련된다.

문법 항목의 조직은 교육에 적용되는 단계와 관련되는데, 여기에는 앞의 기준과 함께 다음 사항이 고려된다.

● 계열성　　　● 계속성　　　● 범위　　　● 통합성

위에서 계열성(sequence)은 동일한 영역에서 수준에 따라 폭과 깊이가 점진적으로 더해 가도록 조직된다는 것이며, 계속성(continuity)은 동일한 내용이 지속적으로 반복됨을 의미한다. 따라서 계열성과 계속성은 수직적 원리로서 조직의 순서와 연계성에 해당한다. 그리고 범위(scope)는 내용을 어느 정도로 깊게 그리고 넓게 구성하는가의 문제이며, 통합성(syntheticity)은 하위 영역들이 통합적으로 구성됨을 의미한다. 따라서 범위와 통합성은 수평적 조직 원리와 관련된다.

특히 문법 항목의 조직에는 나선형(spiral)과 위계성(hierarchy)이 고려될 필요가 있다. 나선형은 동일한 문법 항목을 계속적으로 단순히 반복하는 것이 아니라 점진적인 심화 · 확대를 더욱 강조하여 반복하는 것을 의미한다. 그리고 위계성은 문법 항목의 선정과 조직에서 항목 사이의 상호 관계를 고려하여 어떤 항목을 우선적 대상으로 할 것인지의 문제를 고려하는 것과 관련된다.

1.2

난이도는 교육 문법에서 문법 항목의 선정과 조직의 주요한 요인이 된다. 교육 문법에서 문법 항목의 난이도를 결정하는 데에는 다음의 준거가 고려된다(Ellis, 2002 참조).

- 형태적 복잡성: 구조가 하나 혹은 더 많은 형태적 요소를 포함하는 정도
- 기능적 복잡성: 구조에 의해 실현되는 의미가 투명한 정도
- 신뢰도: 규칙이 예외를 갖는 정도
- 규칙이 최소한의 메타언어로 표현되는 정도
- 학습자 모국어의 특징과 일치하는 정도

문법 항목의 난이도는 우선 해당 항목의 형태적 · 기능적 복잡성(formal and functional complexity)에 따라 결정되며, 이러한 복잡성은 언어 내재적인 것과 습득 과정에서 제시될 수 있는 문제에 바탕을 둔다. 복잡성은 해당 문법 형태의 실제적 사용을 전제로 하는 형태와 용법, 기능 등의 특징과 관련된다. 따라서 형태와 의미 · 기능의 관계가 복잡한 문법 항목은 상대적으로 늦게 습득된다고 가정할 수 있으며, 그리하여 형태적으로 간단하다 하더라도 의미나 기능이 미묘하고 설명하기 어려운 문법 항목은 습득이 쉽지 않은 것으로 판단된다.

그리고 신뢰도(reliability)는 특정한 문법 항목과 관련되는 규칙이 얼마

나 신뢰할 수 있는가를 나타내는 것이다.[2] 또한 문법 항목의 난이도에는 특정 문법 항목의 형식과 의미, 기능 등을 기술하고자 할 때 어느 정도로 메타언어가 사용되는지, 그리고 목표 언어와 학습자 모국어 사이의 일치 정도가 어떠한지 등도 포함된다.

1.3

문법 규칙에는 일반적인 층위에서 넓게 적용되는 것이 있는가 하면, 구체적인 층위에서 특정의 형태나 구조에 제한적으로 적용되는 것도 있다. 이러한 관점에서 Batstone(1994)에서는 문법 규칙을 다음과 같이 구분하였다.

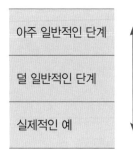

아주 일반적인 단계	• 매우 보편적인 문형을 이루는 넓은 개념 • 특정 형태가 가진 개념에 대한 일반화
덜 일반적인 단계	• 문맥에 따라 제한된 범위에서 쓰이는 예를 나타내는 개념
실제적인 예	• 언어 사용의 순간마다 나타나는 매우 구체적인 문맥 의미

여기서 아주 일반적인 단계는 문장의 기본 구조가 SOV 어순에 해당된다거나, 피·사동이나 시제, 높임의 표현 등이 실현되는 원리와 같은 문법 현상을 다룬다. 이것은 지극히 문법범주 중심의 이론적 측면이 강하기 때문에, 의사소통 능력의 신장을 목표로 하는 언어 교육에서 다루기에는 적절치 못하다. 덜 일반적인 단계는 피동이 객관적인 사태 중심의 표현 의도에서 사용될 수 있다거나, 한국어에서처럼 시제를 표현하는 형태들이 일정한 조건에서 화자의 의지나 가능성 등과 같은 양태적인 의미

---

2) DeKeyser(1998)에서는 영어에서 3음절 이상의 형용사, 부사가 비교급일 때 앞에 'more'가 오는 것은 (물론 'unhealthier'와 같이 예외가 있기는 하지만) 신뢰도가 높은 규칙이라고 하였다.

를 실현할 수 있다는 것과 같이 제한된 문맥적 상황에서의 용법(usage)과 관련된다. 이에 비해서 실제적인 단계는 실제적인 언어 사용(use)의 상황과 관련된다. 이것은 덜 일반적인 단계와 비교하여 범주 중심의 이론적인 기술이 아니라 문법 형태의 실제적인 사용을 전제로 한다는 점에서 공통점이 있다. 그런데 덜 일반적인 단계는 실제적인 단계에 비해 비교적 규칙성을 강조한다는 점에서 구분된다.

언어 교육에서 문법은 언어의 실제적 사용에 기여할 수 있어야 한다는 점에서 아주 일반적인 단계는 활용 가치가 결여된다. 이런 점에서는 실제적인 단계가 유용할 것 같으나, 이것은 언어 사용의 맥락에 따라 너무도 다양하게 기술될 수 있는 것이어서 학습상의 혼란을 초래하게 될 것이다. 따라서 이러한 세 단계 중에서는 덜 일반적인 단계가 교육 문법에서 유용한 문법 기술의 단계로 고려된다.

1.4

문법 규칙은 동일한 범주에서 보편적으로 적용되는 대규칙과 특수하게 적용되는 소규칙으로 존재하기도 한다. 이 경우 교육 문법에서는 대규칙을 우선 다루고 소규칙은 다음에 다루는데, 이것은 한국어 동사 활용을 예로 보면 다음과 같다.

기본형	활용형					
	자음 어미		'-아/어'계 모음 어미		'-으'계 모음 어미	
먹다	먹고	먹지만	먹었다	먹어서	먹은	먹으니
듣다	듣고	듣지만	들었다	들어서	들은	들으니
돕다	돕고	돕지만	도왔다	도와서	도운	도우니
흐르다	흐르고	흐르지만	흘렀다	흘러서	흐른	흐르니

위에서 '먹다'는 어간의 형태가 변하지 않는 규칙 활용에 해당하고, '듣다, 돕다, 흐르다'는 어간이 일정한 형태로 변하는 불규칙 활용에 해당한다. 여기서 규칙 활용은 대규칙이고, 불규칙 활용은 소규칙이라 할 수 있는데,[3] 따라서 한국어 교육 문법에서는 우선 규칙 활용의 예를 통해 동사 활용의 보편적 현상을 다루고, 불규칙 활용은 개별적 현상으로 뒤에 다루게 되는 것이다.

② 한국어 교육 문법 항목의 선정

2.1 형태적 항목의 선정

2.1.1 한국어 교육 문법에서 문법 항목은 한국어의 전체적인 구조를 보여 줄 수 있도록 선정된다. 한국어 문법에서는 형태론의 비중도 대단히 클 뿐 아니라, 교착적 성격이 강한 한국어의 특성이 드러나는 면이 많으므로, 형태적 항목들을 체계적으로 다루어야 할 필요가 있다.

한 언어의 형태 부류 중에는 구성원의 수가 비교적 많고 구성원의 추가가 비교적 용이한 것이 있는가 하면, 구성원이 비교적 소수이고 새로운 구성원의 추가가 매우 어려운 것도 있다. 전자를 개방 부류, 후자를 폐쇄 부류로 구분하면, 한국어에서 명사와 동사는 전자의 대표적인 예이고 조사와 어미는 후자의 대표적인 예가 될 것이다(박동호, 2004 참조).

개방 부류에 속하는 형태들은 대개 구체적이고 실질적(어휘적)인 의미를 나타내고, 폐쇄 부류에 속하는 형태들은 대개 추상적이고 형식적(문

---

3) 한국어 문법에서 용언 활용의 전체 양상에서 볼 때 일부의 경우 규칙에서 벗어나는 것으로 보이지만, 실제로는 이른바 불규칙 활용도 내부적으로는 규칙적인 현상이라 할 수 있다. 즉, 불규칙이라 하는 것도 주어진 조건에서는 또 하나의 규칙으로 해석될 수 있는 것이다(다음의 9장 2.2절 참조).

법적)인 의미를 나타낸다. 그리하여 이들은 다음과 같이 각각 어휘 형태와 문법 형태로 구분되기도 한다.[4]

- 어휘 형태(개방 부류): 명사, 대명사, 수사, 동사, 형용사, 부사, 관형사, 감탄사 등
- 문법 형태(폐쇄 부류): 조사, 어미, 보조용언, 의존명사 등

문장의 형성에서 어휘 형태는 개념을 표현하고, 문법 형태는 어휘들 사이의 관계를 나타낸다. 한국어에서 대부분의 문법범주는 특정 문법 형태에 의해 실현된다는 점에서 폐쇄 부류의 문법 형태들의 중요성이 대두된다. 예를 들어, 문장성분 사이의 관계는 조사로, 시제나 주체 높임법 등은 선어말어미로, 상대 높임법이나 문장 종결 형식 등은 종결어미로 실현된다. 또한 보조용언과 의존명사는 다양한 형식의 덩이 형태를 구성하여 언어 사용에서 요구되는 의미 · 기능을 표현한다.[5] 따라서 이러한 문법적 의미와 기능을 실현하는 폐쇄 부류의 문법 형태들이 교육 문법의 내용을 구성하는 문법 항목으로 선정된다.

2.1.2 한국어의 문법 형태 중에서 가장 중요한 역할을 하는 것이 조사와 어미인데, 이들 조사와 어미는 다음과 같이 정리된다.[6]

---

4) 그런데 접속사와 분류사, 의문사 등은 어휘 형태이지만, 수적(數的)으로 제한되는 점에서는 폐쇄 부류에 해당한다.
5) 보조용언과 의존명사는 어휘 형태로 분류될 수 있으나, 문장 구성에서 이들은 통사적으로 의존적이어서 다른 문법 형태와 함께 덩이 형태를 이루어 특정한 의미 · 기능을 표현한다는 점에서 교육 문법에서는 문법 형태의 범주에서 기술하게 된다.
6) 여기서는 현행 학교 문법의 체제를 따르면서 단일 형태의 예만 제시한 것이다. 이들의 복합 형태까지를 포함하면 항목은 상당히 늘어날 것이다(다음의 7장 1.1절 참조).

조사

격조사: '이/가, 이다, 을/를, 의, 에, 에서, (으)로, 와/과, 라고, 고, 아/야'

접속조사: '와/과, 하고, (이)며, 에다, (이)랑'

보조사: '은/는, 도, 만, 조차, 까지, 마저, (이)야, (이)나, (이)든지, (이)라도,
       (이)나마, 부터, 밖에, 요'

선어말어미

주체높임: '-(으)시-'

시제: '-ㄴ/는-, -았/었/였-, -겠-'

서법: '-더-'

연결어미

조건 관계: '-(으)면, -거든, -던들, -(으)ㄹ진대'

양보 관계: '-어도, -더라도, -(으)ㄹ지라도, -(으)ㄴ들, -(으)ㄹ지언정,
        -(으)ㄹ망정'

대립 관계: '-(으)나, -지만, -건만, -(으)련만'

목적 관계: '-(으)러, -(으)려고, -고자'

결과 관계: '-게 -도록'

인과 관계: '-어서, -(으)니까, -(으)므로, -느라고'

나열 관계: '-고, -(으)며'

선택 관계: '-거나, -든지'

시간 관계: '-(으)면서, -어서, -자, -고서'

상황 관계: '-는데/-(으)ㄴ데, -되, -더니, -다시피'

전환 관계: '-다가'

전성어미

명사형어미: '-(으)ㅁ, -기'

관형사형어미: '-는, -(으)ㄴ, -(으)ㄹ, -던'

종결어미

평서형, 감탄형, 의문형, 명령형, 청유형

이들은 단일 형태로 구성된 조사와 어미에 관한 것으로, 한국어 교육 문법에서 가장 기본적인 문법 항목으로 선정된다.

또한 폐쇄 부류의 문법 형태에 해당하는 보조용언(보조동사, 보조형용사)은 다음과 같이 정리된다.

보조동사

진행(進行): '(−어) 가다, (−어) 오다, (−고) 있다'

종결(終結): '(−고) 나다, (−어) 내다, (−어) 버리다, (−고) 말다'

봉사(奉仕): '(−어) 주다, (−어) 드리다'

시행(試行): '(−어) 보다'

보유(保有): '(−어) 두다, (−어) 가지다'

사동(使動): '(−게) 하다, (−게) 만들다'

피동(被動): '(−어)지다, (−게) 되다'

부정(否定): '(−지) 아니하다, (−지) 말다, (−지) 못하다'

강세(强勢): '(−어) 대다'

짐작: '(−어) 보이다'

당위(當爲): '(−어야) 하다'

시인(是認): '(−기는) 하다'

보조형용사

희망(希望): '(−고) 싶다'

부정(否定): '(−지) 아니하다, (−지) 못하다'

추측(推測): '(−(으)ㄴ가/−는가/−나) 보다, (−는가/−나/−(으)ㄹ까) 싶다'

상태(狀態): '(−어) 있다, (−어) 계시다'

시인(是認): '(−기는) 하다'

이들 보조용언은 진행이나 완료(종결), 피·사동, 부정 등과 같은 문법

범주를 실현하기도 하거니와, 시행이나 보유, 강세, 짐작, 당위, 시인, 희망, 추측 등과 같은 문장이 표현하는 사태에 대한 화자의 다양한 태도를 표현한다는 점에서 중요한 가치를 지닌다. 따라서 이들도 대부분 한국어 교육 문법의 주요한 문법 항목으로 선정된다.

2.1.3 한국어 교육 문법 항목에는 몇 개의 단일 형태가 융합되었으나 하나의 문법적 의미 또는 기능으로 설명될 수 있는 것도 포함된다.

(1) ㄱ. 비가 오는 바람에 경기가 취소되었다.

　　ㄴ. 비가 와서(오-아서) 경기가 취소되었다.

(2) ㄱ. 여기에 차를 세워도 됩니까?

　　ㄴ. 아니요, 여기에 차를 세우면 안 됩니다.

위 (1-ㄱ)에서 '-는 바람에'는 '-는, 바람, 에'의 세 형태로 구성된 것이지만, (1-ㄴ)에서 연결어미 '-아서'와 같은 접속의 기능을 수행한다. 또한 이것을 분석하면 인과 관계의 접속이라는 의미적인 특성이 드러나지 않는다는 특징이 있다. 또한 위 (2-ㄱ)의 '-어도 됩니까'는 여러 형태가 덩이져서 하나의 굳어진 형식으로 쓰여 어떤 사태에 대한 동의 또는 허락 여부를 묻는 것이며, 이에 대해 (2-ㄴ)의 '-(으)면 안 됩니다'는 부정 또는 금지를 표현한다. 언어 표현에서 이들은 언제나 함께 붙어 나타나면서 하나의 문법적 기능을 실현한다는 점에서 보면, 이들을 하나의 문법 항목(덩이 형태, chunk)으로 처리하는 것이 효과적이게 된다(다음의 6장 참조).

형태적으로 교착적 성격을 지닌 한국어에는 이러한 덩이 형태들이 상당히 많이 존재하는데, 이들은 대부분 한국어 교육 문법에서 주요한 문법 항목으로 선정된다. 이것은 한국어 교재에 반영되는데, 양명희 외(2015)를 참고하여 덩이 형태의 예를 제시하면 다음과 같다(다음의 5장 4.3절 참조).

'−기 때문에, −기 전에, −(으)ㄴ 지, −(으)ㄴ 후에, −(으)ㄹ 때, −는 동안, −(으)ㄴ
결과, −는 김에, −(으)ㄴ 다음에, −는 대로, −는 대신에, −는 듯, −는 만큼, −는
반면, −는 탓에, −는 바람에, −는 사이에, −는 한'

'−고 있다, −아/어/여 있다, −기로 하다, −(으)ㄹ 것 같다, −(으)ㄹ까 보다, −(으)
ㄴ 적이 있다/없다, −고 싶다, −(으)ㄹ 수 있다/없다, '−(으)ㄹ 줄 알다/모르다, −
어도 되다, −고 나다, −고 말다, −고 보다, −고 싶어 하다, −고 해서, −기 위해,
−나 보다, −나 싶다, −(으)ㄹ 따름이다, −(으)면 안 되다, −(으)면 좋겠다, (으)로
인하여, 만 같아도, 만 아니면, 에 대하여, 에 따라, 에 비하여, 에 의하면, −(으)
려고 들다'

위에서 예를 들어, '−(으)ㄹ 수 있다/없다'는 능력이나 가능성을,
'−(으)ㄴ 적이 있다/없다'는 과거의 경험을, '−(으)ㄹ 것 같다'는 화자의
불확실한 추측을, '−(으)ㄹ 줄 알다/모르다'는 능력이나 인지를 뜻한다는
점에서 하나의 문법 기능을 실현하는 것으로 처리할 수 있다.

언어 교육에서 문법은 정확성뿐만 아니라 유창성에도 기여할 수 있어
야 한다는 점에서 보면, 덩이 형태를 하나의 굳어진 문법 형태로 수용하
는 것은 언어 사용의 유창성을 신장시키는 데 유효하다.[7] 즉, 한국어 학
습자들이 덩이 형태를 학습하여 사용함으로써 여러 요소들을 결합하는
것에 비해 시간을 줄이고, 실제 상황에 적절한 표현을 구성할 수 있도록
하는 것이다. 덩이 형태는 하나의 독립적인 형식으로, 구성요소 각각에
대해 특별히 강조하지 않고 전체를 하나의 문법적인 기능을 수행하는 단
위로 제시한다는 데 특징이 있다. 교착어적 성격을 띠는 한국어는 문법
적인 특징이 문법 형태의 첨가를 통해 나타나는 점에서, 한국어 교육 문
법에서 덩이 형태는 적극적으로 선정될 필요가 있다.

---

7) 이와 관련하여 Thornbury(1999)에서는 유창성은 학습자가 언어 지식을 자동화함으로써 습득하게 된다고
하면서, 유창성을 위한 문법 교육은 의미에 중점을 두며 실제적인 언어 사용을 적절히 반영해야 함을 강조하
였다.

2.2 통사적 항목의 선정

2.2.1 문법 연구는 대상이 되는 언어 단위를 기준으로 하여 형태론과 통사론으로 구분된다. 통사론은 단어가 어떤 방식으로 통합하여 하나의 문장을 이루는지에 대해 관심을 갖는다. 그런데 형태적으로 교착적 성격을 띠는 한국어는 형태가 문장의 구성에 크게 관여한다는 점에서 언어 단위만으로는 형태론과 통사론이 쉽게 구분되지 않는다.

한국어 교육 문법의 문법 항목 선정에서 통사론적 특징들에 대한 논의는 분명하지 못하다는 한계가 있다. 그것은 문법 형태는 가시적인 구체적 형식으로 제시될 수 있으나, 통사적 현상은 매우 추상적인 메타언어를 사용하는 경우가 많기 때문이다. 따라서 한국어 교육을 위한 문법 항목은 형태를 중심으로 선정되며, 통사적 현상은 각각의 문법 형태의 기술에서 다루는 것이 일반적이다.[8]

통사론적으로는 문장 구성의 보편적 현상에서 한국어가 SOV 어순에 해당하는 것이 강조된다. 이러한 동사 후치형 어순으로 인해 관계절의 위치나 동일 성분의 생략 방향 등이 영어와 같은 SVO 어순의 언어와 달라지기 때문이다(다음의 7장 1.2절 참조). 특히 문장성분에서는 주어의 생략이나 대화에 직접 참여하는 1, 2인칭을 지시하는 문장성분의 생략이 심하며 여기에 담화적 특징이 크게 개입된다는 점에 유의한다.

한국어 교육 문법에서는 한국어에서 가능한 문장 구성 형식과 관련하여 기본 문형을 어떻게 설정할 것인지의 문제가 있다. 예를 들어, 한국어의 기본 문형은 가장 기본적인 것으로 서술어의 유형에 따라 다음과 같이 소수의 형식으로 설정될 수 있다.

---

8) 여기에는 한국어 문법에서 통사적 현상들은 조사나 어미 등의 문법 형태에 의해 실현된다는 점도 고려될 수 있다.

제1문형: 주어-서술어(명사+이다)　　제2문형: 주어-서술어(형용사)

제3문형: 주어-서술어(자동사)　　제4문형: 주어-목적어-서술어(타동사)

　　그러나 위의 경우는 서술어를 이루는 어휘의 품사적 속성에 따른 것이라는 특징이 있으나, 한국어에서 나타나는 문장 형식을 충분히 반영하지 못한다는 한계가 있다.[9)]

　　또한 능동과 피동이나 주동과 사동, 긍정과 부정, 직접 인용과 간접 인용 등과 같은 다양한 문장 형식의 변형에 관한 것과 함께, 복문 구성에 의한 문장의 확대에 대한 것도 어느 정도까지 포함되어야 하는지에도 논의의 여지가 있다.[10)]

　　2.2.2 한국어 교육 문법의 내용 선정에서 통사적 현상은 문장이 구성되는 원리 또는 규칙을 다루며 개략적이고 이상적인 방식으로 기술된다.

　　하나의 문장을 구성하는 데 참여하는 형태들은 상호 의존적이어서 이들 사이에 적용되는 규칙은 구성요소들의 조건에 상당한 제약을 받는다. 교육 문법에서 통사적 현상은 문법 형태들이 문장 구성에 참여하는 데서 나타나는 다양한 제약들을 다루게 된다. 예를 들어, 한국어에서 연결어미에 의한 복문이 형성될 때 다음과 같은 통사적 제약이 작용한다.

---

9)　위의 경우는 문장성분을 중심으로 최소한의 기본문형을 제시해 본 것으로, 너무도 일반적이고 포괄적이어서 한국어의 문장 형식을 반영하지도 못할 뿐만 아니라, 의사소통 중심의 한국어 교육에 활용하는 것에는 거의 의미가 없다. 이런 점에서 기본 문형을 서술어와 보충어의 특징을 고려하여 구체화하고 세분하여 한국어 문법 교육에 적용하고자 하는 연구들이 있었다. 특히 홍재성(1999)에서는 한국어 서술어의 결합 방식에 따라 크게 확대하고 있음이 주목된다.

10)　이와 관련되는 자세한 내용은 한국어 문법론의 대상이 되므로 여기서는 자세히 다루지 않는다. 그런데 형태 중심으로 내용을 기술하는 한국어 교육 문법에서는 접속이나 내포 등과 같은 복문 구성의 원리나 부사절 등과 같은 내포문의 유형적 구분에 대해서는 깊이 다루지 않는다.

(3) ㄱ. 시간이 {*없어서, 없으니까} 빨리 가자.

　　ㄴ. T.V.를 보느라고 공부하지 {못했다, *말자}.

(4) ㄱ. 철수가 친구를 만나려고 시내에 나갔다.

　　ㄴ. *철수가 친구를 만나려고 영희가 시내에 나갔다.

위 (3-ㄱ)에서 연결어미 '-어서'는 청유형의 종결어미와 호응이 불가능하지만 '-(으)니까'는 가능하며, (3-ㄴ)은 연결어미 '-느라고'는 평서형과 호응하지만 청유형과는 호응하지 않는다. 그리고 (4)의 경우 연결어미 '-(으)려고'는 (4-ㄱ)처럼 선행절과 후행절의 주어가 같아야 하고 (4-ㄴ)과 같이 주어가 같지 않으면 안 된다.

이와 같은 문장 형성에서 나타나는 구성요소 사이의 제약 관계는 한국어 교육 문법에서도 다루어진다. 그러나 이러한 통사적 현상은 구체적인 항목으로 제시될 수 없으며, 또한 전면적이지 않고 문법 형태에 따라 선택적으로 적용된다는 점에서 통사적 현상 그 자체를 한국어 교육 문법의 항목으로 선정하기에는 어려움이 있다.[11]

---

11) 따라서 한국어 교육에서는 이러한 문제와 관련하여 해당 문법 형태의 용법으로 해석하려는 경향이 있다.

③ 한국어 교육 문법 항목의 조직

3.1

교육 문법에서는 선정된 문법 항목에 대해 등급을 조정하여 단계적으로 교수-학습에 적용하게 된다. 한국어 교육 문법의 기초 단계에는 다음의 문법 항목이 포함된다.

- 격조사 전부
- 보조사 거의 전부
- 접속조사 거의 전부
- 용언의 활용 (규칙 활용과 불규칙 활용)
- 선어말어미 중 '-겠-, -(으)시-, -았/었/였-'
- 관형사형 어미 전부 ('-(으)ㄴ, -는, -(으)ㄹ, -던')
- 명사형 어미 전부 ('-(으)ㅁ, -기')
- 연결어미 중 '-고, -(으)면, -(으)면서, -어서' 등
- 종결어미 중 '-ㅂ/습니다, -ㅂ/습니까, -(으)십시오, -(으)ㅂ시다, -어요, -(으)세요, -지요, -(는)군요, -(으)ㄴ/는데요, -(ㄴ/는)다' 등

이것은 한국어 교육 문법에서 조사와 어미가 가장 기본적인 문법 항목이 됨을 보여 준다. 이를 바탕으로 상위의 단계에서는 그에 따르는 문법 항목들을 조직하게 된다.

그런데 실제로 선정된 문법 항목을 단계적으로 조직하는 데에는 여러 문제가 있을 수 있다. 예를 들어, 종결어미에서 격식체의 '-습니다'형과 비격식체의 '-어요'형의 순서를 정하는 것도 하나의 문제가 될 수 있다. 격식체와 비격식체는 용법상에서 구분되는 것이므로, 어느 것에 초점을 둘지는 학습자의 한국어 학습 목표와 관련된다. 일반적으로 보면, 한국어를 체계적으로 이해하는 데 초점을 둔다면 격식체가 우선되고, 간단한 일상 회화 습득을 목표로 하거나 장면이나 상황에 맞는 한국어를 구사하

도록 하기 위해서는 비격식체가 우선될 것이다.

이것은 구체적으로 보면, '안녕하십니까?'와 '안녕하세요?' 중 어느 것이 먼저 제시되어야 하는가와 관련된다. 전자는 용법상 격식체라고 하는 '-습니다'형인데, 한국어에서 격식체는 형태가 매우 분화되어 있어서 학습에 부담이 된다. 이에 비해서 비격식체인 '-어요'형은 형태가 하나로 고정되고 다만 어조에 따라 종결 형식이 구분되어서 단순하기는 하지만, 이것을 먼저 학습한 후 뒤에 격식체를 제시하면 학습자들은 복잡한 격식체의 사용을 회피하려는 경향이 있다.[12]

3.2

동일한 문법 항목이 여러 용법으로 구분될 경우, 용법의 난이도에 따라 달리 등급을 달리하여 조직되기도 한다. 이것은 연결어미 '-(으)니까'를 예로 하여 살필 수 있는데, 우선 '-(으)니까'의 사전적 해석을 보면 다음과 같다(『연세한국어사전』, 1998:423-424).

니까 어미, 연결어미
① 뒤에 오는 말에 대하여 원인이나 근거를 나타냄.
   ㉠ 이유를 나타냄. ¶꼴뚜기가 뛰니까 망둥이도 뛴다는 말이 있다.
   ㉡ 원인을 나타냄. ¶참, 넌 밖에 나가 있던 사이의 일이니까 모르겠구나.
② 앞의 사실이 진행된 결과 뒤의 사실이 그러함을 나타냄. ¶물속에 손을 넣어 보니까 너무 차가워서 들어갈 수 있어야지.

---

12) 백봉자(1988)에서는 '-어요'형은 불규칙 활용에서 형태 변화와 관련되고 문장 종결 형식이 억양으로 구분되기 때문에 학습에 어려움이 있어서 '-습니다'형을 먼저 제시하는 것이 좋다고 하였다.

③ 앞의 행동을 진행한 결과 뒤의 행동이 일어나거나 어떠한 상태로 됨을 나
　타냄. ¶산길을 접어드니까 이상한 소리가 난다.
④ 이야기되는 내용의 근거를 나타냄. ¶알고 보니까 이백만 원도 더 넘게 빚
　을 지고 있었어요.

　위에서 연결어미 '-(으)니까'는 크게 네 가지의 용법으로 구분되어 있
다. 이들은 난이도에 따라 달리 제시됨은 물론이거니와, 각 항목은 서로
달리 적용된다. 즉, 한국어 교육 문법에서는 위의 네 가지 용법을 일시에
제시하지 않는 것이다.[13]

　일반적으로 '-(으)니까'는 인과 관계의 접속 기능으로 해석된다. 이것
은 보통 '-아서/어서'와 관련하여 제시되는데, 따라서 기초 단계에서는
'-(으)니까'가 지니고 있는 의미 기능(인과 관계)과 문법적 성격(제약 관
계)을 반영하는 범위에서 다루어지는 것이 적절하다. '-(으)니까'는 '-아
서/어서'와 비교할 때, 다음 (5)에서처럼 후행절에서 명령형이나 청유형
의 종결어미와 호응하지만, 평서형이나 의문형과는 호응 관계가 적절하
지 못한(제약되는) 것이 특징이다.

(5) ㄱ. 시간이 없(-으니까, *-어서) 서두르십시오.
　　ㄴ. 시간이 없(-으니까, *-어서) 서두릅시다.

　그러나 위의 사전 주석에서처럼 '-(으)니까'가 언제나 이와 같은 제약
을 지닌 인과 관계의 의미로 쓰이는 것은 아니다. 따라서 낮은 단계에서
는 제약 관계를 중심으로 제시하고, 점차 단계가 높아지면서 다양한 용
법을 다루는 것이 바람직할 것이다.

---

13) 이것은 앞에서 언급한 나선형(螺旋形)의 조직 원리와 관련된다.

❹ 한국어 교육 문법 항목의 실제

한국어 교육 문법에서는 문법 항목을 선정하고 이를 등급별로 조직하여 교육에 반영한다. 실제로 선정·조직된 문법 항목들을 구체적인 목록으로 정리하는 방법은 여러 가지가 있겠으나, 대체로 한국어능력시험이나 한국어 교육과정 등의 공적 자료와 함께 실제로 한국어 문법 교육에서 적용되는 용법서, 학습서 등을 검토해 볼 수 있다.

4.1

한국어 교육 문법 항목의 선정과 배열 현황을 우선 한국어능력시험 중에서 문법 영역 평가의 등급별 관련 항목을 살펴볼 수 있는데, 이에 대해 종전(2014년까지)의 한국어능력시험 체제에서 논의된 것을 제시하면 다음과 같다(김왕규 외, 2002 참조).

등급	항목
1급	• 주어-목적어-서술어의 순서로 된 기본적인 문장 구조 • 서술문, 의문문, 청유문, 명령문 등 문장의 종류 • '누가, 언제, 어디, 무엇, 왜' 등으로 구성되는 의문문 • '이/가, 은/는, 을/를, 에' 등의 기본적인 조사 • '-고, -어서, -지만' 등 기본적인 연결어미 • 기본적인 시제 표현 • '안'과 '-지 않다'로 이루어진 부정문 • 'ㅡ, ㅂ, ㄹ' 불규칙 동사
2급	• '보다, 이나, 밖에' 등 비교적 자주 쓰이는 조사 • '-을까요?, -을 거예요' 등 자주 쓰이는 종결형 • '-고 있다, -어 있다, -어 주다, -어 보다' 등 기본적인 보조용언 • '-으면, -는데, -으면서' 등 자주 쓰이는 연결어미 • '르, ㅅ, ㅎ, ㄷ' 불규칙 동사 • 관형형 • 용언의 부사형 • 반말 • 높임법의 기본적인 형태

3급	• '만큼, 처럼, 대로, 뿐,' 등 비교적 복잡한 의미를 갖는 조사 • '-어도, -은지, -을테니까, -는대로, -느라고' 등 비교적 복잡한 의미의 연결어미 • '-을 뻔하다, -는 척하다, -기 위해서, -을 뿐만 아니라' 등 비교적 복잡한 의미의 문법 표현 • '-어 가다, -어 놓다, -어 버리다' 등 비교적 복잡한 의미의 보조 용언 • 사동법과 피동법 • 간접화법
4급	• '치고, 치고는, 는커녕' 등 복잡한 의미의 조사 • '-더니, -었더니, -더라도, -었더라면, -길래, -다면' 등 복잡한 의미 또는 사용상 제약의 연결어미 • '-고 말다, -어 내다' 등 복잡한 의미의 보조용언 • '-게 마련이다, -으로 인해서, -기에는 -는 한' 등 복잡한 맥락을 서술하거나 사회적 맥락을 논리적으로 서술하는 데 필요한 문법 표현
5급	• '-듯이, -겠거니, -되, -고서라도, -다가도, -이니만큼' 등 복잡한 의미의 연결어미 또는 연결어미+조사 결합형 • 신문 기사, 논설문 등에서 자주 사용되는 문법 표현
6급	• 신문 사설, 논설문, 학술적인 저술 등에서 자주 사용되는 문법 표현 • 계약서, 협정서 등 전문적인 영역에서의 실용문에서 특별하게 사용되는 문법 표현

이것은 한국어능력시험의 시행을 위해 연구된 것으로,[14] 개별적인 문법 항목을 일부 예시하거나 전체적인 등급별 특징을 중심으로 기술하고 있다. 따라서 여기서는 문법 항목의 선정과 배열에 관한 구체적인 것을 열린 문제로 남겨 둔 것으로 이해된다.

4.2

한국어 교육의 실제적 수행을 위해, 그것의 목표와 내용, 방법, 평가 등을 기술한 한국어 교육과정에는 교육 내용 중에 문법 항목이 포함된

---

14) 그런데 현행 한국어능력시험(2014년부터)에서는 문법을 읽기와 쓰기 등의 언어 기술 영역에서 간접적으로 평가한다(다음의 13장 3절 참조).

다. 한국어 표준 교육과정을 지향하는 김중섭(2011)에서 서술한 한국어 교육 문법의 등급별 내용 체계를 보면 다음과 같다.[15)]

등급	내용
1급	• 기본적인 문장 구조(주어-목적어-서술어)의 순서 • 문장의 종류(서술문, 의문문, 청유문, 명령문' 등) • 의문문('누가, 언제, 어디, 무엇, 왜' 등) • 자주 쓰이는 접속사('그리고, 그러나' 등) • 기본적인 조사('이/가, 은/는, 을/를, 에' 등) • 부정문 형태('안'과 '-지 않다') • 수량 명사, 숫자 • 기본적인 시제 표현 • 시간, 장소, 방위 표시 표현
2급	• 기본적인 연결어미('-고, -어서, -지만' 등) • 기본적인 시제 표현 • 불규칙 동사들('ㅡ, ㅂ, ㄹ' 등)의 불규칙 활용 • 자주 쓰이는 조사('보다, (이)나' 등) • 자주 쓰이는 연결 어미('-는데, -(으)면서' 등) • 지시대명사('이, 그, 저') • 관형사형
3급	• 특수 의문문 • 사동법 • 장형 피동과 장형 사동 • 어순 • 피동법 • 부정대명사('누구, 아무' 등) • 관형사형의 시간적, 상적 의미 • 고유어, 한자어 서수 • 추측, 바람, 판단 등을 나타내는 양태적 표현 • 반말, 존대 표현과 겸양 표현 • 인용절

---

15) 김중섭(2011)에서는 한국어 교육의 등급을 7단계로 구분하고 각 단계에서 다루게 되는 문법 항목에 대해 개괄적으로 서술하였다. 여기서는 4급까지를 간략히 정리하여 제시한다.

4급	• 사동법 • 피동법 • 인용절 • 반말, 존대 표현과 겸양 표현 • 비교적 복잡한 의미를 갖는 조사('조차, 마저' 등) • 복잡한 의미를 갖거나 사용 상의 제약을 갖는 연결어미 • 구어적 인용 표현 • 주어 생략, 무조사 현상 • 시제의 상적 의미 • 대상에 따른 인칭('우리, 저희, 너희, 당신' 등)

위의 경우 대체로 1~2급은 초급 단계이고 3~4급은 중급 단계로 일상적인 표현을 중심으로 구성되었는데, 전자가 일반적이라면 후자에서는 개인적 상황의 표현을 위한 항목이 점차 확대됨을 보여 준다.[16)

4.3

한국어 교육 문법의 내용에는 문법 항목이 구체적인 형태로 제시될 필요가 있다. 양명희 외(2015)에서는 한국어 교육에서의 교육 내용 연구의 일환으로 한국어 교육의 문법·표현 내용을 개발하였는데, 여기서는 초급 89개와 중급 113개 항목을 선정하였다. 이것을 정리하면 다음과 같다.[17)

〈초급〉	
조사 (29)	'이/가, 와/와, 께, 께서, (이)나, 을/를, (이)랑, (으)로, 보다, 에, 에게, 에게로, 에게서, 에서/서, 의, 이다, 처럼, 하고, 한테, 한테서, 까지, 은/는, 도, 마다, 만, 밖에, 부터, 에다(가), (에)서부터'

---

16) 김중섭(2011)에서는 이런 기준에 따라 1급 50개, 2급 50개, 3급 75개, 4급 75개, 5급 100개, 6급 100개, 7급 178개로, 합계 628개의 항목을 선정하였다.

17) 가급적 이형태를 제외하고 대표 형태만 제시하며, 등음이의형 표시는 삭제한다.

선어말어미 (3)	'-겠-, -았/었/였-, -(으)시-'
연결어미 (12)	'-거나, -게, -고, -는/(으)ㄴ데, -다가, -(으)러, -(으)면, -아/어/ 여서, -지만, -(으)려고, -(으)면서, -(으)니까'
전성어미 (6)	'-기, -는, -은, -은, -음, -을'
종결어미 (14)	'-는군, -는/(으)ㄴ데, -(으)ㄹ게, -(으)ㄹ까, -습/ㅂ니까, -습/ㅂ니 다, -읍/ㅂ시다, -(으)세요 -(으)십시오, -아/어/여, -지, -네, -(으)ㄹ래, -고'
표현 (28)	'-고 있다, -아/어여 있다, -기 때문에, -기 전에, -기로 하다, - 을/는/은 것 같다, -(으)ㄴ 지, -(으)ㄴ 후에/뒤에, -(으)ㄹ 때, -(으)ㄹ까 보다, -는 동안에, -은/는 적이 있다/없다, -게 되다, - 고 싶다, -을 수밖에 없다, -을 수 있다/없다, -아/어/여 보다, - 아/어/여 주다, -아/어/여도 되다, -아/어/여야 되다/하다, -지 말 다, -지 못하다, -지 않다, 이/가 아니다, -는 것, -은 것, -을 것, -을 것'

〈중급〉	
조사 (19)	'같이, (이)고, 이며, 커녕, (이)나마, 대로, (이)든지, (이)든가, (이) 라고, (이)란, (으)로부터, 만큼, (이)면, 보고, 뿐, 아/야, (이)야, 요, 치고'
선어말어미 (1)	'-았/었/였었-'
연결어미 (28)	'-거니와, -거든, -고도, -고서, -고자, -기에, -느라고, -는다거 나, -는다고, -는다면, -다가, -다시피, -더니, -더라도, -던데, - 도록, -든지, -듯이, -어다가, -아/어여도, -아/어/야야, -아/어/ 야야지 -(으)나, -(으)니, -(으)므로, -(으)ㄹ래야, -자마자, -았/ 었/였더니'
전성어미 (1)	'-던-'
종결어미 (17)	'-거든, -게, -고, -는구나, -는다, -는다니, -더군, -더라, -던 데, -아/어/여라, -잖아, -니, -자, -나요, -(으)ㄹ걸, -는다면서, -아/어/여야지'

표현 (47)	'–게 하다, –고 나다, –고 말다, –고 보다, –고 싶어 하다, –고 해서, –기 위해, –은 결과, –는 김에, –은 다음에, –는 대로, – 는 대신에, –는/은/을 듯, –는/은/을 만큼, –는/은 반면, –는/은 줄, –는 탓에, –는다거나, –나 보다, –나 싶다, –는 바람에, –는 사이에, –는 한, –(으)ㄹ 따름이다, –(으)ㄹ 테니, –(으)ㄹ 텐데, –(으)면 안 되다, –(으)면 좋겠다, –이/어/여 가다, –아/어/여 가지고, –아/어/여 놓다, –아/어/여 대다, –아/어/여 두다, –아/어/여 드리다, –아/어/여 버리다, –아/어/여 오다, –아/어/여서인지, –아/어/여야겠–, –아/어/여어지다, –(으)라니, (으)로 인하여, 만 같아도, 만 아니면, 에 대하여, 에 따라, 에 비하여, 에 의하면, –(으)려고 들다'

한편, 김중섭(2017)의 한국어 표준 교육과정에서는 1급 45개, 2급 45개, 3급 67개, 4급 67개, 5급 56개, 6급 56개로 모두 336개의 등급별 문법 항목이 조직되었다.[18]

4.4

한국어 교육 현장에서 활용되는 학습서(교재)에서 문법 항목이 반영되는 양상은 매우 다양하다. 그것은 학습 목적이나 환경을 비롯하여 모국어나 연령 등과 같은 학습자 변인에 따라 달리 구성될 수 있기 때문이다.[19]

한국어 교육과정에서 문법 항목의 선정과 조직(등급화)의 문제는 끊임없이 논의되어 왔으나, 논의가 분분하며 실제 자료마다 달리 구성되는 측면이 있다. 그것은 형태·구조적인 관점에서 문법 항목을 어떻게 체계적으로 형식화하는가의 문제와 함께, 각각의 문법 항목이 실현하는 의미와 기능에 대해 일률적으로 제시하기가 어렵기 때문이다. 또한 학습서는

---

18) 이것은 김중섭(2011)의 628개에 비해 축소된 것이다. 그리고 336개의 문법 항목에 대해서는 김중섭(2017)의 [부록]을 참조할 수 있다.

19) 학습서에 반영된 문법 항목은 예상되는 학습자와 활용 방식에 따라 매우 다양하게 구성된다(앞의 4장 2절 참조).

교육 현장의 문제를 수용해야 하는 것이어서 실제로 교수-학습의 현장에서 제기될 수 있는 문제들도 고려하여 문법 항목을 선정하고 조직하게 된다. 그러나 이들을 모두 해결해 수 있는 문법 항목을 이론적이고 객관적이면서도 체계적으로 도출해 내기가 쉽지 않다.

제 6 장

한국어 교육 문법과
덩이 형태

■ 한국어 교육 문법에서 문법 항목의 선정과 관련하여 고려의 대상이 되는 것이 이른바 덩이 형태의 문제이다. 이 장에서는 의존명사 덩이 형태를 대상으로 하여 한국어 교육 문법의 내용에서 이들을 어떻게 반영할지에 대해 살펴보기로 한다.

❶ 교육 문법에서의 덩이 형태

교육 문법에서 그 내용이 되는 문법 항목을 선정하고 조직하며, 각각의 항목들의 문법적 특징을 기술하는 데에서 문제가 되는 것 중의 하나가 이른바 덩이 형태(chunk)의 처리이다. 덩이 형태는 둘 이상의 형태가 결합하여 어느 하나의 문법적 기능을 수행하거나 적어도 그러한 의미 기능을 지닌 것으로 해석되는 특이한 구성체를 말한다.

한국어 문법에서 상당한 문법범주들이 덩이 형태로 실현되는데, 이것은 한국어가 교착적 성격을 띤다는 점과 관련된다(앞의 5장 2.1절 참조). 이러한 덩이 형태는 일반적으로 의존적인 형태들의 결합으로 구성되는데, 한국어에서는 조사나 어미 등의 문법 형태가 결합되거나, 통사적으로 의존성을 띠는 어휘인 의존명사와 보조용언이 다른 문법 형태와 결합되는 형식으로 나타난다.

(1) ㄱ. 그 애는 집에서부터 역까지 걸어갔다.

ㄴ. 아침에 밥을 너무 많이 먹었더니 아직도 배가 부르다.

(2) ㄱ. 바람이 부는 바람에 나무가 쓰러졌다.

ㄴ. 물가가 워낙 비싸기 때문에 살 엄두도 나지 않는다.

(3) ㄱ. 수업 시간에 늦을까 싶어서 택시를 탔다.

ㄴ. 누구든 열심히 하다 보면 목표를 이룰 수 있을 것이다.

위에서 (1-ㄱ)의 '에서부터'는 조사 '에서'와 '부터'가 결합하여 하나의 문법 항목을 이루고, '-었더니'는 어미 '-었-'과 '-더니'가 결합하여 하나의 문법적 의미를 실현한다.[1] 또한 (2-ㄱ)의 '-는 바람에'는 '-는, 바람, 에'가 결합하고 (2-ㄴ)의 '-기 때문에'는 '-기, 때문, 에'가 결합하여 인과 관계를 나타내는 한 덩어리의 문법 형태로 기능한다. 그리고 (3-ㄱ)의 '-을까 싶어서'와 '-다 보면'도 역시 각각 어미 '-을까, -다(가)'와 보조형용사 '싶다, 보다'가 결합된 구성이다.

구성 형식으로 보면, 위의 (1)은 조사 또는 어미의 복합 형태이고, (2)는 의존명사, (3)은 보조형용사가 나타날 때 필수적으로 요구되는 다른 구성요소들과 결합하여 문장 구성에 참여한 것이다. 이런 경우 '아주 일반적 단계'에서의 기술은 이들이 조사나 의존명사, 보조형용사의 범주에 속하는 것으로 보고, 이들의 일반적 속성의 틀 안에서 분석적으로 기술하게 될 것이다(앞의 5장 2.1절 참조). 그러나 이러한 태도는 이들 형태가 실제로 어떻게 사용되는지에 대해서는 크게 관여하지 않는다.

그리하여 위 (1~3)의 경우 주요 형태들이 나타나는 언어적 환경을 고려하여 (1)은 '에서부터'와 '-었더니'로, (2)는 '-는 바람에'와 '-기 때문에'로, (3)은 '-(으)ㄹ까 싶다'와 '-다(가) 보다'로 묶어 처리하게 되면, 이들의 구성 형식과 의미에 대한 좀 더 실제적인 이해가 가능하게 된다. 이것은 교육 문법이 문법 항목의 선정에서 분석적 관점보다는 종합적 관점을 취한다는 점과 관련된다.

언어 교육에서 문법은 정확성뿐만 아니라 유창성에도 기여할 수 있어야 한다는 점에서 한국어 교육 문법은 학습자들의 학습에 직접적인 도움을 줄 수 있도록 기술될 필요가 있다. 유창성을 위한 교육 문법은 의미에 중점을 두며 실제적인 언어 사용이 적절히 반영되어야 함을 강조한다. 특히 여기서는 덩이 형태의 제시와 반복 연습이 언어 사용의 유창성

---

1) '-었더니'는 형태적으로 '-었-'과 '-더니'로 분석될 수 있으나, 다음의 예에서처럼 용법에서 구분된다.
 (1) ㄱ. 일찍 강의실에 {*가더니, 갔더니} 텅 비어 있었다.
  ㄴ. 아침에는 비가 {오더니, *왔더니} 오후 들면서 개었다.
  즉, '-었더니'와 '-더니'는 주어가 각각 1인칭과 3인칭일 때 쓰이는 것으로 용법상의 차이가 있다.

을 신장시키는 데 유효하다는 점에 주목한다. 이런 관점에서 한국어 교육 문법에서는 언어 지식의 자동화를 위해 덩이 형태를 활용함으로써 여러 요소들을 결합하는 것에 비해 시간을 줄일 수 있으며, 실제 상황에 적절한 표현을 구성할 수 있게 하는 것이다.[2]

② 한국어 덩이 형태의 구성 형식

2.1 단일 형태와 덩이 형태

2.1.1 문법 교육에서 덩이 형태는 하나의 독립적인 형식으로, 구성요소 각각에 대해 특별히 강조하지 않고 전체가 하나의 문법적 기능을 수행하는 단위로 제시된다는 데 특징이 있다. 교착적 성격을 띠는 한국어의 경우 문법적인 특징이 문법 형태의 첨가를 통해 나타나는 점에서 한국어에서 덩이 형태는 매우 다양하게 존재한다.[3]

이와 관련하여 이미혜(2002)에서는 한국어 교육 문법에서의 문법 항목을 문법항목, 단순 결합항목과 표현항목으로 구분하였는데, 제시된 예를 보면 다음과 같다.

문법항목	'이/가, 을/를, 에, 에서, 와/과, –(으)니까, –어서, –(으)면, –(으)려고, –(으)세요, –구나, –네요'

---

2) 자동화는 조건이 주어지면 자동적(automatic)으로 행동함을 의미하는데, 예를 들면, 영어에서 주어가 3인칭 단수일 때 동사에는 자동적으로 아무 생각 없이 '–(e)s'가 붙는 것과 같다.

3) 한국어 교육 문법에서 이에 주목한 연구들이 있었는데, 용어만 보아도 결합형과 통어적 구문(백봉자, 1999), 관용구(이희자 외, 2001), 복합 형식(김제열, 2001), 표현항목(이미혜, 2002), 덩어리(우형식, 2003), 구문표현(최윤곤, 2007), 문법적 연어(여춘연, 2010) 등으로 차이가 있다.

단순 결합항목	'-기는, -기는(요), -기란, -기에, -(으)면서도, -습/ㅂ니다만, -(으)려다가는'
표현항목	'-(으)ㄴ 일이 있다, 아무리 -(으)ㄹ지라도, -(으)ㄴ 편이다, -라고 해서, -(으)ㄹ 수 있다, -는 대신에'

위에서 문법항목은 개별 형태인 데 비해서 단순 결합항목과 표현항목은 둘 이상의 형태가 뭉쳐 있다는 점에서 구별된다. 그런데 후자의 경우 단순 결합항목은 문법 형태들의 결합이고 표현항목은 어휘와 문법 형태 등이 혼합되어 구성된 것이라는 점에서 다르다.[4] 이 논의를 따르면, 한국어에서 논의될 수 있는 문법적 덩이 형태는 '문법 형태+문법 형태'와 '어휘 형태+문법 형태'의 형식으로 구분된다.

특히 '어휘 형태+문법 형태'로 나타나는 것은 문법적으로나 어휘·통사적으로 쉽게 설명되지 않는 것이 특징이다. 어휘적 관점에서 보면, 어휘가 결합되는 덩이 형태는 연어론적 측면에서 논의되기도 한다. 이희자(1994)에서는 연어(collocation)를 그것이 생겨난 요인에 따라 형태적 연어와 통사적 연어, 의미적 연어로 구분하였는데,[5] 그중 형태적 연어와 통사적 연어의 경우 일부의 예를 보면 다음과 같다.

형태적 연어	'-탓에, -에 대해, -에 따라, -에 비하여, -로 인하여, -(으)ㄹ 것이다, -(으)ㄹ 수 있다, -나 보다'
통사적 연어	'설마 -(으)ㄹ까, 단지 -(으)ㄹ 뿐이다, 모름지기 -(으)ㄹ 것이다, 결코 -(으)ㄹ 수 없다'

위의 두 가지는 모두 어휘와 문법 형태가 함께 나타난다는 점에서 동일하지만, 형태 사이의 인접성에서는 구분된다. 즉, 형태적 연어는 인접한

---

4) 그러나 이러한 구분이 한국어 문법 항목을 나누는 데 적절한지의 문제는 더 많은 논의가 요구된다. 특히 위의 표현항목은 구성 방식에서 볼 때 매우 다양한 것들이 포함되어 있기 때문에 좀 더 많은 자료를 조사하여 세부적으로 정리될 필요가 있다.

5) 연어는 '새빨간 거짓말, 마음을 먹다' 등과 같이 둘 이상의 단어 형태가 모여 일정한 의미를 나타내는 고정된 표현 형식을 지칭하는 것으로, 어휘 교육에서는 하나의 어휘 항목(lexical item)으로 처리된다.

형태들로 구성되지만, 통사적 연어는 형태 간의 인접성보다는 통사적 공기관계와 밀접하게 관련된다.

결국 한국어 교육 문법에서 문법 항목은 그것을 구성하는 형태가 하나인가 아니면 둘 이상이 묶여 이루어진 것인가로 구분될 수 있다. 단일한 형태로 된 문법 항목은 이론 문법의 연구에서 형태소 분석의 방법을 통해 도출할 수 있는 가장 기본적인 것이라 할 수 있다. 그러나 의사소통을 위한 언어 사용의 관점에서 보면, 단일 형태가 다양한 양상으로 묶여 그때그때의 상황에 적절한 의미와 기능을 표현하게 되는데, 이렇게 나타나는 문법 항목을 크게 덩이 형태라 부를 수 있다.[6]

그리하여 한국어 교육 문법에서 다루어지는 문법 항목은 그것의 구성적 특징으로 보아 다음과 같이 구분하게 된다.

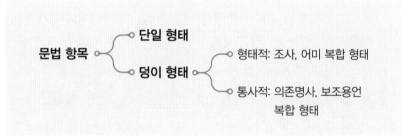

위에서 덩이 형태는 형태적인 것과 통사적인 것으로 구분하는데, 형태적 덩이 형태는 '조사+조사', '어미+어미', 또는 '어미+조사'와 같이 단일 형태에 해당하는 어미와 조사가 서로 결합하여 구성된 것을 이르고, 통사적 덩이 형태는 의존성을 띠는 명사나 보조용언 등의 어휘적 형태를 중심으로 구성된 것을 이른다. 특히 통사적 덩이 형태는 2어절 이상으로 구성되고, 문장 안에서 선·후행의 요소들과 긴밀한 문법적 관계를 이룬다는 점이 특징이다.

---

6) 물론 덩이 형태(chunk)라 하는 것도 그 범주를 한정하기에 모호한 용어라 할 수 있다. 여기서는 둘 이상의 단일 형태가 결합되어 하나의 문법 형태처럼 쓰이는 형태 집합체를 의미한다.

한국어 문법 교육에서 덩이 형태는 그것을 철저히 분석하여 구성하는 본래의 형태들을 밝히는 것과 같은 문법적인 해석은 특별한 의미가 없다. 그것은 문법 교육에서 덩이 형태는 문법적 해석보다 그것이 실제로 어떻게 사용되는가에 초점을 두기 때문이다.

2.1.2 앞에서 한국어 교육 문법에서의 덩이 형태를 형태적인 것과 통사적인 것으로 구분하였으나, 이것은 덩이 형태 구성의 일반적 성격을 따르는 것일 뿐이며, 실제로 덩이 형태는 매우 복잡한 양상으로 나타나기 때문에 이들을 일률적으로 다루기에는 어려움이 있다. 따라서 한국어 교육 문법에서 덩이 형태를 어떻게 처리하는 것이 적절한지에 대해 몇 가지 고려해야 할 문제가 있다(이미혜, 2002 참조).

우선, 한국어 교육 문법에서 덩이 형태를 선정하고 등급화하여 조직할 때, 덩이 형태의 범위를 어떻게 한정할 것인지의 문제가 있다.

(4) ㄱ. 설마 그 애가 나에게 거짓말을 했을까?

　　 ㄴ. 아무리 날씨가 춥다 하더라도 그 일은 예정대로 끝내야 한다.

위에서 (4-ㄱ)의 '설마 …… -(으)ㄹ까'와 (4-ㄴ)의 '아무리 ……-다 하더라도'는 이른바 양태성 부사 '설마'와 '아무리'가 특별한 어말 형식과 호응 관계를 나타내는 것이다. 그런데 이들은 형태적 연속체가 아닌 통사적 구성요소 사이의 의존적 관계에 해당되기 때문에 특수한 문장 구성의 형식을 이룬다고 할 수 있으나, 특정의 문법범주를 실현하는 형식이라 하기는 어렵다. 따라서 이들은 한국어 교육 문법에서 덩이 형태의 범주에 포함시킬 것인지에 대해서는 서로 다른 관점이 제기될 수 있다.[7]

다음으로, 덩이 형태를 어떻게 제시할 것인지의 문제이다. 특히 용언

---

7) 덩이 형태의 자세한 목록에 대해서는 이미혜(2002), 최윤곤(2007), 여춘연(2010) 등을 참고할 수 있다.

에 어미가 첨가되는 형식에서 다양한 어미 변화 현상을 반영하는 데에서 이러한 문제가 대두된다.

> (5) ㄱ. 며칠 집에서 쉬고 {나서, 났더니} 몸이 좀 회복되었다.
>
>   ㄴ. 며칠 집에서 쉬고 나면 몸이 좀 회복될 거야.
>
>   ㄷ. *그는 집에서 며칠 쉬고 {났다., 났니?, 나라., 나자.}
>
> (6) ㄱ. 이제 그만 집으로 돌아갈까 {보다, 봐, *보았다}.
>
>   ㄴ. 비가 올까 {봐서, *보니까} 우산을 준비했다.

위 (5)에서 '-고 나(다)'는 (5-ㄱ)의 '-고 나서, -고 났더니'와 (5-ㄴ) 의 '-고 나면' 형식의 활용형으로 쓰이지만, (5-ㄷ)과 같은 종결형으로 나타나지 않는다. 이때 이들의 형식을 활용형('-고 나서, -고 났더니, -고 나면')의 각각으로 제시할 것인지 아니면 실제로 나타나지 않는 기본형('-고 나다')으로 제시할 것인지의 문제가 있다.

또한 위의 (6-ㄱ)의 '-(으)ㄹ까 보다'는 주어의 불확실한 계획이나 약한 의지를 나타내는데, 주로 종결형의 '-(으)ㄹ까 보다'나 '-(으)ㄹ까 봐'로 쓰인다. 그런데 (6-ㄴ)의 경우에서 '-(으)ㄹ까 봐서'의 형식으로 나타나면 주어의 가벼운 추측을 원인 또는 이유로 하는 의미를 지니며 종결형은 불가능하고 '-어서'가 결합되는 형식으로 고정되어 나타난다.[8] 이때 (6-ㄱ)은 기본형의 '-(으)ㄹ까 보다'로 제시하고 (6-ㄴ)은 활용형의 '-(으)ㄹ까 봐서'로 제시하는 것이 적절한지 아니면 이들을 기본형을 따라 하나의 형식 '-(으)ㄹ까 보다'로 제시하는 것이 적절한지에 대해서는 관점이 다를 수 있다.

마지막으로, 한국어 교육 문법에서 덩이 형태가 실현하는 의미와 기능을 어떻게 기술할 것인지도 문제가 된다. 조사와 어미 등의 단일 형태는

---

8) 과거적 상황을 표현할 경우에는 '-(으)ㄹ까 보았다'는 불가능하며 '-(으)ㄹ까 했다' 또는 '-(으)ㄹ까 싶었다' 등으로 나타날 수 있다.

그것과 관련되는 문법범주나 의미적 특징을 비교적 한정적으로 기술할 수 있으나, 여러 형태가 복합되어 구성되는 덩이 형태의 의미와 기능은 그 해석이 분명하지 않기 때문이다.

2.2 조사와 어미에 의한 덩이 형태

한국어 교육 문법에서 조사와 어미의 비중이 매우 높다. 그것은 교착적 성격을 지닌 한국어의 특성을 반영하는 것이라 할 수 있는데, 특히 어미는 형태 자체도 복잡하거니와 용언의 활용과 관련하여 매우 다양한 양상으로 나타난다.

(7) ㄱ. 여기(에)서부터 출입 금지 구역입니다.

ㄴ. 이것만으로는 턱없이 부족하다.

(8) ㄱ. 아직 출발하기에는 이른 시간이다.

ㄴ. 그는 좋으면서도 내색을 하지 않았다.

(9) ㄱ. 일찍 도착했더라면 그 사람을 만날 수 있었을 텐데.

ㄴ. 오늘은 일찍 학교에 가야겠다.

위에서 (7-ㄱ)의 '(에)서부터'는 '(에)서'와 '부터'가, (7-ㄴ)의 '만으로는'은 '만'과 '으로, 는'이 결합한 것으로, 이들은 조사끼리의 결합 형식에 해당한다. (8-ㄱ)의 '-기에는'은 어미 '-기'와 조사 '에, 는'이, (8-ㄴ)은 어미 '-(으)면서'와 조사 '도'가 결합한 것으로, 이들은 어미와 조사가 결합한 형식이다. 그리고 (9-ㄱ)의 '-었더라면'은 어미 '-었-'과 '-더라, -(으)면'이, (9-ㄴ)의 '-어야겠다'는 어미 '-어야'와 '-겠-, -다'가 결합한 형식이다.

이들 조사와 어미에 의한 덩이 형태는 조사끼리의 결합('조사+조사')과 어미와 조사의 결합('어미+조사'), 어미끼리의 결합('어미+어미')으로 구분된다. 이것을 몇 가지 예를 추가하여 정리하면 다음과 같이 된다.

조사 + 조사	'(으)로부터, 에서도, 에는, 에다(가), 에서부터, 에게서, (으)로밖에, 치고는, (으)로는, 만으로는, 한테서'
어미 + 조사	'-기는, -고는, -기란, -(으)면서도, -(으)려다가는, -기에는, -기는커녕, -다가는, -고서는, -고서야'
어미 + 어미	'-었더니, -어야겠다, -었더라면, -더라, -(으)리라, -는다는구나, -는다면서, -는답시고, -더랍니다, -더라니까, -는댔자'

조사와 어미에 의한 덩이 형태는 굳어진 정도에 따라 축약형과 융합형으로 구분될 수 있다. 전자는 본래 형태의 의미와 문법적 기능이 유지되는 것이고, 후자는 본래 형태의 의미가 융합되어 제3의 새로운 의미를 실현함으로써 독자적인 하나의 문법 항목으로 인식되는 것을 뜻한다. 예를 들어, 위의 '(으)로부터, -(으)려다가는' 등이 축약형이라 한다면, '-었더니, -었더라면, -는답시고' 등은 융합형이라 할 수 있다.

2.3 의존명사 중심의 덩이 형태

2.3.1 한국어에서 통사적 덩이 형태를 구성하는 어휘에는 통사적인 의존성을 띠는 의존명사와 보조용언이 대표적인 형태이다. 이러한 의존명사와 보조용언의 문법적 특징으로 인해 이들을 중심으로 하는 덩이 형태가 다양하게 구성된다.

이 중에서 의존명사는 형태적으로 실질형태소인 명사류에 속하지만, 의미적으로는 특정한 사물을 가리키는 지시성이 결여되어 있고 그 의미가 불분명하거나 매우 포괄적이다. 그리고 통사적으로는 의존성이 강하여 문장 구성에서 독립적으로 어떤 성분이 되기보다는 관형어의 수식을

필수 요건으로 하는 점이 특징이다.[9]

예를 들어, 대표적인 형식성 의존명사인 '것'은 어떤 구체적인 사물이나 개념을 뜻하는 것이 아니라, 사물이나 현상 또는 성질 따위를 추상적으로 이르거나 앞서 말한 사실에 대한 확신이나 추측을 나타내는 기능을 하기도 한다.

(10) ㄱ. 이 책은 어제 내가 도서관에서 빌린 것이다.

   ㄴ. 그가 나를 좋아하는 것이 분명하다.

   ㄷ. 우체국에 들른다는 것이 깜박 잊어버리고 그냥 집으로 돌아왔다.

   ㄹ. 아마도 내일이면 그가 돌아올 것이다.

   ㅁ. 서로의 안전을 위해 교통질서를 지켜야 하는 것이다.

   ㅂ. 이곳에 접근하지 말 것.

위 (10)에서 '것'은 여러 기능으로 해석된다. (10-ㄱ)에서는 앞의 체언 '책'을 대신 지시하고, (10-ㄴ, ㄷ)에서는 일종의 명사절 형성 요소처럼 쓰였다. 그리고 (10-ㄹ)은 '-(으)ㄹ 것이-'가 미래 또는 예정을 나타내는 마치 하나의 형태처럼 기능하며, (10-ㅁ)은 문장의 뒤에서 '것이다' 형식으로 나타나 단정의 뜻을 나타내는 것으로 이해된다. 마지막으로 (10-ㅂ)은 '-(으)ㄹ 것'이 금지 또는 명령의 종결 형식이 된다.

2.3.2 의존명사 중에는 지시적(deictic)이거나 조응적(anaphoric)인 속성을 지닌 것도 있다. 예를 들어, 위 (10-ㄱ)에서처럼 '것'은 사물과 관련되고, '분, 이' 등은 사람과 관련된다. 또한 이른바 단위성 의존명사는 수량의 단위를 표시할 뿐만 아니라 근본적으로는 명사의 의미 부류를 나타내는 분류사(classifier)의 기능을 한다. 예를 들어, '친구 한 명, 소 한 마

---

9) 한국어 문법에서 의존명사는 자립성이 없어 관형어의 꾸밈을 받아야만 쓰일 수 있는 명사를 말하며, 크게 형식성 의존명사와 단위성 의존명사로 나뉘는데, 여기서는 전자가 논의의 대상이 된다.

리'에서 '명'과 '마리'는 수량의 단위를 표시할 뿐만 아니라, 선행 명사 '친구'와 '소'가 각각 사람과 동물의 부류에 해당함을 나타내는 것이다.

또한 의존명사는 양태(modality)나 시상(tense-aspect)을 나타내는 기능도 지니고 있다. 예를 들어, '너도 할 수 있다'의 '수'는 행동에 대한 능력이나 가능과 같은 화자의 태도를 나타내며, '찾는 중이다'와 '떠날 참이다'에서 '중'과 '참'은 각각 진행과 예정의 상적 의미를 나타낸다. 이와 같이 한국어에서 의존명사는 어휘적인 형태로 존재하지만, 대용과 양태, 시상 등의 문법적인 기능과도 관련되는 것이다. 그리하여 의존명사는 화자의 정보 처리 과정에서 명제 사이의 관계나 현재적 상황과의 비교, 그리고 가정이나 추측, 또한 가능성과 개연성, 확실성의 판단 등을 표현하는 기제가 된다. 이러한 의존명사의 성격은 한국어의 매우 특징적인 현상 중의 하나인데, 이것은 한국어 학습에서 의존명사의 용법을 이해하여 활용하는 데 상당한 노력과 시간이 요구된다는 점에서도 이해할 수 있다.

한국어 교육 문법에서 이러한 특징을 지닌 의존명사 중심의 덩이 형태는 큰 비중을 차지하는데, 이들의 예를 정리하면 다음과 같다.

연결형	'-(는/(으)ㄴ)다는 것이, -(으)ㄴ 가운데, -(으)ㄴ 나머지, -(으)ㄴ 다음(에), -(으)ㄴ 뒤(에), -(으)ㄴ 듯, -(으)ㄴ 듯이, -(으)ㄴ 지, -(으)ㄴ 채(로), -(으)ㄴ 터에, -(으)ㄴ 후(에), -(으)ㄹ 겸, -(으)ㄹ 녘에, -(으)ㄹ 때, -(으)ㄹ 무렵, -(으)ㄹ 바에야, -(으)ㄹ 뿐만 아니라, -(으)ㄹ 셈으로, -기에 망정이지, -(으)ㄹ 양으로, -(으)ㄹ 즈음(에), -는 경우(에), -는 관계로, -는 길에, -는 까닭에, -는 날에(는), -는 대로, -는 도중에, -는 동안(에), -는 둥, -는 만큼, -는 바람에, -는 반면에, -는 족족, -는 차에, -는 탓에, -는 통에, -는 판에, -는 한, -는/(으)ㄴ 김에, -는/(으)ㄴ/(으)ㄹ 대로'
종결형	'-(으)ㄹ 나위가 없다, -(으)ㄹ 리가 있다/없다, -(으)ㄹ 수 있다/없다, -(으)ㄹ 줄 알다/모르다, -(으)ㄹ 지경이다, -(으)ㄹ 터이다/테다, -(으)려던 참이다, -는 길이다, -는 중이다, -는/(으)ㄴ 법이다, -는/(으)니/(으)ㄹ 것 같다, -는/(으)ㄴ/(으)ㄹ 것이다. -기 나름이다, -기 마련이다, -기 십상이다, -기 전에, -기가 일쑤이다, -기가 짝이 없다'

위에서 보면, 의존명사 덩이 형태는 연결형의 경우 대체로 '관형사형어미+의존명사+(조사)'의 형식으로 나타나며, 의존명사에 따라 결합 가능한 관형사형어미와 조사가 제약된다(다음의 6장 3절 참조). 그리고 종결형의 경우 뒤따르는 용언이 '이다, 있다/없다, 알다/모르다, 같다' 등으로 제약되기도 한다.[10]

2.4 의존용언 중심의 덩이 형태

2.4.1 한국어 교육 문법에서 덩이 형태를 구성하는 용언의 대표적인 것에 보조용언이 있다. 보조용언은 의존명사와 성격이 비슷하여 자립성이 결여되어 있거나 희박하며, 어휘적이기보다는 문법적 성격이 강하다. 이러한 보조용언의 특성으로 인해 다양한 형식의 덩이 형태가 구성된다.

   (11) ㄱ. 창밖에 비가 내리고 있다.

       ㄴ. 그는 일찍 그곳을 떠나 버렸다.

위 (11-ㄱ)에서 '있다'는 행위가 계속된다는 의미를 나타내고, (11-ㄴ)에서 '버리다'는 행위의 종료에 대한 화자의 섭섭함의 의미를 나타내는 보조용언이다. 이들은 각각 '-고 있다'와 '-어 버리다'의 형식을 구성하여 앞의 본용언이 표현하는 행위에 대한 특별한 의미를 보조해 주는 기능을 한다.

하나의 본용언에 여러 개의 보조용언이 연이어 통합되기도 한다. 그리고 본용언과 보조용언은 띄어 씀을 원칙으로 하지만 붙여 쓸 수도 있다.

---

10) 다음의 경우는 하나의 연결어미로 굳어진 것이다(『표준국어대사전』, 국립국어원 참조).

   (1) ㄱ. 내가 알아본즉, 그는 이미 부산을 떠났다고 하더라.

      ㄴ. 굶어 죽을망정, 남의 재물을 탐내지 않겠다.

(12) ㄱ. 오늘은 이상하게 학교에 가고 싶지 않았다.

　　 ㄴ. 그날 용돈을 모두 써 버리고 말았다.

위 (12)는 각각 '-고 싶다'와 '-지 않다', 그리고 '-어 버리다'와 '-고 말다'로 보조용언이 둘씩 통합된 것이다.

특히 보조용언은 특정한 문법범주를 실현하는 것도 있는데, 이것은 보조용언이 이른바 문법화(grammaticalization)의 과정에 있음을 뜻한다.

(13) ㄱ. 아이가 밥을 먹고 있다.

　　 ㄴ. 그 애는 여전히 자리에 앉아 있었다.

　　 ㄷ. 어머니가 아이에게 새 옷을 입게 했다.

　　 ㄹ. 한 달 동안이나 비가 오지 않았다.

위에서 (13-ㄱ)의 '-고 있다'와 (13-ㄴ)의 '-어 있다'는 각각 진행상과 완료상, (13-ㄷ)의 '-게 하다'는 사동, 그리고 (13-ㄹ)의 '-지 않다'는 부정의 문법범주를 실현한다.

보조용언은 어휘적으로 폐쇄적인 집합을 이루며, 품사에 따라 보조동사, 보조형용사로 구별된다. 또한 보조용언은 선행하는 본용언에 특별한 형태의 어미가 결합되어야 하는 제약을 지닌다(앞의 5장 2.1절 참조).

2.4.2 대부분의 용언은 어미가 다양하게 활용될 수 있는데, 몇몇의 용언은 활용이 제한되기도 한다. 이렇게 활용이 제한되는 용언을 불완전용언이라 하는데, 이들도 덩이 형태를 구성하는 요인이 되기도 한다.

(14) ㄱ. 동생을 데리고 시골에 갔다.

　　 ㄴ. 이 문제에 대하여 좀 더 생각해 보자.

위에서 (14-ㄱ)의 '데리다'는 '데리고' 외에 '*데리었다, *데리면' 등으로 활용하지 않으며, (14-ㄴ)의 '대하다'는 '대하여, 대한' 외에 '*대하고, *대하니' 등으로 활용하지 않는다. 이렇게 활용이 불완전한 용언이 조사 '를, 에, 과' 등이 선행하고 한정된 어미만이 후행하여 '를 데리고, 에 대하여' 등과 같은 덩이 형태를 이루는 것이다.[11]

이와 같은 불완전용언에 의한 덩이 형태의 예를 일부 제시하면 다음과 같다.

> 을/를 위하여, 을/를 가지고, 을/를 비롯하여, 을/를 데리고, 에 따라, 에 의하여, 에 대하여, 에도 불구하고, 와/과 더불어, 와/과 아울러, (으)로 말미암아, (으)로 인하여

또한 위와 같은 불완전용언 외에도 의존적인 특성을 지닌 용언을 중심으로 하는 덩이 형태가 구성되기도 한다. 이들은 주로 '아니다, 보다, 하다, 그렇다, 치다' 등과 같이 실체적인 의미가 불분명하여 일종의 허사(虛辭)와도 유사한 용언과의 결합형으로 나타난다.

(15) ㄱ. 아이가 잘못했다손 치더라도 때려서는 안 된다.
ㄴ. 속는 셈 치고 돈을 빌려주기로 했다.

위 (15)에서 '치다'는 '어떠한 상태라고 인정하거나 사실인 듯 받아들이다'의 뜻으로(『표준국어대사전』, 국립국어원), '-다손 치더라도'나 '-는 셈 치다' 등으로 덩이 형태를 구성한다.

이와 같은 의존성 용언을 중심으로 하는 덩이 형태의 예에는 다음과 같은 것이 있다.

---

11) 이들은 이른바 명사 후치 표현의 하나에 해당한다(다음의 7장 3.4절 참조).

연결형	'이/가 아니고, 뿐만 아니라, 만 하더라도, 은/는 말할 것도 없고, ―다 못해, ―다 보면, ―어서 그런지, ―고 해서, ―는가 하면, ―는다손 치더라도, ―자 하니까, ―기 위하여, ―기도 하려니와, ―기에 앞서, ―기가 무섭게, ―(으)면 몰라도'
종결형	'―(으)려나 보다, ―(으)ㄹ까 보다, ―(으)ㄹ걸 그랬다, ―다시피 하다, ―어서 죽겠다, ―고 치다, ―고는 하였다, ―는 것 같다, ―는지 모른다, ―느니만 못하다, ―게 생겼다, ―기 쉽다, ―(으)려야 ―(으)ㄹ 수 없다, ―(으)면 안 되다'

이러한 예는 상당히 확장될 수 있는데, 여기서 어느 범위까지의 덩이 형태를 한국어 교육 문법의 내용이 되는 문법 항목으로 선정할 것인지의 문제가 대두될 수 있다.

③ 의존명사 덩이 형태 구문의 실제[12]

3.1 의존명사 덩이 형태의 접속 기능

3.1.1 일반적으로 명사는 사물(실체, entity)의 이름을 가리키는 단어 류를 말한다. 한국어에서 명사는 문법적 기능을 표시하는 조사가 결합하여 여러 가지 문장성분을 이루는데, 통사적인 자립성 여부에 따라 자립명사와 의존명사로 나뉜다. 의존명사는 형태적으로는 어휘적인 성격을 지니고 있지만 자립성이 결여되어 있거나 희박하며, 문법적인 성격이 강하다. 특히 이들이 나타나는 형태·통사적인 조건이 제약되며, 선·후행 요소 사이에 일정한 의미적인 관계를 표시한다는 점에서 독립된 문법 형태로서의 특징을 지닌다고 할 수 있다.

---

12) 이 부분의 자세한 내용은 우형식(1996ㄱ)을 참조할 수 있다.

의존명사 중에는 그 의미가 특정적이지 못하여 어떤 특정한 사물의 이름을 가리키는 지시성이 결여되어 있으며, 관형사형어미와 조사 등이 결합된 덩이 형태를 이루어 선·후행 요소를 특정한 의미 관계로 잇는 역할을 하는 한 부류가 있다.[13]

(16) ㄱ. 비가 계속 내리는 관계로 여행 일정이 연기되었다.

ㄴ. 우천 관계로 여행 일정이 연기되었다.

(17) ㄱ. 그는 잠옷을 입은 채로 밖으로 나왔다.

ㄴ. 그는 잠옷 바람으로 밖으로 나왔다.

위에서 (16)의 '관계(關係)'와 (17)의 '채, 바람'은 형태 부류로는 명사에 속하지만, 특정한 사물을 지시하기보다는 매우 일반화된 추상적인 의미를 지니고 있다. 그리고 이들 명사는 선·후행의 구성요소를 각각의 의미적인 특성에 따라 이어 주는 특이한 기능을 한다. 예를 들어, (16)의 '관계(關係)'는 '까닭이나 때문'의 뜻을 나타내고, (17-ㄱ)의 '채'는 '이미 있는 상태 그대로 있음'을, (17-ㄴ)의 '바람'은 '무슨 일에 더불어 일어나는 기세'를 뜻하는데(『표준국어대사전』, 국립국어원 참조), 이들은 각각 이유·원인의 관계와 선행 동작의 결과적 상태가 후행 동작에 지속되는 관계로 선·후행의 구성요소를 연결하는 역할에 참여한다.

위 (16, 17)의 '관계(關係), 채, 바람' 등은 형태적으로는 명사의 범주에 속하지만, 어휘적인 의미보다는 문법적인 기능에 충실한 것이 특징이다.[14] 그리고 이들 명사에 선행하는 요소는 (16, 17-ㄱ)과 같이 문장(절)이거나 (16, 17-ㄴ)과 같이 체언인 경우도 있다. 선행 요소가 문장일 경우에는 관형절로 나타나는데, 특히 이들 명사는 관형사형어미와 선택 제

---

13) 자립명사 중에서도 의존성을 띠어 의존명사와 같은 용법으로 쓰이는 것도 있다.

14) 어휘적인 것과 문법적인 것은 정도의 문제로 연속체(continuum)적인 성격을 띤다. 따라서 의존성을 띠는 어휘들은 어휘적이면서도 문법적인 기능과 관련되기도 한다.

약의 관계를 이룬다. 그리고 선행 요소가 체언일 경우에는 사태 지시적인 특징을 지닌 것으로 한정된다.

3.1.2 의존명사를 중심으로 하는 '관형사형어미+의존명사+조사'의 덩이 형태가 하나의 문법 형태처럼 선·후행 요소를 이어 주는 접속의 문법적 기능을 수행하기도 한다(앞의 6장 2.3절 참조). 이런 측면에서 의존명사 덩이 형태에 의한 접속은 연결어미에 의한 접속 현상과 대비될 수 있다는 점이 주목된다. 예를 들어, 앞에서 제시된 (16, 17-ㄱ)은 다음과 같이 연결어미에 의한 접속과 대비된다.

(18) ㄱ. 비가 계속 내리는 관계로 여행 일정이 연기되었다.(16-ㄱ)
    ㄴ. 비가 계속 내려서(내리-어서) 여행 일정이 연기되었다.
(19) ㄱ. 그는 잠옷을 입은 채로 밖으로 나왔다.(17-ㄱ)
    ㄴ. 그는 잠옷을 입고(입-고) 밖으로 나왔다.

즉, (18, 19-ㄱ)의 '-는 관계로'와 '-은 채로'를 각각 연결어미 '-어서'와 '-고'로 바꾸면, (18, 19-ㄴ)처럼 된다. 물론 (18, 19-ㄴ)은 (18, 19-ㄱ)과 의미적으로 동일하지는 않지만, '-는 관계로'와 '-은 채로'가 '관형사형어미+의존명사+조사'가 하나의 덩이 형태로서, 연결어미와 유사하게 선·후행절을 잇는 문법적인 기능을 나타내고 있음을 보여 준다.

한국어 의존명사 중에서 어떤 제한된 구조적 조건에서 덩이 형태를 구성하여 접속의 기능을 수행하는 형태는 비교적 넓게 분포한다. 이 경우 일반적으로 각각의 의존명사가 지니고 있는 의미적 특징이 유지되면서 매우 다양한 의미적 양상을 실현하는 것이 특징이다.

(20) ㄱ. 아침을 먹은 후에, 학교에 갔다.
    ㄴ. 동이 트기 전에, 들로 나간다.
(21) ㄱ. 집에 돌아오는 도중에 친구를 만났다.

ㄴ. 친구도 만날 겸, 일찍 시내에 나왔다.

(22) ㄱ. 애들이 떠드는 통에, 책을 읽을 수가 없다.

ㄴ. 바람이 부는 바람에 나무가 쓰러졌다.

(23) ㄱ. 갑자기 무언가 생각난 듯, 그는 하던 일을 멈추었다.

ㄴ. 옷을 입은 채 잠들고 말았다.

위에서 (20)의 '후(後), 전(前)'은 '다음, 때, 무렵' 등과 함께 시간적인 선후 관계를 표현하며, (21)의 '겸(兼), 도중(途中)' 등은 상적인 의미를 나타내면서 선·후행 요소를 이어 준다. 또한 (22)의 '통, 바람'은 '때문, 관계(關係), 탓' 등과 함께 인과적인 관계로, (23)의 '듯, 채'는 '양(樣), 척' 등과 함께 양태적인 의미로 선·후행 요소를 이어 준다.[15]

3.1.3 한국어는 영어를 비롯한 인구어와 달리, 이른바 접속사나 관계대명사, 관계부사 등이 발달되어 있지 않은 반면, 용언의 내부 구성 형태인 연결어미에 의해 문장의 접속이 이루어진다(다음의 7장 1.1절 참조). 접속사 등이 하나의 명제를 표현하는 문장과 문장을 잇는 역할을 하는 단어류라는 점에서 보면, 문법 형태인 연결어미와는 다른 측면이 있다. 즉, 단어로서의 접속사는 어떤 어휘적 의미를 지니는 데 비해서, 문법 형태로서의 연결어미는 문법적인 기능에 충실하다고 할 수 있다.

한국어의 경우 연결어미가 아주 복잡하게 분화되어 있어서 둘 이상의 명제를 여러 가지 의미적인 관계로 잇는 데 필요한 조건을 만족시킬 수 있다. 그러나 언어 표현의 다양성에서 보면, 접속의 다양한 의미가 연결어미만으로 충분히 실현된다고 할 수는 없다. 여기서 접속사와 관계대명사, 관계부사가 설정되지 않는 한국어의 경우 명제의 연결에서 의미적인 공백이 나타나며, 의존명사 덩이 형태가 연결어미의 공백을 메운다고 할

---

15) 임진숙(2022ㄱ)에서는 인과 관계 구성을 중심으로 분석한 바 있다.

수 있다. 이것은 의존명사가 어휘적인 성격이 잔존하면서도 덩이 형태를 구성하여 접속 기능의 실현에 참여한다는 점으로도 이해할 수 있다.

예를 들어, 한국어의 의존명사 덩이 형태와 연결어미, 그리고 영어의 접속사 사이의 대응 관계를 일부 대비하면 다음과 같다(임호빈 외, 1988 참조).

(24) ㄱ. I brushed my teeth after I ate supper.

　　 ㄴ. 나는 저녁을 먹<u>은 후에</u> 이를 닦았다.

　　 ㄴ'. 나는 저녁을 먹고 이를 닦았다.

(25) ㄱ. So long as I live, I won't let you have your way.

　　 ㄴ. 내가 살아 있는 <u>한</u>, 네 마음대로 하지 못한다.

　　 ㄴ'. *내가 살아 있으면, 네 마음대로 하지 못한다.

(26) ㄱ. 매일 과로한(과로하-ㄴ) <u>탓으로</u> 몸살이 났나 봐요.

　　 ㄴ. I think I am suffering from exhaustion because I overworked everyday.

(27) ㄱ. 내가 도와준(도와주-ㄴ) <u>만큼</u> 그도 나를 도왔어요.

　　 ㄴ. As much as I helped him, he helped me too.

위에서 영어에 대응되는 한국어의 경우를 보면, (24)는 의존명사 덩이 형태에 의한 접속과 연결어미에 의한 접속이 모두 가능하다. 물론 이때 의미적으로 동일하다고는 할 수 없다. 이에 비해서 (25)는 의존명사 덩이 형태에 의한 접속만 가능하고, 연결어미에 의한 접속은 불가능하다. 한국어를 영어로 바꾸는 경우에도 위 (26, 27)에서처럼 한국어의 의존명사 덩이 형태가 영어의 접속사(구)와 대응됨을 발견할 수 있다. 이것은 한국어와 영어의 직접적인 대응 관계를 설명해 주지는 못하더라도, 적어도 한국어에서 의존명사 덩이 형태가 접속 현상에 참여함을 방증해 주는 것이라 할 수 있다.

3.2 의존명사 덩이 형태 구성의 제약

의존명사 덩이 형태는 선행 요소가 문장(절)일 때에는 '관형사형어미+
의존명사+조사'가 기본 형식이 되는데, 선행 요소가 어휘(체언)일 때에
는 '의존명사+조사'의 형식이 된다.

(28) ㄱ. 비가 너무 많이 오는 바람에 다리가 무너졌다.

　　　ㄴ. 그는 사업 관계로 해외에 출장 갔다.

(29) ㄱ. [[비가 너무 많이 오-]ₛ₁ -는 바람에 [다리가 무너지-]ₛ₂ -었다]ₛₒ

　　　ㄴ. [그는 [사업]ₙ 관계로 [해외에 출장 갔다]ᵥₚ]ₛ

위에서 (28-ㄱ)의 '-는 바람에'는 (29-ㄱ)에서처럼 선행절 '비가 너
무 많이 오-'와 후행절 '다리가 무너지-'를 잇는 기능을 한다. 또 한편으
로는 선행 요소가 체언일 경우도 가능한데, 위 (28-ㄴ)에서 '관계로'는
(29-ㄴ)에서처럼 선행의 체언 '사업'과 후행의 동사구 '해외에 출장 갔다'
를 이어 준다. 문장 구성의 형식에서 보면, 전자는 복문 구성과 관련되는
문장 접속이 되고, 후자는 단문 내에서 나타나는 구(句) 접속으로 구분될
수 있다.

의존명사 덩이 형태에서 결합되는 관형사형어미와 조사는 항목에 따라
결합에 제약이 있다. 우선 조사의 경우 '에' 또는 '(으)로'로 제한되는데,
의존명사에 따라서는 조사가 붙지 않는 경우도 있다.

(30) ㄱ. 시장에 나온 김{에, *으로, *∅} 새 옷도 한 벌 샀다.

　　　ㄴ. 수업이 끝난 뒤{에, *으로, ∅} 모두 강당에 모였다.

　　　ㄷ. 비가 오는 관계{*에, 로, *∅} 경기가 연기되었다.

　　　ㄹ. 구두를 신은 채{*에, 로, ∅} 방에 들어갔다.

　　　ㅁ. 내가 살아 있는 한{*에, *으로, ∅} 꼭 빚을 갚겠다.

위 (30)은 의존명사에 따라 조사의 결합에서 제약이 달리 나타남을 보여 준다. 이와 같이 조사 결합에서 나타나는 제약 현상은 의존명사의 의미적인 특징과 관련된다. 즉, 의존명사와 조사 사이의 의미적인 어울림이 전제될 때, 이들의 형태 결합이 가능한 것이다.

또한 문장 접속에서 의존명사에 따라 '-(으)ㄴ, -는, -(으)ㄹ' 등의 관형사형어미가 달리 선택되며, 때로는 명사형어미 '-기'나 연결어미 '-든지' 등으로 나타나기도 한다.

(31) ㄱ. 사무실을 샅샅이 뒤지{-ㄴ, *-는, *-ㄹ} 끝에 서류 하나를 찾아냈다.

ㄴ. 식사를 하{*-ㄴ, -는, *-ㄹ} 도중에 아무 말도 없이 나가 버렸다.

ㄷ. 네가 나를 도와주{-ㄴ, -는, *-ㄹ} 대신 나는 너의 동생을 돕겠다.

ㄹ. 그들은 헤어지{*-ㄴ, *-는, -ㄹ} 때 아무 말도 하지 않았다.

ㅁ. 비가 오{*-ㄴ, *-는, *-ㄹ, -기} 때문에 서둘러 일을 마쳤다.

위 (31)은 의존명사에 따라 어미의 결합에서 제약이 달리 나타남을 보여 준다. 이러한 어미의 선택 제약도 역시 의존명사나 선·후행 요소의 의미적 특성에 기인한다. 특히 이 경우에는 관형사형어미가 지닌 시상적 특징과 의존명사의 시상 표현의 양상이 관련된다는 점이 주목된다. 그리고 (31-ㅁ)에서처럼 관형사형어미와 관련되지 않는 의존명사도 있다.

3.3 의존명사 덩이 형태 접속문의 통사와 의미

3.3.1 의존명사 덩이 형태에 의한 문장 접속에서는 선·후행절 사이의 통사적인 관계가 나타난다. 즉, 여기에서도 연결어미에 의한 접속에서 나타나는 선행절의 시상 형태 첨가 제약과 후행절의 종결 형식 제약, 선·후행절 사이의 동일 주어 제약 등과 같은 문법 요소의 결합에서 나타나는 제약이 있으며, 동일 요소의 대용과 생략 현상, 선행절의 이동 현

상 등과 같은 통사 현상도 나타나는 것이다. 이러한 통사적인 관계는 종래 연결어미에 의한 접속문 구성에서 논의되는 것과 유사하다는 점에서 주목된다.

우선 의존명사 덩이 형태에 의한 접속문에서 선행절에 첨가될 수 있는 시상 형태로는 '-었-'만이 가능한데, 이것은 의존명사와의 의미적인 관계에 따라 선택적으로 결합된다.

(32) ㄱ. 그는 구두를 {신은, *신었는} 채로 방으로 들어왔다.

ㄴ. 그가 {떠날, 떠났을} 경우 나도 곧 따라가겠다.

위에서 (32-ㄱ)의 '-는 채로'는 '-었-'의 결합이 불가능한데, (32-ㄴ)의 '-(으)ㄹ 경우'에서는 가능하다. 여기서 시상 형태 '-었-'이 결합될 수 있는 것은 관형사형어미 '-(으)ㄹ'이 선택되는 경우로 제한된다.

후행절에서 특정한 종결 형식의 종결어미가 제약되는 경우도 있다.

(33) ㄱ. 그가 귀찮게 하는 바람에 우리는 일찍 {떠났다, *떠나자}.

ㄴ. *그가 돌아오지 않는 한 네가 가거라.

위에서 (33-ㄱ)의 '-는 바람에'는 청유형이 제약되고, (33-ㄴ)의 '-는 한'은 명령형이 제약된다.

그리고 의존명사에 따라서는 선·후행절의 주어가 동일해야 하는 경우도 있다.

(34) ㄱ. 애들이 떠드는 바람에 나는 책을 읽을 수가 없었다.

ㄴ. 어머니가 저녁을 준비하시는 동안 나는 동생과 놀았다.

(35) ㄱ *어머니는 시장에 가신(가시-ㄴ) 김에 내가 가까운 병원에도 들렀다.

ㄴ. 어머니는 시장에 가신(가시-ㄴ) 김에 가까운 병원에도 들렀다.

(36) ㄱ. *그가 구두를 신은 채로 내가 방으로 들어갔다.

ㄴ. 그는 구두를 신은 채로 방으로 들어갔다.

위에서 (34)의 '-는 바람에', '-(으)ㄴ 동안'과 비교할 때, (35)의 '-(으)ㄴ 김에'와 (36)의 '-(으)ㄴ 채로'는 선·후행절의 주어가 같아야 한다는 제약이 있다.

의존명사 덩이 형태에 의한 접속 구성에서 선·후행절에서 동일 성분이 생략되거나 대용되는 현상도 주목되거니와, 특히 선행절이 후행절의 속으로 이동되기도 한다.[16]

(37) ㄱ. 철수는 신문을 꼼꼼히 읽는 반면에, 영희는 그것을 펴 보지도 않는다.
ㄴ. 철수는 신문을 꼼꼼히 읽는 반면에, 영희는 펴 보지도 않는다.
(38) ㄱ. 우리가 이야기를 하는 도중에 그는 밖으로 나가 버렸다.
ㄴ. 그는 우리가 이야기를 하는 도중에 밖으로 나가 버렸다.

위 (37)은 선행절의 '신문'이 후행절에서 '그것'으로 대용되거나(37-ㄱ) 명사구 '신문을'이 생략되었다(37-ㄴ). 그리고 (38)에서는 '우리가 이야기를 하는 도중에'가 후행절의 속으로 이동하였다(38-ㄴ).

3.3.2 의존명사 덩이 형태에 의한 접속 구성에 참여하는 선·후행 요소 사이에 특별한 의미 관계가 나타난다. 이들 의미 관계는 연결어미의 접속 현상과 관련하여 분석할 수 있는데, 의존명사 덩이 형태에 의한 접속 구성의 의미적 특징은 연결어미에 의한 접속과는 다른 양상을 띤다는 점이 주목된다. 이러한 점에서 한국어의 접속문 형성에서 의존명사 덩이 형태는 연결어미의 용법을 보완하는 것으로 해석된다.

의미 관계에 따라 의존명사 덩이 형태의 목록을 정리하면 다음과 같이

---

16) 이러한 제약 관계와 통사적 현상은 더 많은 용례의 조사를 통해서 정리될 수 있을 것이다(우형식, 1996ㄱ 참조).

된다.

시간 관계	일반적	'–(으)ㄹ 때, –(으)ㄹ 무렵(에), –(으)ㄹ 즈음(에)'
	계기적	'–(으)ㄴ 다음(에), –(으)ㄴ 뒤(에), –(으)ㄴ 후(에), –기 전에'
	동시적	'–는 길에, –는 김에, –는 도중에, –는 동안(에), –는 족족, –는 중에, –는 차에, –(으)ㄴ/는 대로'
공간 관계		'–(으)ㄴ 가운데, –(으)ㄴ 나머지, (으)ㄴ 터에, –는 경우(에), –는 마당에, –(으)ㄴ 채(로), –는 판에'
대립 관계		'–는 반면에'
인과 관계		'–는 고로, –는 관계로, –는 까닭에, –는 바람에, –는 탓에, –는 통에'
조건 관계		'–는 날에(는), –(으)ㄴ/는 만큼, –는 바, –는 한, –(으)ㄹ 바에야'
의도 관계		'–(으)ㄹ 셈으로, ––(으)ㄹ 양으로'
양태 관계		'–(으)ㄴ 듯, –(으)ㄴ 듯이'
나열 관계		'–(으)ㄹ 겸, –는 등'

의존명사 덩이 형태에 의한 접속의 의미 관계에서 연결어미에 의한 접
속의 경우와 유사한 것도 있으나, 이질적인 것도 있다. 예를 들어, 일반
적인 시간 관계를 나타내는 '녘, 때, 무렵' 등이나 계기적 시간 관계의 '전
(前), 직전(直前)' 등은 대응되는 연결어미를 찾기 어렵다. 그리고 계기
적 시간 관계를 나타내는 '다음, 후(後), 뒤' 등은 연결어미 '–고'와 관련
될 수 있으나, 반드시 동일하지는 않으며, 공간적 관계에서는 대응 관계
가 성립되기 어렵다.

(39) ㄱ. 아침을 일찍 먹은 {후, 다음, 뒤}–에, 학교에 갔다.

ㄴ. 아침을 일찍 먹고 학교에 갔다.

(40) ㄱ. 많은 청중들이 운집한(운집하–ㄴ) 가운데 음악회가 열렸다.

ㄴ. ?*많은 청중들이 운집하고 음악회가 열렸다.

위에서 (39)는 시간적 관계를 나타내는데 덩이 형태와 연결어미에 의한 접속 구성이 모두 성립될 수 있으나 의미는 반드시 동일하지는 않으며, (40)은 연결어미 '-고'에 의한 접속이 어색하다.

이러한 현상은 의존명사가 어휘적 의미를 지니면서 그것을 중심으로 형성되는 덩이 형태가 문법적인 기능을 수행한다는 점에서 순수한 문법 형태인 연결어미와 다르기 때문인 것으로 해석된다. 또한 이것은 의존명사 덩이 형태에 의한 접속 현상이 의미적으로 연결어미의 용법과 대조되며, 의존명사 덩이 형태가 연결어미와 함께 한국어의 접속 현상에서 중요한 문법적인 기능을 담당하고 있음을 보여 주는 것이기도 하다.

제 7 장

한국어 교육 문법과
언어유형론

■ 한국어 교육 문법은 한국어의 문법적 현상을 개별적으로 기술하는 것
보다는 유형적(typological) 특징을 찾아서 비교 또는 대조의 방식으로
접근하는 것이 효과적이다.[1] 그리하여 한국어 교육 문법에서는 한국어
문법의 언어유형론적 특징에 대한 연구를 수용하여 문법 교육의 내용 구
성에 활용할 필요가 있다.[2] 이 장에서는 한국어의 교착적 특성과 SOV
어순, 명사 후치 표현, 분류사, 관계절 형성 등을 주제로 하여, 언어유형
론의 연구 경향을 바탕으로 한국어 교육 문법의 내용을 구성하는 문제를
다루어 보기로 한다.

① 교착성과 SOV 어순

1.1 교착성과 굴절

1.1.1 형태론적으로 언어를 구분할 때, 교착어(agglutinative)와 굴절어(inflectional), 고립어(isolating) 등으로 나눈다. 교착어는 실질적인 의미를 나타내는 형태에 문법적 관계를 표시하는 형태가 덧붙는 언어로, 한국어와 일본어, 핀란드어 등이 이에 해당한다. 굴절어는 어형의 일부가 변화되거나 접사가 덧붙어 문법적 기능이 표시되며, 영어와 프랑스어, 독일어 등 유럽의 여러 언어가 이에 속한다. 그리고 고립어는 문장 속에서 단어의 위치에 따라 그 단어가 문법적 구실을 하는 언어로, 중국어와 태국어, 베트남어 등이 이에 해당한다.

굴절어는 단어가 어형 변화를 통해 다양한 문법 기능이 실현되는데, 이때 어형 변화 현상을 굴절(inflection)이라고 한다. 어형 변화를 하는 언어 형태에는 명사와 동사가 대표적이며, 이들은 형태적으로 '어간(stem)-어미(ending)' 형식으로 분석된다. 명사 부류는 대명사와 관사, 형용사를 포함하며, 이들은 남성과 여성, 중성 등의 성(gender), 단수와 복수의 수(number), 그리고 문장 안에서 명사의 기능을 나타내는 격(case)에 따라 형태가 변화한다. 이러한 명사 부류의 형태 변화를 곡용(declension)이라 한다. 동사 부류는 시제나 주어의 인칭 등에 따라 형태 변화를 겪는데, 이것을 활용(conjugation)이라 한다. 따라서 일반적으로 언어에서의 굴절

---

1) 언어유형론에서는 지구상의 여러 언어를 조사해서 인간 언어의 경향성을 밝히고, 이에 따라 언어를 유형화하고자 한다. 이것은 언어 대조를 포함하는데, 대조 분석은 학습자의 모국어와 목표 언어가 대상이 된다(송경안, 2019:29-31 참조).

2) 손호민(2008)에서는 한국어의 유형적 특징에 대한 연구가 외국어로서의 한국어 교육에 중요한 역할을 한다고 하면서, 한국어의 대표적인 형태·통사 유형으로 풍부한 교착적 어형 구조, SOV 구조, 엄격한 지배자 후행(head final), 주어-술어 구조와 주제-해설 구조의 공존, 동일 층위 성분 간 어순 치환, 대우 관계(honorific)의 문법화, 풍부한 생략 현상 등을 들었다.

은 명사 부류의 곡용과 동사 부류의 활용으로 구분된다.

교착성을 띠는 한국어에서는 곡용과 활용에 차이가 있다. 곡용의 경우 자립적인 어휘 형태인 명사(체언) 뒤에 조사가 붙는데, 따라서 한국어에서 곡용은 '단어-단어' 형식의 단어 굴절의 성격을 띤다.[3] 그리고 활용의 경우 한국어에서 동사(용언)는 의존 형태인 어간에 또 다른 의존 형태인 어미가 붙는데, 따라서 한국어에서 활용은 '어간-어미' 형식의 어간 굴절에 해당한다. 이것은 다음과 같이 해석된다.

(1) 꽃   이   피-   -었-   -다
    체언   조사   어간   어미
     (곡용)   (활용)

위 (1)에서 '꽃이'는 체언에 조사가 결합된 형식으로, 조사 '이' 외에 '꽃을, 꽃에, 꽃도' 등과 같이 조사 형태가 변화될 수 있는데, 이것이 곡용에 해당한다. 이에 비해서 '피었다'는 어간에 어미가 결합된 형식으로 '피겠다, 피었나, 피었고' 등으로 어미가 변화되며, 이는 활용에 해당한다.

1.1.2 한국어의 명사 부류(체언)에서는 남성과 여성, 중성 등으로 분화되는 성(gender)이나 단수와 복수 등으로 구분되는 수(number)에 따른 형태 변화가 나타나지 않는다. 물론 동물의 경우 '암-'과 '수-' 등의 접두사와 같이 성을 구별하는 형태들은 존재하지만 이들은 어휘 형성의 문제이며 문법적인 규칙으로 성립되지는 않는다('암소/수소, 암탉/수탉' 등).

또한 복수 표지에 접미사 '들'이 있으나, 이것을 실현이 필수적이지 않으며, 명사 외의 다른 형태에 붙기도 한다.

---

3) 학교 문법에서 조사는 의존적인 형태이지만 단어로 본다.

(2) ㄱ. 친구들이 많이 왔다. / 친구가 많이 왔다.

ㄴ. 어서들 오세요.

위에서 '들'이 (2-ㄱ)은 명사에 붙었으나 필수적이지 않다. 그리고 (2-
ㄴ)은 부사에 붙었는데, 이들은 의미적으로 문장의 주어가 복수임을 뜻
하는 것으로 해석된다.

한국어에서 명사 부류는 형태 변화를 하지 않으나, 조사가 붙어 문장
구성에서 여러 의미와 기능을 실현한다. 따라서 조사는 한국어 문장의
형성에서 핵심적인 부분을 차지한다.[4] 또한 한국어에서 조사는 단순히
문법적 기능만을 표시하는 것이 아니라 의미적으로 매우 복잡한 양상을
보인다. 예를 들어 '을/를'은 목적어 표시의 조사이지만 구체적인 용법을
보면 다음과 같이 쓰인다(『표준국어대사전』, 국립국어원 참조).

---

① 동작이 미친 직접적 대상. 예) 그녀는 장미를 좋아한다.

② 행동의 간접적인 목적물이나 대상. 예) 이 시계는 친구를 주려고 샀다.

③ 어떤 재료나 수단이 되는 사물. 예) 남은 재료를 이용해 찌개를 만들었다.

④ 동작이 이루어지는 장소. 예) 가게를 돌아다니며 선물을 샀다.

⑤ 이동하고자 하는 곳. 예) 회사를 다니다.

⑥ 행동의 목적이 되는 일. 예) 낚시를 가다.

⑦ 행동의 출발점. 예) 이 버스는 대구를 출발해 서울로 간다.

⑧ 어떤 행동이 비롯되는 곳 또는 그 일. 예) 열두 시를 기준으로 승패를 결정
한다.

⑨ 동작 대상의 수량이나 동작의 순서. 예) 한 시간에 백 킬로미터를 갑니다.

⑩ 강조하는 뜻을 나타내는 보조사. 예) 아무리 해도 흥분이 가라앉지를 않
았다.

---

4) 한국어 교육 문법의 내용 구성에서 조사는 격조사와 접속조사, 보조사를 모두 포함하며(앞의 5장 2.1절 참
조), 실제로 문법 항목의 선정에서 중요한 비중을 차지한다(앞의 5장 4절 참조). 또한 오류 분석의 주요 대상
이 되기도 한다(다음의 12장 2.2절 참조).

또한 조사는 의존적인 형태로서 자립 형태인 단어(명사, 부사, 동사 등)뿐만 아니라 그 이상의 언어 단위(어절이나 구, 절)에도 붙는다. 그리고 조사는 분리성이 강해서 쉽게 생략되기도 하다.

(3) ㄱ. 그 애는 자기의 방에서 공부하고 있다.

　　 ㄴ. 그가 어디 갔는지를 알 수 없다.

　　 ㄷ. 물 좀 주세요.

위 (3-ㄱ, ㄴ)에서는 조사가 어절('자기의 방')과 절('그가 어디 갔는지')에 붙었으며, (3-ㄷ)에서는 '을'이 생략되었다.

한국어의 조사는 유럽 언어의 격변화에서 나타나는 격어미와는 다르다. 예를 들어, 독일어의 경우 명사는 성, 수, 격에 따라 다른 형태의 어미가 붙는다.

　1.1.3 한국어에서 대명사는 명사 부류(체언)의 하나에 해당한다. 언어 유형론적으로 보면, 3인칭 대명사가 지시대명사와 달리 존재하는 언어(세 인칭 언어)와 동질적으로 존재하는 언어(두 인칭 언어)로 구분된다(박진호, 2007 참조). 단수의 경우 'I, you, he/she/it'와 같이 구분되는 영어를 비롯한 유럽의 언어는 전자에 해당하는데, 한국어는 '나, 너'와 같이 1, 2인칭은 분명히 구분되지만 3인칭은 지시사 '그'에서 비롯된 '그/그녀/그것'으로 표현된다는 점에서 후자에 해당한다.

한국어에서는 인칭대명사가 1인칭의 '나/저'와 2인칭의 '너/자네/당신'처럼 겸양이나 존대의 뜻으로 다른 형태가 존재하는데, 이것은 지시 대상에 대한 존대의 정도에 따라 형태를 달리한다는 점에서 인구어와 구별된다. 또한 한국어 인칭대명사는 열린 체계(open system)로 일종의 대명사적 대치형(pronominal substitute)이 상당히 다양하게 나타난다(송경안, 2019:172-176 참조). 예를 들어, 2인칭의 경우 사람 이름('철수 어디 가나?')이나 지위('과장님 어디 가세요?'), 가족 관계('엄마 어디 가?') 등을 나타내는 어휘로 표현되기도 한다.5) 이것은 한국어에서 지시 대상을 직접 명사로 표현하는 특징과 관련된다.

또한 한국어는 일종의 대명사 생략(pro-drop) 언어로, 원칙적으로 대명사가 생략되지 않는 영어나 독일어와 구별된다(송경안, 2019:176-186 참조).

(4) ㄱ. 어디 가세요?

ㄴ. 학교 가요.

위 (4)에서처럼 1, 2인칭 대명사는 생략되는 것이 일반적인 현상이다.

__1.1.4__ 한국어의 동사 부류(용언)에서는 어간에 어미가 붙는 방식으로 문법적 기능이 표현된다.

(5) 가-   -시-   -었-   -겠-   -더-   -군

___   (존대)   (과거)   (추측)   (회상)   (감탄)

어간   어미

위 (5)의 '가시었겠더군'에서 실질적인 의미를 지닌 가장 핵심적인 구성요소는 어간 '가-'이다. 여기에 주체 높임의 '-시-', 과거의 '-었-', 추측의 '-겠-', 회상의 '-더-', 감탄의 '-군' 등의 어미가 붙어 '가시었겠더군'이 형성된다.6)

동사 부류(용언)의 형태 변화(활용)는 한국어 문법에서 가장 주목되는

---

5) 한국어 2인칭에는 영어의 'you'나 중국어의 '你'와 같이 통칭하는 형태가 없으며, 3인칭 대명사가 잘 쓰이지 않는다.

6) 어미가 결합되는 순서는 일반적으로 각 형태의 통사·의미적 범위가 넓을수록 어간에서 멀리 배열되는 것으로 해석된다.

영역이다. 그것은 활용에 의해 참가되는 어미의 형태도 복잡하거니와 그것이 실현하는 의미와 기능 또한 매우 복잡하기 때문이다.[7] 그런데 한국어 동사의 형태 변화에서는 유럽의 굴절어와 달리 시제와 인칭, 수 등의 영향을 받지 않는다.[8]

    1.1.5 한국어에서는 형용사가 동사 부류에 해당하여 활용을 한다.[9] 인구어에서 형용사는 주로 명사 수식어의 기능을 하지만, 한국어 형용사는 기능적으로 서술어가 되며 형태적으로 활용을 한다는 점에서 동사와 함께 용언의 한 부류로 해석된다.[10] 그런데 한국어에서 동사와 형용사는 의미적인 차이도 있으나, 형태적으로 보면 결합되는 어미나 보조용언에서 차이가 두드러진다(우형식, 2017ㄱ: 101-102 참조).

동사	'먹다'	먹는다	먹어라	먹자	먹으려고	먹는	먹고 있다
	'가다'	간다	가라	가자	가려고	가는	가고 있다
형용사	'높다'	*높는다	*높아라	*높자	*높으려고	높은	*높고 있다
	'슬프다'	*슬픈다	*슬퍼라	*슬프자	*슬프려고	슬픈	*슬프고 있다

---

7) 한국어 교육 문법의 내용 구성에서 어미는 선어말어미와 어말어미를 모두 포함하며, 어말어미는 연결어미, 전성어미, 종결어미의 복잡한 형태 부류를 포함한다(앞의 5장 2.1절 참조). 이 역시 조사와 마찬가지로 문법 항목의 선정에서 중요한 비중을 차지하며(앞의 5장 4절 참조), 또한 오류 분석의 주요 대상이 되기도 한다(다음의 12장 2.2절 참조).

8) 예를 들어, 독일어의 경우 동사 'lieben(사랑하다)'은 현재 시제와 단수에서 1인칭 'Ich liebe', 2인칭 'Du liebst', 3인칭 'Er liebt'와 같이 변화한다. 그리고 영어의 경우 주어가 3인칭 단수이고 현재 시제일 때 'He loves'와 같이 동사에 '-(e)s'가 붙는다.

9) 언어유형론적으로 보면, 형용사는 명사와 유사한 것과 동사와 유사한 것으로 구별된다. 라틴어와 그리스어는 형태적으로 형용사가 격과 수에 따라 굴절한다는 점에서 명사와 매우 유사한 데 비해서, 북아메리카와 동아시아, 동남아시아, 태평양 제어들은 형용사가 서술어적 용법으로 쓰이는 것이 선호된다는 점에서 동사류와 유사하다(Dixon, 1994 참조).

10) 유럽의 언어 중에는 독일어나 프랑스어처럼 형용사가 명사 부류와 같이 형태 변화를 하는 경우도 있다.

위에서 보면, 형용사는 동사에 비해 현재 시제의 선어말어미 '-ㄴ/는-', 명령형 종결어미 '-아/어/여라'와 청유형 종결어미 '-자', 의도의 연결어미 '-(으)려고'가 결합되지 않는다. 또한 현재 시제의 관형사형어미에서 동사에 '-는'이 붙고 형용사에는 '-(으)ㄴ'이 붙으며, 진행의 보조동사 '-고 있다'는 동사와만 결합한다.

특히 '있다'와 '없다'는 동사와 형용사의 속성을 공유하는데, 이런 이유로 이들을 존재사라 하여 동사, 형용사와 구별하기도 한다.

'있다'	있는다/있다	있어라	있자	있으려고	있는	*있고 있다
'없다'	*없는다/없다	*없어라	*없자	*없으려고	없는	*없고 있다

위에서처럼 '있다'는 동사적 성격이 강하고, '없다'는 형용사적 성격이 강하다.

1.1.6 인구어에서는 전통적으로 단어나 절, 문장을 이어주는 역할을 하는 단어류로 접속사(conjunction)를 설정하여 왔다. 그리고 접속의 의미 관계에 따라 등위접속사와 종속접속사로 구분한다.[11] 그런데 이들은 한국어에서는 동사의 형태 변화(활용)에서 나타나는 연결어미로 대역될 수 있다.

(6) ㄱ. John is sleeping and Mary is watching TV.

　　ㄴ. John is absent today, because he is ill.

(7) ㄱ. 철수는 자고 영희는 텔레비전을 본다.

　　ㄴ. 철수는 오늘 아파서 결석했다.

---

11) 물론 인구어에서도 접속사 외에 다른 형태로 접속 구성이 이루어지기도 한다.

위 (6, 7)에서 보면, 영어에서 어휘 형태 접속사 'and, because'는 한국어에서 동사 활용의 어미 '-고, -아서'에 대응한다. 여기서 전자가 접속사형이라면 후자는 부동사형(converb type)으로 구별된다(송경안, 2019:215 참조).[12]

한국어에서 접속의 기능을 수행하는 것으로 연결어미 외에 접속부사와 접속조사, 그리고 접속 기능을 실현하는 이른바 덩이 형태가 있다.

(8) ㄱ. 철수는 잠을 잤다. 그리고 영희는 텔레비전을 보았다
　　ㄴ. 철수와 영희는 함께 텔레비전을 보았다.
　　ㄷ. 철수가 자는 동안 영희는 텔레비전을 보았다.
(9) ㄱ. 철수는 오늘 몸이 아팠다. 그래서 그는 결석했다.
　　ㄴ. 철수는 오늘 몸이 아프기 때문에 결석했다.

위에서 (8, 9-ㄱ)은 '그리고, 그래서'의 접속부사가 실현되었고, (8-ㄴ)은 접속조사 '과'에 의해 두 명사가 이어졌다. 그리고 (8-ㄷ)은 '-는 동안', (9-ㄴ)은 '-기 때문에' 등의 덩이 형태에 의해 접속 기능이 실현된다(앞의 6장 3절 참조).

한국어에는 인구어의 단어 형태인 접속사에 대응하는 접속부사가 발달되어 있지 않다. 오히려 한국어에서는 연결어미와 덩이 형태에 의한 접속 구성이 널리 나타난다. 그리하여 이들은 한국어 교육 문법 항목의 선정에서 중요한 비중을 차지하며(앞의 5장 4절 참조), 또한 오류 분석의 주요 대상이 되기도 한다(다음의 12장 2.2절 참조).

접속 표현과 관련하여 언어유형론적으로 대비될 수 있는 것에는 어순상 인구어가 접속 전치형이라면 한국어는 접속 후치형이라는 점도 포함된다. 즉, 인구어에서 접속사는 절의 앞에 오는 데 비해서 한국어에서 접

---

12) 한국어 문법에서 부동사형은 연결어미에 의한 접속형을 말한다.

속의 연결어미와 덩이 형태는 절의 맨 뒤에 첨가되는 것이다.[13] 이것은 전자가 SVO 어순이고 후자가 SOV 어순에 해당하는 점과 관계가 있다 (다음의 7장 1.2절 참조).

1.2 SOV 어순과 핵어 후치성

1.2.1 언어의 어순은 문장 구성에서 주어(S), 서술어(V), 목적어(O)가 배열되는 순서에 따라 SVO, SOV, VSO, VOS, OSV, OVS 등으로 구분된다. 이 중에서 가장 널리 나타나는 것은 주어가 문장의 맨 앞에 오는 것이며, 이것은 다시 동사(서술어)가 목적어 앞에 오는 SVO와 뒤에 오는 SOV로 구분된다. SVO 어순의 언어에는 유럽의 영어와 독일어, 아시아의 중국어와 태국어, 베트남어 등이 있으며, SOV 어순의 언어에는 한국어와 일본어, 미얀마어, 터키어 등이 있다.

SVO 어순의 언어는 핵어 전치적(head prepositional)이어서 중심어가 의존어 앞에 온다. 예를 들면, 머리명사(피수식명사)가 관계절 앞에 오고, 동사는 부사적인 요소 앞에 오며, 조동사는 동사 앞에 오고, 비교의 기준은 형용사 뒤에 온다. 특히 이 언어에는 전치사(preposition)가 존재하며 이는 명사 앞에 온다. 그런데 SOV 어순의 언어는 반대로 중심어가 의존어 뒤에 오는 핵어 후치적(head final) 구성을 이루는 경향을 띤다. 이들 언어에서 머리명사가 관계절 뒤에 오고, 동사는 부사적인 요소 뒤에 오며, 조동사는 동사 뒤에 오고, 비교의 기준은 형용사 앞에 온다. 또한 이 언어에는 후치사(postposition)가 존재하며 이는 명사 뒤에 온다.

이러한 SVO 어순과 SOV 어순 언어의 문장 구성에서 나타나는 어순의 차이를 영어와 한국어의 예로 비교해 보면 다음과 같다(문용, 2015:14-

---

13) 앞의 예문 (6, 7)에서 영어의 경우 'and, because'는 절 앞에 오고, 한국어에서 '-고, -아서'는 절 뒤의 서술어에 첨가되었다.

15 참조).

SVO 어순(영어)	SOV 어순(한국어)
전치사–명사 (with a pen)	명사+후치사 (펜으로)
종속접속사–절 (If you love me, …)	절–연결어미 (당신이 나를 사랑하면, …)
조동사–본동사 (You must go)	본동사–조동사 (당신은 가야 한다)
명사–관계절 (a book which I bought)	관계절–명사 (내가 산 책)
동사–부사어 (study hard)	부사어–동사 (열심히 공부한다)
형용사–비교 기준어 (taller than me)	비교 기준어–형용사 (나보다 크다)
부정어–동사 (I didn't go)	동사–부정어 (나는 가지 않았다)
문두 의문사 (Who are you?)	문두 이외 의문사 (너는 누구니?)

또한 부분적으로 보면, 어순과 관련하여 언어유형론적으로 더 많은 논의가 가능하다. 이를테면 명사 수식어의 경우 일반적으로 SVO 어순의 언어에서는 수식어가 명사 뒤에 오고 SOV 어순의 언어에서는 명사 앞에 온다. 그런데 이러한 구분은 절대적인 것은 아니어서 SVO 어순의 언어로 분류되는 중국어는 수식어가 명사 앞에 오며, 영어나 독일어, 프랑스어 등은 뒤에 오거나 앞에 오기도 한다. 이것을 영어와 한국어의 경우로 대비해 보면 다음과 같다(송경안, 2019:314 참조).

(10) ㄱ. the tall man / (키가) 큰 사람

ㄴ. the man sleeping in the room / 방에서 자고 있는 사람

위에서 (10-ㄱ)의 'tall'은 명사 'man' 앞에 오고 (10-ㄴ)의 'sleeping in the room '은 명사 뒤에 왔는데, 이에 대응되는 한국어에서는 모두 명사 앞에 왔다.

또한 동사에 부사어가 둘 이상 관련될 때에도 영어와 한국어에서 어순에 차이가 있다(송경안, 2019:323 참조).

(11) ㄱ. I met Mary in the school today. / 나는 오늘 학교에서 영희를 만났다.

ㄴ. I go to Seoul by train today. / 나는 오늘 기차로 서울에 간다.

위 (11)에서 영어는 동사 뒤에, 한국어는 동사 앞에 부사어들이 배열되는데, 부사어들 사이에서는 차이가 있다. 여기서 부사어들의 배열 순서를 보면, 대체로 영어에서는 장소-(도구)-시간의 순서로 배열되고, 한국어에서는 시간-(도구)-장소의 순서가 된다.

1.2.2 생략(deletion)은 언어 경제성에 따라 동일구의 반복을 회피하여 어느 한쪽이 형태적으로 실현되지 않는 현상을 말하는데, 여기서는 어순에 따라 동일구가 왼쪽에서 생략되는지 아니면 오른쪽에서 생략되는지의 차이가 있다. 이것을 영어와 한국어의 경우로 대비해 보면 다음과 같다 (문용, 2015:120-122 참조).

(12) ㄱ. John arrived yesterday but Mary did not arrived yesterday.

→ John arrived yesterday but Mary didn't.

ㄴ. 철수는 어제 도착했는데, 영희는 도착하지 않았다.

→ 철수는 어제 도착했는데, 영희는 그러지 않았다.

(13) ㄱ. John wanted to write a play, and Mary wanted to write a novel.

→ John wanted to write a play, and Mary a novel.

ㄴ. 철수는 희곡을 쓰기를 원했고, 영희는 소설을 쓰기를 원했다.

→ 철수는 희곡을, 영희는 소설을 쓰기를 원했다.

위에서 (12)는 영어의 경우 (12-ㄱ)에서처럼 뒷부분에서 생략되었는데, (12-ㄴ)의 한국어에서는 대용 표현('그러지')으로 나타났다. 그런데 (13)에서 보면, 이른바 gapping 현상(동일 동사구 생략)에서 영어는 오른쪽에서 생략되고 한국어에서는 왼쪽에서 생략됨을 보여 준다.

1.2.3 어순과 관련하여, 존재문의 구성 형식을 살필 수 있다. 존재문 구성에서 영어와 한국어는 어순이 다르다(문용, 2017:172-176 참조).

(14) ㄱ. There is a book on the desk.

　　ㄴ. 책상 위에 책이 있다. / ㄴ'. 책이 책상 위에 있다.

　　ㄷ. 책상 위에 책은 있다. / ㄷ'. 책은 책상 위에 있다.

위에서 영어 (14-ㄱ)에 대응되는 것으로 한국어에서는 주어가 부사어 앞에 오는 (14-ㄴ')보다 부사어가 주어 앞에 오는 (14-ㄴ)이 선호된다. 그러나 '책'이 주제(topic)가 되면 (14-ㄷ')처럼 문두에 위치한다.

　한국어에서는 문장 구성에서 주어-서술어(subject-predicate) 구조 외에 주제-설명(topic-comment) 구조도 널리 나타난다(문용, 2017:23-33 참조).

(15) ㄱ. 그녀는 눈이 파랗다.

　　ㄴ. She has blue eyes.

(16) ㄱ. 유럽 여행은 돈이 많이 든다.

　　ㄴ. The trip to Europe costs a lot.

이때에는 주제어가 문장의 맨 앞(주어의 앞)에 와서 전체 문장의 주제로서 기능한다. 이러한 현상은 SVO 어순의 중국어에서도 나타난다.

(17) ㄱ. 他身体健康。/ 그는 몸이 건강하다.

　　ㄴ. 这部小说内容不错。/ 이 소설은 내용이 좋다.

(18) ㄱ. 那首歌我们都很喜欢。/ 그 노래는 우리 모두가 좋아한다.

　　ㄴ. 这件事我从来没经验过。/ 이런 일은 내가 경험한 적이 없다.

위에서 (17)은 이른바 이중주어구문으로도 해석되는 것이며, (18)은 목적어가 주제화되어 문두에 온 것이다.

한국어 교육 문법에서 어순은 문법 항목의 형태나 구조, 의미, 기능 등에 비해 크게 주목받지 못했다. 그 까닭으로는 한국어가 부사어의 경우처럼 비교적 어순이 자유롭다는 점도 지적될 수 있겠으나, 한국어 어순을 일관성 있게 서술하기가 어렵다는 문제도 제기될 수 있다. 한국어 어순은 학습자들의 모국어와 언어유형론적인 면에서 차이가 존재하기 때문에 학습자들의 문장 표현에서 오류 발생의 원인이 되기도 한다(다음의 12장 2.2절 참조).

그러나 한국어 어순이 아무런 제약 없이 자유로운 것은 아니며, 문장성분의 위치에 따라 의미의 차이가 나타난다는 점도 지적될 필요가 있다. 따라서 의사소통 능력의 향상을 위한 한국어 문법 교육에서는 한국어 어순에 대한 올바른 이해와 함께 교수-학습에서 충실히 다루어져야 함은 당연하다.

② 분류사의 명사 부류화

2.1 분류사 언어와 수 분류사

2.1.1 분류사(classifier)는 명사(정확하게는 명사 지시물)의 문법적·의미적 범주를 구분하는 언어적 장치의 하나로, 어휘나 접사 등의 형태로 실현된다. 또한 분류사는 상당히 많은 언어에 존재하여, 그것의 존재 여부에 따라 분류사 언어(classifier language)와 비분류사 언어(non-classifier language)로 구분하기도 한다(송경안, 2019:271-284 참조). 예를 들어, 영어에서 'three books'는 한국어와 중국어로 '책 세 권, 三本书'와 같이 표현되는데, 여기서 한국어 '권'과 중국어 '本'이 분류사에 해당한다. 따라서 한국어와 중국어는 분류사 언어에 속하고, 영어는 비분

류사 언어에 해당한다.14)

분류사는 명사를 범주화한다는 점에서 인구어에서 두루 나타나는 성 (gender)과 유사하며, 분류사 언어에서는 성이 문법 형태로 구별되지 않는다. 분류사는 남성과 여성, 중성 등으로 분화되는 성에 비해 매우 복잡하게 존재하는데, 실현 형태와 기능에 따라 여러 유형으로 구분된다.15) 그중에서 이른바 수 분류사(numeral classifier)는 한국어와 중국어의 경우에서처럼 어휘적인 형태로 실현되며, 명사 지시물의 의미적인 부류를 한정하면서 수량의 단위를 표시한다는 점에 특징이 있다.

2.1.2 수 분류사가 존재하는 각각의 언어에서는 이것을 지칭하는 용어와 접근 방법이 다양하다. 중국어에서는 주로 양사(量詞)라 하는데 단위명사(單位名詞) 또는 조명사(助名詞)라 하기도 하며, 일본어에서는 조수사(助數詞), 명수사(名數詞) 등으로 불린다. 이러한 용어는 한국어에서 수량 단위 의존명사라 하는 것과 같이 수 분류사의 수량화 기능에 초점을 둔 것이라 할 수 있다. 이에 비해서 베트남어와 태국어 등에서는 형상명사(形象名詞) 또는 유별사(類別詞)라 번역되는 용어로 지칭하는데, 이것은 수 분류사의 부류화 기능에 초점을 둔 것이다.

이러한 용어상의 차이는 각 언어에 존재하는 수 분류사의 기능에도 관련이 있다. 일본어와 한국어의 경우 수량 표현의 기능이 두드러지는 데 비해서, 베트남어와 태국어의 경우에는 명사의 의미 부류를 표시하는 용

---

14) 영어의 경우, 'fifty head of cattle, three sheets of paper, two loaves of bread, a grain of sugar'에서처럼 'cattle, paper, bread, sugar' 등의 집합체를 나타내는 일부 명사는 각각 'head, sheet, loaf, grain' 등과 같은 어휘에 의해 수량이 표현된다. 여기서 후자는 자립 형식의 명사가 셈의 단위가 되는 것으로, 이들 어휘는 집합체를 개체화하는 특성을 지닌다. 그러나 영어에서 이러한 표현은 쓰임의 범위가 매우 제한되어 있으며, 특히 'sheet'는 'paper'와만 구성을 이루는 고정된 형식으로 나타난다는 한계가 있다. 따라서 이것은 문법범주를 이루는 형태로서의 분류사라 할 수 없다.

15) Craig(1994)에서는 분류사의 유형을 형태·통사적인 속성에 따라 명사류(noun class), 수 분류사(numeral classifier), 명사 분류사(noun classifier), 소유적 분류사(genitive classifier), 동사적 분류사(verbal classifier)의 다섯 가지로 구분하였다.

법이 폭넓게 나타난다는 점에서 구별된다.

2.2 분류사 구성의 형식

2.2.1 어휘적인 형태로 실현되는 수 분류사는 수량사와 함께 명사의 수량을 한정한다. 이 경우 수량사와 분류사, 명사는 기본적인 요소가 되어 하나의 연속적인 구성체를 이루는데, 이것은 크게 '수량사-분류사-명사'형과 '명사-수량사-분류사'형으로 구분된다.[16] 이러한 차이는 대체로 개별 언어의 일반적인 어순에 의존한다.

어순으로 보면, SVO 어순인 중국어와 베트남어는 '수량사-분류사-명사'형을 이룬다.

(19) ㄱ. 一　　个　　　　　人

　　　　one　Cl:General　man　(one man)

　　ㄴ. môt　con　　　　　chó

　　　　one　Cl:Living Being　dog　(one dog)

위에서는 각각 중국어(19-ㄱ)와 베트남어(19-ㄴ)의 예로, 이들 언어에서는 '수량사-분류사-명사'형의 통합 순서가 고정된다.

이에 비해서 SOV 어순인 일본어와 한국어는 '명사-수량사-분류사'형과 함께 '수량사-분류사-명사'형도 가능하다. 이것은 일본어와 한국어가 어순이 비교적 자유로운 교착어에 해당한다는 점과 관련된다.

---

16) 여기서는 수 분류사라 특별히 구별하지 않고, 분류사라 부르기도 한다.

(20) ㄱ. いぬ　　に　　ひき

        dog　　two　　Cl:Animal　(two dogs)

    ㄴ. に　　ひき　　　　ーの　いぬ

        two　　Cl:Animal　　　　dog

(21) ㄱ. 개　　두　　마리

        dog　　two　　Cl:Animal　(two dogs)

    ㄴ. 두　　마리　　　ー의　　개

        two　　Cl:Animal　　　　dog

위에서 (20, 21-ㄴ)은 '수량사-분류사' 구성에 각각 'の'와 '의'가 결합
된다.

2.2.2 수 분류사 구성은 수량사와 분류사, 그리고 명사를 기본 요소로
하는데, 언어에 따라서는 수량사가 통합되지 않고, 분류사가 지시사나
의문사와 직접 통합되는 구성을 이루기도 한다. 이러한 용법을 중국어와
베트남어의 경우로 보면 다음과 같다.

(22) ㄱ. 这　　只　　　　猫

        this　　Cl:Animal　cat　(this cat)

    ㄴ. 哪　　只　　　　猫

        which　Cl:Animal　cat　(which cat)

(23) ㄱ. con　chó　　　　này

        dog　Cl:Animal　this　(this dog)

    ㄴ. con　chó　　　　nào

        dog　Cl:Animal　which　(which dog)

위 (22)는 중국어에서 수 분류사 '只'가 수량사 없이 앞선 지시사 '这'
나 의문사 '哪'와 통합된 것이다. 그리고 (23)은 베트남어에서 수 분류사

'chó'가 수량사 없이 뒤따라오는 지시사 'này'나 의문사 'nào'와 통합된 것이다.

이와 같이 수 분류사가 수량사와 함께 수량사구를 형성하는 것이 아니라 지시사나 의문사의 수식을 받는 구성을 이루는 것은 한국어의 관점에 보면 특이한 현상이라 할 수 있다. 이것은 이들 수 분류사가 지니고 있는 부류화(classification) 기능과 관련되는 것으로 설명된다. 이러한 용법은 개별 언어에 따라 달라서, 한국어와 일본어의 경우는 이에 대응되는 구성이 존재하지 않는다.

2.2.3 수 분류사 구성에서 명사 없이 이루어지는 '수량사-분류사'형은 보편적으로 나타난다. 이것은 문맥에서 대용적 기능을 한다는 점이 특징인데, 중국어와 이를 대역한 한국어의 경우를 보면 다음과 같다.

(24) ㄱ. 我有两个哥哥。一个是军人，一个是学生。

　　　ㄴ. 나는 형이 두 명 있다. 한 명은 군인이고, 한 명은 학생이다.

위에서 (24-ㄱ)은 '两个'가 '一个, 一个'로 나뉘어 지시되며, (24-ㄴ)에서 '한 명, 한 명'의 경우도 동일한다.

2.2.4 수 분류사 구성에서 명사와 수량사가 모두 나타나지 않는 경우도 있다. 베트남에서 명사는 그것이 이미 언급되었거나 비언어적인 문맥에서 제공될 수 있는 경우에 생략되고, 분류사가 지시사와 함께 명사를 대신 지시하는 대용적인 용법으로 쓰이기도 한다.

(25) ㄱ. cái　　　　này　bao　nhiêu　tiền?

　　　　Cl:Thing　this　how　much　money　(How much is this (thing)?)

　　　ㄴ. Đưa　cái　　　　này　giùm　tôi

　　　　cross　Cl:Thing　this　give　me　(Give this (thing) to me)

위 (25)에서는 명사와 수량사 없이 분류사('cái')와 지시사('này')로 구성된 것이다. 이것은 담화 상황에서 화자와 청자가 인지하고 있는 사물일 경우 질문과 응답 모두에서 지시하고자 하는 사물을 분류사로 대신하는 표현 방식이다.

2.3 분류사의 명사 부류화

2.3.1 수 분류사는 명사 지시물의 의미 부류를 한정하는 기능을 지니고 있으며, 이러한 부류화 기능이 수량 단위 표시 기능보다 더 본질적이다.[17] 그런데 수 분류사가 존재하는 여러 언어에서 이들이 세계 사물을 부류화하는 양상은 동일하지 않다. 이러한 부류화의 기능은 수 분류사의 근본적인 가치이며, 개별 언어 화자들의 세계 인식의 차이와도 관련된다는 점에서 주목된다.[18]

부류화에 따른 분류사의 체계는 분류사 구성에서 호응 관계를 이루는 명사의 의미적 성격을 중심으로 분석할 수 있다. 이것은 관련되는 명사의 의미자질을 추출하고 이를 통하여 해당 분류사를 체계화하는 접근 방법이다.[19] 이에 따르면, 한국어의 경우 분류사는 우선 호응 관계를 이루는 명사 지시물의 의미적 성격을 기준으로 하여 사물과 사태로 구분된다. 사물은 실제 세계에서의 존재 방식에 따라 개체와 집합체([-개체])로

---

17) 예를 들어, 한국어에서 '친구 한 명, 참새 한 마리, 사과 한 개'의 '명, 마리, 개'는 단순히 수량의 단위를 나타내는 것이라기보다는 명사 '친구, 참새, 사과'가 각각 사람, 동물, 사물의 부류에 해당함을 표현하는 적극적인 기능을 지니고 있다. 즉, 수량 단위로서의 기능은 부류 표현의 가능성을 전제로 하는 것이다.

18) 부류화는 사물과 사건을 비슷하다고 판단되는 것끼리 한데 묶는 정신 활동으로, 인간이 자신을 둘러싸고 있는 세계를 의미 있는 영역으로 분절하여 파악하는 인지적 책략의 하나이다. 따라서 분류사는 세계 사물에 대해 화자가 인식한 부류를 언어적으로 표현하는 분절 단위가 된다. 이러한 분절에는 유정성(animacy), 형상(shape), 크기(size), 기능(function) 등이 일반적인 기준이 되지만, 화자의 세계 인식이나 생활 양식 등에 따라 달라질 수 있다.

19) 이러한 접근 방법은 분류사의 의미자질을 어떻게 분석하고 그 체계를 어떻게 설정하는가에 따라 달라질 수 있다. 여기서는 우형식(2001:158-180)을 따른다.

구분되고, 사태는 사건이나 동작의 범주에 해당된다.

개체는 다시 생물과 무생물로 구분되고, 생물은 유정물과 무정물로, 유정물은 인간과 동물로 나뉘며, 무정물에는 식물이 해당된다. 무생물은 형상성과 기능성(비형상성)으로 구분되는데, 전자는 사물의 모양이, 후자는 기능이 주요한 범주 자질이 된다. 그리고 집합체는 수의 한정성 여부에 따라 [+정수]와 [-정수]로 구분되며, [+정수]는 다시 짝을 이루는가에 따라, 그리고 [-정수]는 용기류(vessel)의 해당 여부에 따라 구분된다.

이러한 기준을 바탕으로 한국어 분류사의 부류화 양상을 일부 형태와 함께 제시하면 다음과 같이 된다.

의미 범주				분류사 형태
사물	개체	생물	유정물	인간성	'명(名), 분, 사람, 놈'
				동물성	'마리, 두(頭), 필(匹)'
			무정물	식물성	'그루, 포기, 뿌리'
		무생물	형상성		[길고 가늚]: '가닥, 가락, 개비' [얇고 평평함]: '장(張), 매(枚), 닢' [동그랗고 작음]: '알, 톨, 방울, 정(錠)' [모남]: '모' 보편적: '개(個)'
			기능성 (비형상성)		'대(臺), 척(隻), 량(輛), 자루, 권(卷), 채, 동(棟), 본(本), 편(篇), 통(通)'
	집합체	[+정수]	[+짝]		'벌, 쌍(雙), 켤레'
			[-짝]		'거리, 동, 두름, 뭇, 접(接), 축, 쾌, 톳'
		[-정수]	[+용기]		'병(瓶), 잔, 그릇, 사발, 바구니'
			[-용기]		'꾸러미, 다발, 덩어리, 무더기, 묶음, 움큼, 줌, 질(帙), 짐'
	사태				'건(件), 대, 발(發), 번(番), 차례(次例), 판'

위에서 개체의 범주에서 생물의 인간성이나 동물성, 식물성의 범주는 쉽게 이해되는 부분이다. 그런데 무생물은 일반적으로 모양이나 크기 등과 같은 형상이 주요한 기준이 되며, 한편으로는 형상보다는 기능(function)에 따르는 한 무리의 분류사가 존재한다. 이들의 예를 제시하면 다음과 같다.

(25) ㄱ. 친구 한 명 / 어른 한 분 / 자식 두 놈　　　: 인간성
　　　ㄴ. 돼지 10[마리, 두] / 말 열 [마리, 필]　　　: 동물성
　　　ㄷ. 나무 한 그루 / 풀 한 포기　　　　　　　　: 식물성
　　　ㄹ. 사과 한 개 / 담배 한 개비 / 종이 한 장 / 밤 한 톨 : 형상성
　　　ㅁ. 자동차 한 대 / 배 한 척 / 호미 한 자루 / 책 한 권 : 기능성

개체가 아닌 집합체를 범주화하는 분류사의 경우 다음과 같이 예시될 수 있다.[20]

(27) ㄱ. 양복 한 벌 / 구두 한 켤레　　: [+짝]
　　　ㄴ. 술 한 병 / 커피 한 잔　　　　: [+용기]

그리고 동작과 같은 어떤 사태와 관련되는 분류사는 다음과 같이 예시될 수 있다.

(28) ㄱ. 교통사고 한 건
　　　ㄴ. 씨름 한 판

---

20) 또한 부분 또는 일부를 나타내는 '도막, 조각, 짝' 등도 있다.

2.3.2 분류사 구성에서 분류사와 명사는 선택적인 관계에 있다. 이때 하나의 명사가 여러 분류사와 대응되기도 하는데, 특정 명사에 대해 어떤 분류사가 선택되는가의 문제는 발화 상황에서 명사 지시물이 어떻게 인식되는가에 달려 있다.

(29) ㄱ. 자동차 한 대 / 자동차(장난감) 한 개
     ㄴ. 사람 한 명 / 사람(인형) 한 개
     ㄷ. 말 열 필 / 말 열 마리
     ㄹ. 연필 한 자루 / 연필 한 개
     ㅁ. 종이 백 장 / 종이(묶음) 백 매
     ㅂ. 나무 한 그루 / 나무 한 짐

위 (29)의 경우, 명사 지시물의 존재 방식(처해 있는 상황)에 대한 화자의 인식에 따라 동일 명사에 다른 분류사가 대응되는 것으로 설명된다. 이것은 명사와 분류사의 선택적 대응 관계는 언어 외적 환경을 반영하는 것으로, 발화 상황에 따른 효율적인 의사소통과도 관련됨을 보여 준다.

분류사는 대부분 대응되는 명사의 수와 종류가 제한적인 데 비해서 일부의 경우 대응 관계가 널리 나타나는 것(이른바 보편 분류사)이 있다. 물론 이러한 구분은 한계 짓기가 어려운 점이 있으나, 한국어에서 보면 각각 '인간, 동물, 인공물, 자연물'의 의미 범주를 반영하는 '명(名), 마리, 대(臺), 개(個)'가 보편 분류사로서의 역할을 한다.[21]

---

21) 보편 분류사는 매우 넓게 나타나면서 특히 분류사 선택이 불분명할 경우에 선택될 수 있는 것을 특징으로 한다. 중국어의 '个'는 사물의 분류사이면서 인간에도 적용되며, 분류사 선택이 의심스러운 경우에 쓰인다.

의미 범주			보편 분류사
생물	유정물	인간	'명(名)'
		동물	'마리'
	무정물	식물	— 22)
무생물	인공물		'대(臺)'
	자연물		'개(個)'

　　보편 분류사는 특정의 분류사가 명사와의 관계를 이루는 영역이 확대됨을 통해 나타나며, 명사와 분류사의 대응 체계를 단순화하는 특성이 있다.

　　2.3.3 범언어적으로 보면, 분류사와 특정 부류의 명사 사이의 대응 관계를 결정하는 의미적 원리는 개별 언어에 따라 달리 고정될 수 있다. 그것은 분류사가 자연적인 부류(natural kind)에 대한 개별 언어 화자들의 관습적인 인식을 반영한다는 점과 관련된다. 한 예로 한국어와 중국어, 일본어에서 나타나는 동물성 명사와 관련되는 분류사를 보면 다음과 같다(우형식 외, 2005:181 참조).

---

22) 한국어에서 식물 부류에 두루 대응되는 보편 분류사는 존재하지 않는다.

한국어		중국어		일본어	
속성	분류사	속성	분류사	속성	분류사
네 발 짐승	'두(頭)'	큰 짐승	'头'	큰 짐승	'とう(頭)'
	'필(匹)'	큰 짐승 (탈 것)	'匹'	작은 짐승	'ひき(匹)'
	'마리'	작은 짐승	'只'		
두 발 짐승	'수(首)'	두 발 짐승	'首'	두 발 짐승	'わ(羽)'
		모양이 긴 것	'條'		
물고기	'미(尾)'	물고기	'尾'	물고기	'ひき(匹)'

위에서 보면, 개별 언어에 따라 동물을 구분하는 속성이 다르고, 분류
사와의 대응 관계도 다르다. 중국어에서는 명사가 지시하는 대상의 종
류와 크기에 따라 나뉘는데, 대체로 머리가 큰 동물은 '头', 짐을 지울 수
있는 동물은 '匹', 비교적 작은 동물은 '只', 두 발 달린 동물(조류 등)은
'首', 모양이 긴 동물은 '條', 그리고 물고기류는 '尾'로 대응된다. 이에 비
해 일본어에서 두 발 달린 동물은 'わ(羽)'로 대응되며, 중국어와 일본어
와는 달리 한국어는 동물류 전체에 대응되는 보편 분류사로서 '마리'가
존재하는 점이 특이하다.

분류사 체계는 매우 국지적이고 개별적이며, 관습적인 것이어서 이것
을 재구축한다는 것은 불가능하다. 따라서 형태와 의미, 그리고 기능에
서 분류사의 추이가 나타나기는 쉽지 않다. 그렇다 하더라도 의미적인
재동기화에 의해 새로운 분류사 체계가 형성될 수도 있으며 새로운 형태
가 생성될 수도 있다.[23]

---

23) Becker(1975)에서는 명사 지시물에 대한 분류사의 부류화 기능이 있는 그대로의 자연 과학(crude natural science)이 아니라, 세계에 대한 모어 화자의 경험이 반영된 문화적 가공물(cultural artifact)이라고 하였다.

2.3.4 한국어 교육 문법에서 분류사는 초급 단계부터 제시된다. 그런데 한국어에서 분류사의 쓰임은 단순한 것 같으면서도 오류를 일으키기도 한다. 분류사의 오류는 대부분 학습자의 모국어와 목표 언어로서의 한국어 사이에 존재하는 분류사 구성 형식과 의미 부류화에서 나타나는 차이에서 비롯된다.

그런데 분류사 구성에서 주목되는 것 중에는 수량사와 분류사의 어휘적 선택에 관한 문제가 있다. 한국어에서 수량 표현과 관련되는 대표적인 형태로 수사('하나, 둘, …')와 수관형사('한, 두, …')가 있는데, 분류사 구성에는 수관형사가 관여한다. 그리고 수량사와 분류사에는 어원적으로 고유어 계열과 한자어 계열이 있는데, 문제는 분류사 구성에서 수량사와 분류사가 어느 계열의 형태로 통합되는지에 대한 판단이 분명하지 않다는 데 있다.

이에 대해 일반적인 경향으로 정리하면, 우선 수량사와 분류사는 어원적으로 같은 계열끼리 통합한다는 점이 지적된다. 즉, '연필 한 자루, 새 한 마리' 등에서처럼 '고유어-고유어' 형식이 되거나, '소 이십 두'와 같이 '한자어-한자어' 형식으로 구성된다는 것이다. 그러나 이것은 절대적이지 않아서 오히려 '고유어-한자어'의 형식이 더 넓게 나타난다(예, '친구 한 명(名), 자동차 한 대(臺), 사과 한 개(個)' 등),[24] 이 경우에는 수량사에서 문제를 찾아볼 수 있는데, 수의 단위가 5 또는 10 이하로 낮을 때는 고유어 수량사가 선호되고(예, '연필 두 자루, 새 네 마리' 등), 단위가 높아질수록 한자어 수사가 쓰인다는 점이다(예, '연필 삼십 자루, 새 오십 마리' 등). 그러나 이것도 경향을 따르는 것이지 일률적으로 적용되지는 않는다.

결국 분류사 구성에서 수량사와 분류사의 통합은 어원에 따라 '고유

---

24) 그런데 시간 표현에서 한자어 계열 어휘가 고유어 수량사와만 통합되는 것도 있다. 예를 들어, '2시 3분 5초'를 '이시 삼분 오초'로 읽지 않고 '두시 삼분 오초'로 읽는 것을 보면, '시(時)'는 한자어 계열이지만 항상 고유어 수량사와 통합되는 관계를 이룬다.

어-고유어', '한자어-한자어' 형식이 기대되지만, 실제로는 '고유어-한자어' 형식이 널리 나타나며, 경우에 따라서는 '한자어-고유어'의 관계('소 이십 마리')도 설정된다. 이러한 통합 관계는 분류사의 어휘적인 성격과 한국어 원어민 화자의 언어 의식과 관련되는 것이라 할 수 있다. 또한 이것은 수량의 개념이 공식적으로 표준화된 것과 화자의 주관에 따라 표현된 것의 두 가지 측면에서 이해되는 것과도 관련된다(예를 들어, '20개'는 '이십 개'와 '스무 개'로 읽힐 수 있는데, 후자는 전자에 비해 화자의 개인적인 인식이 더 크게 작용한 것이라고 할 수 있다).

③ 명사 후치 표현

3.1 명사 후치 표현의 형태 범주

언어유형론적 관점에서 명사의 앞 또는 뒤에 나타나서 그 명사의 문법적 기능과 의미를 표현하는 형태를 부치사(adposition)라 한다(이기갑, 2005 참조). 그리고 부치사는 그것이 나타나는 위치에 따라 명사 앞에서의 전치사(preposition)와 명사 뒤에서의 후치사(postposition)로 구분된다. 이에 따라 언어는 영어와 중국어 등의 전치사형과 한국어와 일본어 등의 후치사형으로 구분되는데, 어순에서 보면 전자는 SVO 어순, 후자는 SOV 어순에 대응된다.

형태적으로 교착성을 띠는 한국어에서는 문장 구성에서 명사의 관계적 기능을 표현하는 다양한 형식이 존재한다. 이들 형태는 단일 형식으로 존재하는가 하면 복합 형식으로 구성되기도 하며, 형태 범주로는 조사를 비롯하여 명사와 동사적 성격을 지닌 것도 있다. 여기서 한국어 문장 구성에서 명사 뒤에 붙어 선행 명사의 구조적·의미적 관계를 표현하는 형식을 묶어 '명사 후치 표현'이라 부르기로 한다.[25] 그리고 한국어 교육 문법에서 논의될 수 있는 명사 후치 표현의 예로 다음과 같은 것이 제시될 수 있다(우형식, 2018 참조).

(30) ㄱ. 나는 그를 잘 알고 있다.

ㄴ. 그는 나에게도 관심이 많았다.

(31) ㄱ. 책상 위에 책이 놓여 있다.

ㄴ. 요즘 많은 사람들이 미세 먼지 때문에 고통을 겪고 있다.

(32) ㄱ. 그는 나에 대해 잘 알고 있는 것 같았다.

ㄴ. 폭우로 말미암아 많은 피해가 발생했다.

위 (30)에서 (30-ㄱ)은 조사 '를'이 기능적으로는 선행 명사가 목적어가 되고 의미적으로는 서술어의 행위에 대한 대상이 됨을 나타낸다. 그런데 (30-ㄱ)이 조사 단일 형태라면, (30-ㄴ)의 '에게도'는 두 개의 조사 형태가 결합된 형식으로 되어 있다. 그리고 (31)의 경우에는 (31-ㄱ)은 위치명사 '위'와 조사 '에'의 복합 구성으로 선행 명사에 대한 위치를 한정하며, (31-ㄴ)은 의존명사 '때문'이 조사 '에'와 함께 이유 또는 원인의 관계적 의미를 실현한다. 또한 (32)의 경우에는 각각 조사 '에, 로'와 이른바 불완전동사 '대하여, 말미암아'가 결합된 복합 구성으로, 마치 하나의 문법 단위인 것처럼 기능한다.[26]

---

25) 근대 시기 서양인들이 그들의 필요와 당시의 언어학적 관점에서 따라 기술한 한국어 문법에서는 명사 뒤에 붙어 문법적·의미적 관계를 표시하는 형태를 후치사라 하여 하나의 독립 품사로 설정하고, 그 형태와 기능, 의미의 특징을 서술하기도 하였다(우형식, 2021:189-204 참조). 이러한 후치사에는 격 표지를 비롯하여 의미를 보조하는 첨사, 위치명사 구성과 관계적 의미를 지닌 의존성 명사 구성, 그리고 불완전 활용을 하는 일부 동사에 의한 구성 형식이 포함되었다. 그리고 이기갑(2005)와 고영근(2012) 등에서는 한국어에서의 후치사에 대해 격 표지, 첨사 등과 구분하면서 서술하였다.

26) 위에서 (30-ㄱ)의 '를'과 (32-ㄱ)의 '에 대해'는 교체될 수 있는 것으로 보이기도 한다. 그런데 '를'과 '에 대해'는 의미적으로 서술어의 행위에 대한 대상이 된다는 점에서 공통되지만, 그 관여의 정도에 따라 전자가 직접적이고 전면적이라면 후자는 간접적이고 부분적이라는 차이가 있다(우형식, 1996ㄴ:64 참조).

따라서 위 (30~32)에서 보면, 한국어에서 명사 후치 표현으로 (30)과 같은 조사 단독형과 복합형(조사적 구성), (31)과 같은 관계적 의미를 지닌 의존성 명사에 의한 구성(명사적 구성), 그리고 (32)와 같은 활용이 불완전한 용언을 중심으로 하는 구성(동사적 구성)의 세 가지 유형으로 구분할 수 있다.[27] 이것은 한국어가 형태적으로 교착적 성격을 띠기 때문에, 단어나 구 등의 특정 문법 단위의 문법적 기능과 의미가 조사와 같은 문법 형태 외에 위치명사나 의존명사, 불완전동사 등과 같은 어휘 형태에 의해서도 실현된다는 것의 의미한다.

3.2 조사적 구성

3.2.1 한국어에서 명사의 관계적 기능을 나타내는 조사는 명사 뒤에 위치하며, 이것은 한국어에서 가장 이상적인 명사 후치 표현에 해당한다. 이것은 이른바 명사 앞에 나타나는 인구어의 전치사와 대비하면 후치사라 할 수도 있다. 따라서 조사(助詞)는 문자 그대로 도와주는 기능을 대변하는 용어이며, 후치사(後置詞)는 명사에 대해 그것이 나타나는 위치에 따른 명칭이라 할 수 있다.

그런데 조사의 형태 범주를 어떻게 해석할 것인지에 대해서는 곡용 어미(declension ending)와 접사(affix), 첨사(particle), 후치사(postposition) 등 여러 논의가 있을 수 있다. 그렇지만 곡용 어미는 일반적으로 의존성이 강한 형태로서 명사의 일부를 이루어 생략이 불가능하기 때문에 생략이 가능한 한국어 조사의 성격을 반영하기는 어렵다(앞의 7장 1.1절 참조). 한국어에서 조사는 항상 명사를 비롯한 선행어에 결합되어 접사로서의 성격을 지니고 있다고 할 수 있으나, 조사는 생략되기도 하므로 생

---

27) 이들은 (30-ㄱ)의 조사 단독형 외에는 모두 덩이 형태 구성과 관련된다(앞의 6장 2절 참조).

략이 인정되지 않는 접사에 해당한다고 할 수는 없다(이기갑, 2005). 그리고 조사는 격 표지로서의 문법적 기능을 지니기 때문에 격조사를 포함한 모든 조사를 순수히 의미적 기능을 지닌 첨사로 해석하는 것도 문제가 있다(고영근, 2012 참조). 또한 조사는 의존 형태이므로 자립 형태인 단어류의 하나로서 후치사라 하기도 어렵다.

실제로 한국어 문법 기술에서는 조사 중에서 격을 실현하는 형태(격조사)를 명사의 굴절에 의한 격 어미(case ending)로 처리한다거나, 의미적인 특징이 두드러지는 형태(학교 문법에서의 보조사)를 첨사나 후치사로 보기도 하였다. 그리고 격을 표현하는 형태 중에서도 '이/가, 을/를, 의' 등의 구조 형성의 바탕을 이후는 격을 표현하는 것(구조격 조사)과 '에, 에게, 에서, 로/으로' 등과 같이 의미 실현에 비중이 큰 것(의미격 조사)을 구분하거나, 후자를 후치사의 범주에 포함시키기도 하였다.[28] 이와 같이 한국어에서 조사는 매우 다양한 의미와 기능을 지닌 형태들을 포괄하는 용어로서 그에 대한 해석이 일률적이지 않다.[29]

3.2.2 학교 문법에서는 조사가 의존 형태인데도 하나의 독립 품사로 설정하며, 기능을 실현하는 격조사와 의미를 더해 주는 보조사로 구분한다(앞의 5장 1.2절 참조).

격조사는 명사가 문장 안에서 수행하는 주어나 목적어, 부사어 등과 같은 기능을 표시하는 것으로, 따라서 이들은 격 표지(case marker)에 해당한다. 그런데 격조사는 단순히 문법적으로 격을 표시하는 것이 아니라,

---

28) 서정수(1994:778-787)에서는 후치사를 명사구에 붙어서 그것을 부사어로 만드는 부사화소의 한 가지라 하면서, '에/에게/한테, 에서, 에(게)서, (로)부터, (에/에게)까지, (에게)로, 로(서), 로(써), 와/하고, 처럼/만큼/만치/보다' 등의 형태를 예시하였다. 그리고 최동주(1997)에서는 '에, 에서, 으로, 에게' 등은 일정한 의미 역할과 밀접한 관련을 맺으면서 쓰인다는 점에서 후치사라 하였다.

29) 임동훈(2004)에서는 한국어의 조사 체계를 문법격 조사, 의미격 조사, 후치사, 첨사 등으로 구분하고 문법격 조사로는 '이/가, 을/를, 의', 의미격 조사로는 '에/에게, 에서, (으)로, 와/과, 께서, 에서', 후치사로는 '만, 까지, 다가, 밖에, 부터, 조차, 처럼, 같이, 보다, 만큼, 뿐, 대로', 첨사로는 '은/는, (이)야, 도, (이)나, (이)라도'를 들었다.

그것이 나타나는 언어적 환경에 따라 매우 복잡한 의미를 지니는 것이 특징이다(앞의 7장 1절 참조). 예를 들어, 부사격 조사로 분류되는 '에서'의 경우 『표준국어대사전』(국립국어원)의 주석을 보면 다음과 같이 여섯 가지로 제시하고 있다.

(33) ㄱ. 우리는 아침에 도서관에서 만나기로 하였다.

ㄴ. 서울에서 몇 시에 출발할 예정이냐?

ㄷ. 그는 모 기업에서 돈을 받은 혐의로 현재 조사 중에 있다.

ㄹ. 고마운 마음에서 드리는 말씀입니다.

ㅁ. 이에서 어찌 더 나쁠 수가 있겠어요?

ㅂ. 이번 대회는 우리 학교에서 우승을 차지했다.

위에서 (33-ㄱ)은 행동이 이루어지고 있는 처소, (33-ㄴ)은 출발점, (33-ㄷ)은 일의 출처, (33-ㄹ)은 근거, (33-ㅁ)은 비교의 기준, (33-ㅂ)은 주어 표시의 의미를 나타낸다.

그리고 '은/는, 도, 까지' 등의 보조사는 담화적이거나 화용적인 의미를 보조하는 역할을 하는 것이기 때문에 격 표지로서의 격조사와는 구별된다. 예를 들어, 보조사 '도'에 대한 『표준국어대사전』(국립국어원)의 주석을 간략히 정리해 보면 다음과 같다.

(34) ㄱ. 밥만 먹지 말고 반찬도 먹어라.

ㄴ. 고구마는 구워도 먹고 삶아도 먹는다.

ㄷ. 찬밥도 좋으니 빨리만 먹게 해 주세요.

ㄹ. 한순간도 마음을 놓지 못한다.

ㅁ. 너는 신문도 안 읽니?

ㅂ. 성적이 그렇게도 중요한가?

위에서 (34-ㄱ)은 이미 어떤 것이 포함되고 그 위에 더함, (34-ㄴ)

은 둘 이상의 대상이나 사태를 똑같이 아우름, (34-ㄷ)은 양보하여도 마찬가지로 허용됨, (34-ㄹ)은 극단적으로 양보하여 더 말할 필요도 없이 그러함, (34-ㅁ)은 예외성이나 의외성을 강조함, (34-ㅂ)은 감정을 강조함의 의미를 나타낸다.

3.2.3 형태적으로 보면, 명사 뒤에 붙는 조사는 단일형과 복합형(덩이 형태)으로 구분된다. 이들 형태는 복잡한 양상으로 존재하는데, 일반적 체계에 따라 정리하면 다음과 같이 될 것이다(앞의 6장 2.2절 참조).

단일형	격조사	구조격	'이/가, 을/를, 의'
		의미격	'에, 에서, 에게, 한테, 께, 께서, 에게서, 한테서, 보고, (으)로, (으)로서, (으)로써, 와/과, (이)랑, 하고, 처럼, 같이, 만큼, 보다, 만, (이)며, 에다'
	보조사		'은/는, 도, 조차, 마저, 만, 부터, 까지, (이)야, (이야)말로, 밖에, (이)나, (이)든지, (이)나마, (이)라도, 요'
복합형30)			'(으)로부터, 에서부터, 에서도, 에서조차, 에로, 에는, 에도, 에만, 에조차, 에게서, 한테서 조차도, (으)로는, 만으로는, 만을, (으)로만, (으)로밖에, 대로만, 밖에는, 보다도'

이들은 명사 후치 표현의 주요한 형태가 되어 명사의 문법적 기능과 관계적 의미를 표현한다.

---

30) 조사 복합형의 예는 더 넓게 확장될 수 있다.

3.3 명사적 구성

3.3.1 앞의 (31)에서처럼 한국어의 명사에는 또 다른 명사 뒤에 나타나서 선행 명사의 의미를 한정하는 것(위치명사, 의존명사 등)이 있다. 그중에서 (31-ㄱ)은 영어에서 전치사 'in, on, under' 등이 한국어에서는 위치명사 구성에 해당하는 '안에/안으로, 위에/위로, 밑에/밑으로'에 대응되는 것과 같은 현상으로 해석될 수 있다. 그런데 영어에서는 공간 개념과 처격 개념이 융합되어 있는 데 비해서 한국어에서는 이 두 개념이 분리되어 있다(이기갑, 2005 참조). 즉, 한국어에서 공간 개념은 위치명사로 나타나고, 처격은 조사 '에' 또는 '(으)로'로 실현되는 것이다. 이러한 특성으로 하여 한국어에서는 위치명사에 공간과 관련되는 의미를 지닌 조사가 결합되는 다양한 형태의 명사 후치 표현이 존재한다.

명사적 후치 표현을 이루는 위치명사는 일정한 참조 대상을 설정하여 그것을 기준으로 특정 대상의 상대적 위치를 나타내는 관계적 의미를 지닌다(박경현, 1987:12). 주요 형태는 다음과 같다.

> **상하(上下) 관계:** '위, 아래, 밑'
> **전후(前後) 관계:** '앞, 뒤'
> **좌우(左右) 관계:** '왼쪽, 오른쪽'
> **내외(內外) 관계:** '안, 밖, 속, 겉'
> **측위(側位) 관계:** '옆, 곁, 가운데'

이들은 앞의 (31-ㄱ)의 예와 함께 '학교 앞에/뒤에, 교실 안에/밖에, 책상 위에/밑에'와 같이 명사 뒤에 나타나서 위치적인 의미 관계를 표현

한다.[31]

또한 위치의 의미를 지닌 명사 외에도 앞의 (31-ㄴ)에서와 같이 관계적 의미를 지닌 의존성 명사 '때문, 중' 등도 '에, 로/으로'와 결합하여 '때문에, 중에' 등의 형식으로 명사 후치 표현을 구성한다.

3.3.2 SOV 어순의 한국어와 일본어에서 위치명사에 의한 명사 후치 표현은 '명사-위치명사-조사'의 형식으로 구성된다. 이에 비해서 SVO 어순의 인구어에서는 위치 표현의 전치사(구)가 명사 앞에 온다. 그런데 SVO 어순으로 해석되는 중국어의 경우 한국어 문장과 유사하게 형성되기도 한다.

(35) ㄱ. 책상 위에 책이 있다.

ㄴ. 机の上に本があります。

(36) ㄱ. There is a book on the desk.

ㄴ. Il y a un livre sur le bureau.

(37) 桌子上有一本书。

위에서 (35)의 한국어와 일본어의 위치명사 '위, 上(うえ)'는 명사 '책상, 机(つくえ)' 뒤에 오며 다시 조사 '에, に'가 붙어 공간적 관계를 표현한다. 그리고 (36)의 영어와 프랑스어에서는 명사 'desk, bureau' 앞에 전치사 'on, sur'가 와서 관련어의 공간적 관계를 표현한다. 그런데 (37)의 중국어의 경우 (35)의 한국어나 일본어에서와 같이 위치명사 '上'이 명사 '桌子' 뒤에 온다.[32]

---

31) 영어에서 위치를 표현하는 전치사에는 'in, on, under, over, by, before, between, behind, beside' 등이 있다.

32) 중국어에는 인구어의 전치사와 비슷한 역할을 하는 개사(介词)가 존재하는데, '妈妈给我买了一件衣服。'에서 '给'와 같이 명사 앞에 온다.

3.4 동사적 구성

한국어에서 명사 후치 표현의 또 다른 예로 앞의 (32)와 같이 이른바 불완전동사에 의한 구성을 들 수 있다(임진숙, 2019 참조). 불완전동사는 활용이 완전하지 못하여 그 어간이 일부 어미와만 결합할 수 있는 것을 의미하는데, 이들은 그것이 지배하는 격 표지와 함께 선행 명사와 결합하여 다양한 의미를 실현한다. 예를 들어, '을/를 데리고'의 경우 '데리고'는 기본형이 '데리다'로 예상되지만 실제 실현되는 활용형은 '데리고 가다, 데려가다, 데리러 가다'의 '데리고, 데려, 데리러'로 한정된다. 이러한 동사적 구성에 대해 문법화(grammaticalization)의 관점에서 해석하기도 하였다. 즉, 어휘 형태가 문법 형태로 변하는 문법화 과정에서 완전히 문법 형태로 변하지 않은 중간적 성격을 지닌 형태라는 것이다.

명사 후치 표현에서 동사적 구성의 형태를 조사에 따라 구분하여 일부 제시하면 다음과 같다(앞의 6장 2.4절 참조).

구분	형태
'이/가'형	'이/가 아니고, 이/가 아니라'
'을/를'형	'을/를 위해(위하여), 을/를 통해(통하여), 을/를 비롯해(비롯하여), 을/를 무릅쓰고, 을/를 가지고, 을/를 막론하고, 을/를 불문하고, 을/를 보고, 을/를 통틀어, 을/를 데리고, 을/를 모시고'
'에'형	'에 걸쳐, 에 따라, 에 비추어, 에 의해(의하여), 에 비해(비하여), 에 대해(대하여), 에 관해(관하여), 에 앞서, 에 있어서, 에 한해(한하여), 에 즈음하여, 에 관계없이, 에도 불구하고'
'은/는'형	'은/는 고사하고, 은/는 차치하고, 은/는 물론이고'
'와/과'형	'와/과 더불어, 와/과 아울러, 와/과 관련하여, 와/과 같이'
'(으)로'형	'(으)로 말미암아, (으)로 인해(인하여)'

위에서 동사적 후치 표현에서는 불완전동사와 관련하여 명사에 주로

'을/를, 에, (으)로, 와/과, 은/는, 도' 등의 조사가 결합하며, 동사의 활용형은 대개 어미가 '–고' 또는 '–아/어'형으로 나타난다.[33]

❹ 관계절 구성의 교육적 관점[34]

4.1 관계절의 구조와 관형사형어미

4.1.1 관계절은 범언어적으로 매우 다양한 방법으로 형성되며 그 절차도 복잡하다. 그리하여 관계절은 형태 · 통사적인 측면을 비롯하여 여러 언어학적 문제를 논의하기 위한 주요 자료로 쓰였으며, 언어 교육에서도 많은 문제들에 대한 통찰을 제공해 왔다.

　한국어에서 관계절은 형태적으로 관형사형어미에 의해 실현되며, 통사적으로는 명사 수식 구성의 하나로서 피수식명사 앞에 오는 특징이 있다. 한국어의 관계절은 넓은 의미에서의 관형절의 한 갈래인데,[35] 관계

---

33) 이들 일부는 'about: 에 대해', 'for: 을/를 위해', 'through: 을/를 통해', 'according to: 에 따라', 'in spite of: 에도 불구하고' 등과 같이 영어의 (복합)전치사와 대응되기도 한다.

34) 이 부분의 자세한 내용은 우형식(2012ㄴ)을 참조할 수 있다.

35) 전통적으로 한국어의 관형절은 관계절과 동격절로 구분하는데(남기심 외, 2011:391–393 참조), 때로는 동격절을 (명사구) 보문절이라 하기도 한다(고영근 외, 2008:308–310 참조). 그런데 김지은(2002)에서는 관계절이 아니면서 동격절도 아닌 특수한 수식절이 있다고 하면서 이를 연계절이라 하기도 한다. 이와 관련하여 고영근 외(2008:308–310, 503)에서는 한국어의 관형절을 관계절과 보문절(동격절), 그리고 연계절로 구분한다.
　(1) ㄱ. 담배를 피우는 학생들이 점점 줄어들고 있다.
　　　ㄴ. 가끔씩 하마가 물속으로 숨어 버리는 일도 있다.
　　　ㄷ. 내가 안 가는 대신 아들을 보내겠소.
　위에서 (1–ㄱ)은 관계절에 해당하고, (1–ㄴ)은 보문절(동격절), (1–ㄷ)은 연계절에 해당한다. 통사적으로는 관계절은 동일 명사구 삭제가 요구되지만 동격절과 연계절에서는 그러한 현상이 나타나지 않는다는 점에서 서로 구분되는데, 동격절과 연계절은 구조적인 차이를 설명하기가 어렵다. 한국어 교육 문법에서는 연계절을 덩이 형태(chunk)에 의한 표현으로 해석하기도 한다(앞의 6장 2.3절 참조).

절의 형태적 표지(marker)인 관형사형어미는 시제와 상, 양태 표현의 문법범주와 관련된다는 점에서도 접근을 어렵게 한다.

　관계절 형성에서는 두 개의 단문과 이들이 서로 안고 안기게 해 주는 문법적 절차와 형태가 요구된다(앞의 3장 1절 참조). 우선 관계절은 특정 명사를 수식하는 기능을 하면서 그 명사를 핵으로 하는 구조를 이루기 때문에, 피수식어로서의 명사(머리명사, head noun)가 반드시 필요하다. 그리고 머리명사와 관계절을 이어주는 관계절 표지(marker)가 요구되는데, 이들은 언어유형론적 특징을 지니고 있다.

(38) ㄱ. He met a friend who lives in Busan yesterday.
　　 ㄴ. 他昨天见到了住在釜山的朋友。
(39) ㄱ. 그는 어제 부산에서 살고 있는 친구를 만났다.
　　 ㄴ. 彼は昨日釜山に住んでいる友達に会った。

　우선 일반적인 어순에 따라 보면, SVO 어순에서는 관계절이 머리명사 뒤(오른쪽)에 오고(우분지 구조), SOV 언어에서는 그 반대가 된다(좌분지 구조). 즉, 위 (38-ㄱ)의 영어에서는 우분지 구조를 이루고 (39-ㄱ, ㄴ)의 한국어와 일본어에서는 좌분지 구조를 이룬다. 그러나 이러한 구분은 모든 언어에 적용되는 것은 아니어서, 위 (38-ㄴ)의 중국어는 SVO 어순에서 좌분지 구조를 이루고 있다.

　관계절 표지에서 보면, (38-ㄱ)의 영어에서는 의문사 'who'가 이른바 관계대명사로 나타나고, (38-ㄴ)의 중국어에서는 구조조사 '的'가 이 기능을 수행한다. 이에 비해서 (39-ㄱ)의 한국어에서는 동사 활용 어미의 하나인 관형사형어미가 관계절 표지가 되는데, (39-ㄴ)의 일본어에서는 관계절이 동사 종결형으로 표현되고 관계절 표지가 특별히 존재하지 않는다(송경안, 2019:411-419 참조).

4.1.2 관계절에서 관계절 표지는 머리명사의 통사·의미적인 관계를 나타낸다. 영어의 경우 관계대명사가 이러한 역할을 하는데, 영어의 관계대명사는 머리명사가 관계절 안에서 실현하는 기능(어떤 문장성분으로 작용하는지)과 함께, 머리명사의 유정성 유무에 대한 정보를 담고 있다.[36]

그런데 한국어에서 관형사형어미는 관계절 안에서의 머리명사의 문법적 기능과는 관계가 없는 반면에, 관계절의 시제와 상, 양태 등을 표현한다. 그리고 형태적으로 어간의 문법적 특성(품사, 불규칙 활용)을 고려하여 이형태가 존재하는데, 이것을 정리하면 다음과 같다.

구분	현재형	과거형		미래형	
		단순 과거, 완료	회상	추측	의지
동사	'-는'	'-(으)ㄴ'	'-던'	'-(으)ㄹ'	'-(으)ㄹ'
형용사	'-(으)ㄴ'	—			—

이것을 예로 제시하면, 다음과 같다.

시제 구분		동사('가다, 먹다')	형용사('예쁘다, 좋다')
현재		'가는, 먹는'	'예쁜, 좋은'
과거	단순 과거, 완료	'간, 먹은'	—
	회상	'가던, 먹던'	'예쁘던, 좋던'

---

36) 영어에서 관계대명사는 머리명사가 유정성을 띨 때에는 'who' 계열이 선택되고, 비유정성을 띨 때에는 'which'가 선택된다. 그리고 유정성의 경우에는 관형절 안에서의 기능에 따라 주격의 'who'와 목적격의 'whom', 소유격의 'whose' 등으로 달리 나타난다.

미래	추측	'갈, 먹을'	'예쁠, 좋을'[37]
	의지	'갈, 먹을'	–

특히 선행 용언이 형용사인 경우에는 과거형에서 단순 과거나 완료를 뜻하는 형태와 미래형에서 의지를 뜻하는 형태에 빈칸이 나타난다.

4.1.3 관형사형어미의 출현 빈도에서 보면, 동사 현재형 '-는'이나 과거형 '-(으)ㄴ', 미래형 '-(으)ㄹ', 그리고 형용사의 현재형 '-(으)ㄴ'은 일상적 표현에서 자주 나타나는 데 비해서, 동사와 형용사에 모두 결합되는 '-던'은 출현 빈도가 상대적으로 낮다. 이것을 한국어 교육 문법의 관점에서 보면, 동사의 '-는'과 '-(으)ㄴ', '-(으)ㄹ', 그리고 형용사의 '-(으)ㄴ'은 입력(input)의 빈도가 높지만, 동사와 형용사의 '-던'은 낮다는 것을 의미한다(우형식, 2012ㄴ 참조). 그리하여 한국어 학습의 과정에서는 '-던'이 결합되는 표현에서 오류가 자주 나타난다(최서원, 2009; 한선경, 2015 참조).

(40) ㄱ. 그곳은 옛날에 외국사람 식민할 때 사는(√살던) 곳입니다.
    ㄴ. 그때의 두근두근 뛰는(√뛰던) 마음이 아직 생각난다.

또한 형용사에서는 동사와는 달리 '-는'이 제약되고, '-(으)ㄹ'이 제한된다. 그리하여 형용사와 관련된 관형사형어미의 경우 다음과 같이 적절치 못한 표현이 나타난다.

---

37) '-(으)ㄹ'은 동사에서는 의지와 추측의 의미가 실현되는 데 비해서, 형용사에서는 추측의 의미만으로 나타난다. 그리고 '예쁠 사람, 예쁠 꽃' 등과 같은 선형적인 관계절에서보다는 '예쁠 것이다'나 '예쁠 때'의 '-(으)ㄹ 것이다'와 '-(으)ㄹ 때'와 같은 덩이 형태 구성에서 나타난다.

(41) ㄱ. 친구가 축하한(√축하하는) 뜻으로 준 시계가 놓여 있었다.

ㄴ. 그 사람들은 필요하는(√필요한) 돈 때문에 자기 땅을 판다.

ㄷ. 영화는 한국문화를 배우는 좋을(√좋은) 기회가 된다.

ㄹ. 어린(√어릴) 때부터 나를 위해서 어머니는 너무 신경을 썼다.

위에서 (41-ㄱ)은 동사인 '축하하다'를 형용사로 인식한 것이고, (41-ㄴ)은 형용사인 '필요하다'를 동사로 인식하여 나타난 오류이다. 그리고 (41-ㄷ, ㄹ)은 형용사에 관형사형어미 '-(으)ㄹ'의 결합과 관련되는 것이다.

<u>4.1.4</u> 언어 학습에서 관계절은 범언어적으로 습득하기 어려운 문법 항목의 하나로 알려져 있다. 그것은 문장 안에 문장을 포함하는 과정에서 나타나는 복잡한 구조적 절차에 기인하며, 또한 개별 언어마다 특이한 양상을 지니고 있기 때문이기도 하다. 한국어 교육 문법에서 관계절은 초급 단계부터 다루어지기는 하지만, 실제로는 중급 이상의 학습자에게서 표현이 나타나는 게 일반적이다.[38]

한국어 교육 문법에서 관계절은 형태, 즉 관형사형어미의 형태적 변별과 용법에 초점이 주어져 왔다. 이는 관형사형어미가 복잡하게 존재하면서 선행 용언의 종류에 따라 다양한 형태로 구별되며, 그것이 지니고 있는 문법적 기능도 시제와 상, 양태 등의 여러 범주가 복잡하게 연결되어 있기 때문으로 이해된다.[39] 그런데 한국어 교육 문법에서 관계절은 형태 중심의 관점이 크게 부각되어 왔던 것에 비해 구조적인 측면은 상대적으로 소홀히 다루어져 온 것이 사실이다.

---

38) 한국어 학습자들의 글에서 관계절 구조는 중급 단계의 후반부에 이르러서야 본격적으로 산출되는 것으로 보인다(정대현, 2008; 김창구, 2010 참조).

39) 정대현(2008)에서는 한국어 학습에서 관형사형어미는 의사소통의 가치가 있음에도 불구하고 학습자의 주의력이 미치기 어려운 문법 형태라 하였다.

한국어 교육 문법에서 관형사형어미의 형태만을 학습한다고 해서 관계절의 습득이 가능한 것은 아니다. 즉, 관형사형어미는 관계절 학습의 전제가 될 수 있으나, 그 자체만으로는 관계절을 구성할 수 없는 것이다. 왜냐하면, 관계절 구성에는 형태적인 문제 외에도 복잡한 통사·의미적인 절차가 요구되기 때문이다.

4.2 명사 수식절로서의 관계절

4.2.1 앞에서 언급하였듯이 한국어는 좌분지 구조로서 관계절이 머리명사 앞에 오고 영어는 그 반대의 어순으로 실현된다. 그런데 다음의 경우에는 별도의 해석이 필요하다.

(42) ㄱ. 그는 키가 큰 사람을 좋아한다.

ㄴ. He likes a tall man.

위 (42-ㄱ)에서 '키가 큰'은 관계절로 머리명사 '사람' 앞에 오는 구조로 되어 있다. 그런데 이에 대응되는 영어의 (42-ㄴ)에서는 형용사 'tall'이 명사 앞에 와서 명사를 수식하는 구조를 이루고 있다. 여기서 (42-ㄱ)의 관계절 '키가 큰'은 (42-ㄴ)의 형용사 'tall'과 명사 수식의 기능에서 대응되는데, 이런 점에서 보면 한국어에서 관계절은 명사 수식어의 지위를 갖는다.

따라서 한국어에서 관계절은 의미적으로 머리명사가 어떠한지를 한정하는데, 이것은 명사 수식의 성상(속성) 형용사와 유사하다.[40] 이러한 관

---

40) Comrie(2003)에서는 한국어와 일본어 등의 아시아 언어에서는 유럽 언어에서의 관계절과 구조적으로 구별되는 명사 수식절(noun-modifying clause)이 나타나는데, 이것을 일종의 속성절(attributive clause)이라고 하였다.

점에서 보면, 다음과 같이 관계절의 서술어가 형용사이고 그 길이가 짧은 경우에는 선행하는 형용사가 관계절의 한 부분이라기보다는 단순한 명사 수식어 정도로 이해되는 점을 설명할 수 있다.

(43) ㄱ. [어린] 시절에 나에게 [아름다운] 추억을 남겨 주었다.
　　　ㄴ. 기숙사에서 생활할 때 [좋은] 일도 있고 [나쁜] 일도 있다.

위 (43-ㄱ)의 '어린 시절'이나 '아름다운 추억'에서 '어린'이나 '아름다운'이 후행어 '시절'과 '추억'을 각각 수식하는 선행어구로 이해된다. 이것은 (43-ㄴ)에서 '좋은 일'과 '나쁜 일'의 경우에도 마찬가지이며 이러한 수식어-피수식어 관계의 표현은 매우 널리 나타나는 현상이기도 하다.[41]

4.2.2 의미적 관점에서 보면, 관계절의 수식을 받는 명사(머리명사)는 실체들의 부류를 지시하고, 관계절은 그 부류 중에서 특정한 속성을 지닌 실체로 좁혀 한정한다. 그런데 한국어와 같이 머리명사가 관계절에 후행하는 경우에는 실체(머리명사)가 제시되기 전에 그것을 한정하는 관계절이 먼저 제시된다.

(44) ㄱ. The book that students are reading
　　　ㄴ. 학생들이 읽고 있는 책

위 (44-ㄱ)의 영어에서는 머리명사가 관계절에 선행하기 때문에 우선

---

41) 위 (43)은 관계절이 내포되어 있지만, 문장의 이해 또는 습득의 관점에서 보면 단순한 수식어구로 인식될 수 있다. 이와 관련하여, 김성수(2010)에서 한국어 학습자들의 관계절 사용 양상에서 관계절의 서술어로 형용사를 선호하는 경향이 있다고 하였으며, 정대현(2008)에서는 형용사가 관계절의 서술어가 될 경우 쉽게 습득된다고 하였다.

실체를 제시하고 그 후에 관계절에 의해 그 의미가 한정된다. 즉, 'book'은 잠재적인 지시물을 지정하고, 관계절 'that students are reading'이 그 범위를 한정하는 것이다. 이에 비해서 관계절이 머리명사에 선행하는 (44-ㄴ)의 한국어에서는 '학생들이 읽고 있는'의 정보가 먼저 제시되고 그 대상이 되는 '책'이 뒤따르는 구조이다. 즉, 명사의 특성을 한정하는 관계절이 앞에 오고 일반적 부류를 지시하는 명사가 뒤에 오는 것이다.

위와 같은 현상에 주목하여, O'Grady 외(2001)에서는 영어 관계절 구문은 화자가 먼저 머리명사로 잠재적으로 예측 가능한 여러 지시물을 제시하고 다음에 그중 특정한 지시물을 한정하게 되는 구조를 이루어 언어 처리의 측면에서 자연스러운 데 반해, 한국어 관계절 구문은 먼저 속성을 표현하고 그 지시물을 제시함으로써 언어 처리의 측면에서 덜 자연스럽고, 따라서 문장의 이해가 더 어려울 수 있다고 하였다. 이러한 주장을 그대로 수용하기는 어렵다 하더라도, 적어도 영어와 같은 어순을 지닌 언어를 모국어로 하는 학습자의 경우 한국어 관계절 구조에 익숙해지기가 쉽지 않을 것이라고 예상해 볼 수 있다.

4.3 머리명사 되기의 계층성

4.3.1 관계절은 본래 하나의 완전한 문장에서 특정 문장성분이 머리명사가 되어 구성된다. Keenan & Comrie(1977)에서는 명사구 접근 가능성 계층(Noun Phrase Accessibility Hierarchy: NPAH)이라 하여 언어유형론적 측면에서 관계절 구성에서 머리명사가 될 수 있는 가능성에 대해 논의한 바 있다. 여기서는 영어의 경우 'SU〉DO〉IO〉OBL〉GEN〉OCOMP'와 같이 제시하였는데, 이것은 관계절에서 머리명사가 될 수 있는 가능성은 주어(SU)가 가장 높고 다음으로 직접목적어(DO), 간접목적어(IO), 사격목적어(OBL), 소유격(GEN), 그리고 비교의 목적어(OCOMP)의 순으로 나타난다는 것을 의미한다.

한국어의 경우 다음과 같이 주어와 목적어, 간접목적어, 부사어 등에서 이러한 논의가 가능하다.

(45) ㄱ. 아이가 밥을 먹는다. → 밥을 먹는 <u>아이</u> / 아이가 먹는 <u>밥</u>
　　 ㄴ. 그가 친구에게 선물을 주었다. → 그가 선물을 준 <u>친구</u>
　　 ㄷ. 그가 회사에 다닌다. → 그가 다니는 <u>회사</u>

위에서 (45-ㄱ)은 주어와 목적어, (45-ㄴ)은 간접목적어, (45-ㄷ)은 부사어에서 머리명사가 될 수 있음을 보여 준다.

그런데 명사구 접근 가능성 계층은 관계절 습득 순서의 난이성을 예측하는 보편적인 원리로도 적용되어 왔다(O'Grady, 2003; Hawkins, 2007). 이는 주로 영어를 비롯한 우분지 언어를 대상으로 다루어지다가 한국어와 일본어 등의 좌분지 관계절에서도 논의되었다. 예를 들어, Joen 외(2007)에서는 한국어 학습자들은 명사구 접근 가능성 계층에 따라 영어의 경우와 거의 일치하는 순서(주어〉목적어〉사격목적어)로 관계절을 습득하였으며, 자유 작문 과제에 나타난 관계절의 유형별 사용 빈도를 분석한 결과에서도 학습자들은 명사구 접근 가능성 계층이 낮은 성분이 머리명사가 되는 구조는 회피하는 경향을 보였다고 하였다.[42]

　4.3.2 한국어 교육 문법에서 관계절 습득과 관련하여 명사구 접근 가능성 계층의 효과를 긍정적으로 논의하는 경우 관계절 형성에서 머리명사에 주어가 선호된다는 점에 공통되는 의견을 보였다(Jeon 외, 2007; 정대현, 2008 참조).

---

[42] 이에 관련한 한국어 관계절 습득과 사용 양상에 관한 논의로 김성수(2009), 김창구(2010), 한선경(2015) 등이 있다.

(46) ㄱ. 남자를 좋아하는 여자   ←   여자가 남자를 좋아한다.

　　 ㄴ. 남자가 좋아하는 여자   ←   남자가 여자를 좋아한다.

위 (46)에서 머리명사는 '여자'로 동일하지만, (46-ㄱ)은 주어가, (46-ㄴ)은 목적어가 머리명사로 된 것이다. 그런데 실제 학습자들의 한국어 자료에서는 (46-ㄴ)보다 (46-ㄱ)과 같이 주어가 머리명사로 되는 구조가 선호되는 경향을 보인다는 것이다.

한편, O'Grady 외(2003)에서는 주어가 머리명사로 선호되는 것은 머리명사와 공백 사이에 끼어든 마디(node)의 수가 적기 때문이라 하였다.

(47) ㄱ. [s Ø 남자를 좋아하는] 여자

　　 ㄴ. [s남자가 [vp Ø 좋아하는]] 여자

위에서 (47-ㄱ)은 머리명사('여자')와 공백(Ø, 주어) 사이에 S 마디 하나가 끼어 있는데, (47-ㄴ)은 머리명사와 공백(Ø, 목적어) 사이에 마디가 2개(S, VP)가 끼어 있다. 여기서 전자는 후자에 비해 끼어든 마디가 적어서 인지적인 제약을 적게 받게 되고, 따라서 관계절 형성에서 선호된다는 것이다.[43]

앞에서 살핀 관계절 형성에서의 여러 논의들은 한국어 교육 문법에서 관형절을 다룰 때 어떻게 접근해야 하는지에 대해 시사해 주는 바가 있다. 그리고 이것은 관계절뿐만 아니라 한국어 교육 문법의 내용 기술에서 언어유형론의 연구 성과를 반영하는 문제와 관련되는 것이기도 하다.

---

43) 한편, 한선경(2015)에서는 태국인 한국어 학습자의 관계절 습득에서는 목적어 관계절의 습득률이 높게 나타났다고 하면서, 이에 대해 SVO 어순의 태국어 학습자에게는 한국어 목적어 관계절이 '내가(S) 먹은(V) 삼계탕(O)'과 같이 SVO의 순서로 배열되어 인지적 부담이 낮기 때문으로 해석하였다.

3부

한국어 문법의
교수 방법과 절차

제 8 장

한국어 문법
교수 방법의 전개

■ 학습자가 한국어의 문법 형태나 구조를 습득하여 상황에 따라 정확하고 유창하게 사용한다는 것은 쉬운 일이 아니다. 따라서 한국어 문법 교육에서는 학습자가 효율적으로 문법의 양상을 수용하는 데 유용하도록 문법 교육이 전개될 필요가 있다. 이 장에서는 언어 교수법의 전개 과정에서 문법 교수법의 변천 양상을 살피고, 이것이 한국어 문법 교육에 어떻게 반영되었는지를 검토한다. 그리고 문법 교수에서 중요하게 다루어지는 문형 연습과 과제 활동의 문제를 정리하고, 이들이 한국어 문법 교수에 어떻게 전개될 수 있는지에 대해 살펴보기로 한다.

① 언어 교육에서의 교수법

1.1

언어 교육은 '누가(교사−학습자), 무엇을(내용), 어떻게(방법), 왜 (목적, 목표), 어떤 조건(맥락)에서'를 바탕으로 시행되는데, 교수법 (teaching method)은 그중에서 '어떻게(how)'의 문제를 다룬다. 사전적 정의로 보면 교수법은 '학문이나 기예(技藝)를 가르치기 위한 체계적인 지식과 기술'을 의미한다(『표준국어대사전』, 국립국어원 참조). 그러나 이러한 해석은 매우 포괄적이어서 구체적으로 이것이 지칭하는 것이 무 엇인지는 그리 분명하지 못하다.

교수법과 관련되는 용어로 접근법(approach)과 기법(technique)이 있 다. 접근법은 구체적인 교수 방법보다는 그에 대한 이론적인 모형이나 패러다임을 제시하는 것이고, 기법은 매우 구체적인 것으로 수업에서 적 용되는 기술(skill)을 지칭한다. 따라서 교수법이라 하면, 광의적으로는 접근법과 기법을 모두 포괄하는 개념으로 쓰이고, 협의적으로 보면 정형 화된 패턴을 지닌 교수 방법으로서 접근법과 기법의 중간 영역에 해당한 다고 할 수 있다.

언어 교수법은 언어의 다양한 측면을 어느 정도로, 그리고 어떤 방법으 로 반영하는가 하는 문제를 안고 있다. 크게 보면, 언어 교육이 목표 언 어에 내재되어 있는 지식을 중심으로 하는가 아니면 실제적 사용을 중심 으로 하는가에 따라 언어 교수에 대한 접근 방법이 다를 수 있다. 내재적 지식 중심의 접근이라면 목표 언어의 문법과 어휘, 발음 등과 같은 언어 지식 영역이 강조될 것이다. 또한 언어 교육이 언어 사용 능력의 신장에 중점을 두는 것이라 할 때, 언어 사용의 영역에 따라 말하기, 듣기 등의 음성언어를 강조하는 것과 읽기, 쓰기 등의 문자언어를 강조하는 방식이 존재할 수 있다. 그리하여 언어 교수법은 언어가 지닌 모든 부분을 포괄 한다기보다는 어떤 부분을 강조하고 어떤 부분은 희생하여 성립되는 가 공물이라 할 수 있다(심영택 외, 1995:202 참조).

1.2

문법 교육에서 교수법은 매우 다양하게 접근하여 왔다. 어떤 의미에서는 언어 교수법은 문법 교수법이라 할 정도로 언어 교수법에서 문법을 어떻게 다룰 것인지는 매우 중요한 문제로 다루어져 왔다.

일반적으로 문법 교수법에 제기되는 문제들은 다음과 같이 서로 대립되는 개념으로 정리될 수 있다.[1]

- 정확성 : 유창성
- 명시적 : 암시적
- 의도적 : 우연적
- 연역적 : 귀납적
- 형태 중심 : 의미 중심
- 구조 중심 : 기능 중심
- 문장 중심 : 담화 중심
- 용법 중심 : 사용 중심
- 입력 중심 : 출력 중심
- 결과 중심 : 과정 중심

언어 교육에서 문법 교육은 정확성과 관련된다. 그리고 정확성은 목표 언어의 문법과 어휘, 발음 등의 지식적 측면을 내재화하여 정확하게 이해하고 표현하는 것을 의미한다. 그런데 언어 교육의 궁극적인 목표가 목표 언어의 의사소통 능력의 신장이라고 할 때, 문법 교육은 표현과 이해의 적절성과 자연스러움을 추구하는 유창성을 향상시키는 방향으로 전개되어야 함은 물론이다. 그러나 정확성과 유창성의 가치가 양립할 때 어느 부분을 강조할 것인지의 문제가 제기될 수 있다.

문법 교수에서는 학습자들이 목표가 되는 문법 항목에 관심을 갖도록 명시적으로 제시하거나 아니면 비명시적(암시적)으로 유도할 수 있다. 문법 교수에서 명시적 접근법은 형태나 구조 등의 문법 항목을 선정하여 조직한 후, 이에 대해 메타언어를 사용하면서 설명하고 토론하는 것이다. 이에 비해 암시적 접근법은 언어 형태에 집중적인 관심을 기울이지 않으며, 문법 항목은 학습자가 주어진 언어 입력 중에서 특정 언어 요소

---

[1] 정확성:유창성, 형태:의미, 구조:기능, 문장:담화, 용법:사용 등의 문제는 앞의 1부에서 논의된 바 있다. 그리고 입력:출력에 대해서는 다음의 10장 2절에서 다룬다.

에 관심을 기울이는 과정에서 알게 된다고 본다. 이것은 의도적 접근과 우연적 접근의 문제와도 관련되는데, 전자는 문법 교수에서의 의도성을 강조하는 데 비해서, 후자는 의사소통 과정에서 자연스럽게 언어 형태가 습득된다고 해석한다.

한편, 연역적 접근은 이미 알고 있는 판단을 근거로 새로운 판단을 유도하는 접근 방법으로, 문법 교수에서 보면 문법의 규칙에 대한 설명을 먼저 하고 이를 명확히 하기 위해 그에 따르는 실제적인 예를 제시함으로써 학습자가 목표 문법 항목을 학습하도록 하는 것이다. 이에 비해서 귀납적 접근은 경험적 사실로부터 원리나 규칙을 추론해 내는 접근 방법으로, 문법 규칙에 대한 명시적인 설명 없이 많은 양의 관련 예를 먼저 제시하고 그를 통해 학습자가 스스로 문법의 규칙을 추론하도록 하는 것이다.

결과 중심의 문법 교수는 목표가 되는 문법 항목에 초점을 두고 그에 따르는 규칙을 이해하도록 유도하는 것이고, 과정 중심의 문법 교수는 문법의 규칙에 대한 이해보다는 실제적 사용 절차를 강조하는 것이다. 따라서 전자에서는 학습자에게 문법 규칙의 결과물을 제시하고 그것을 이해하도록 하는 데 초점을 두며 후자는 학습자 스스로 문법의 규칙을 발견하고 실제 사용할 수 있도록 유도한다는 점에서 차이가 있다.

그런데 여기서 유의할 것은 위에서 제시된 문법 교수에 대한 대립된 개념들 중에서 어느 것이 옳고 어느 것이 그르다고 할 수 없다는 점이다. 어떤 점에서 보면, 문법 교수는 양면적 성격을 지니는 것이어서 대립되는 개념의 모두를 고려하되, 그때그때의 교육적 상황에 따라 절충적으로 적용하게 되는 것이다.

② 언어 교수법의 역사와 문법 교수 방법

2.1 개관

2.1.1 전통적으로 보면, 언어 교육에서 문법은 매우 중요한 요소로 다루어져 왔다. 특히 가장 오랜 전통을 지니고 있는 문법번역식 교수법에서는 읽기와 쓰기를 강조하여 이에 필요한 어휘력과 함께 문법이 거의 전부라 해도 과언이 아닐 정도였다. 이 교수법에서 문법은 복잡하고 상세한 설명을 통해 연역적으로 제시되었으며, 각각의 문법 항목을 독립적으로 숙지하여 문장을 올바로 번역하는 데 사용하였다. 그러나 문법번역식 교수법은 연역적으로 구성된 문법을 강조함으로써 인간의 창조적인 언어 활동을 적절히 활용하지 못했다는 비판을 받았다.

1940년대 들어 구조주의 언어학에 바탕을 둔 청각구두식 교수법이 등장하면서 문법은 모방을 통한 연습을 통해 습득될 수 있다고 믿었다. 그리하여 문법 규칙이 연역적으로 제시되는 것이 아니라 귀납적으로 제시하며, 따라서 문법 교수는 문형(sentence pattern)을 통한 반복적인 연습으로 진행하였다. 이러한 문형을 통한 연습에서 학습자가 유추하여 문법적인 기능을 이해한다고 생각하였던 것이다. 그리하여 학습자는 전형적인 원어민 화자로 간주되는 교사가 제시하는 문형을 그대로 모방하여 반복적으로 연습함으로써, 그것을 하나의 습관으로 형성하도록 하였다. 그리고 1960년대에는 인지 심리학과 생성 이론에 바탕을 두고 인간의 선천적인 언어 습득 능력을 강조하는 접근법이 등장하였으며, 이것은 이후 다양한 교수 방법의 설계에 영향을 주었다.

1970년대 들면서 언어의 사회적 현상이 강조되고 따라서 의사소통 능력이 언어의 중요한 기능으로 대두되었다. 이에 따라 언어 교육은 의사소통 능력의 신장에 초점을 두게 되었으며, 용법(usage)보다는 사용(use)을 강조하여 형태보다는 의미를, 정확성보다는 유창성을 중시하였다. 이러한 의사소통 중심의 교수법에서는 정확성에 기초한 문법이 언어 교육

의 주변으로 밀려나게 되기도 하였다. 그러나 1990년대 들어 문법 능력
은 의사소통 능력의 한 요소가 되며, 문법 교육이 학습자의 의사소통 능
력을 증대시킬 수 있는 중요한 방안이 된다는 점이 지적되면서, 문법 교
육의 중요성이 다시 부각되고 이에 대한 다면적인 접근이 이루어지고 있
다.

2.2 주요 교수법의 특징

2.2.1 문법번역식 교수법(grammar-translation method)은 유럽에서
그리스어나 라틴어를 가르치는 데 사용해 오던 전통적인 방식으로, 현재
에는 많은 비판을 받으면서도 널리 쓰이는 방식이기도 하다. 이 교수법
에서는 언어 교육에서 언어의 구조가 중요시되며, 언어의 습득에서 가장
중요한 것은 목표 언어의 어휘와 문법에 대한 이해에 있다고 본다. 그리
하여 일반적으로 '어휘의 암기→문법 규칙의 이해→작문 번역'의 과정으
로 진행되며, 정확한 독해력의 습득을 목표로 하고 문법 지식을 강조한
다. 특히 읽고 쓰는 문어적 능력을 강조하고, 듣고 말하는 구어적 능력을
소홀히 하거나 전혀 관심을 두지 않는다.

이 교수법에서는 문자로 된 읽기 교재를 매우 중요하게 여기는데, 어휘
는 모국어 번역과 함께 제시되고 문법 규칙이 예문과 함께 제시되며 번
역 연습 문제가 주어진다는 데 특징이 있다. 또한 문장을 외국어 교수와
연습의 기본 단위로 보며, 문법적 정확성을 강조한다. 그리고 문법은 연
역적으로 교수되는데, 매우 조직적이고 체계적인 방법으로 다루며, 학습
의 결과도 문법 중심의 문어 시험으로 평가한다. 따라서 문법에 관한 지
식을 풍부하게 쌓을 수 있다.

그러나 이 교수법은 상황에 따라 다양하게 쓰이는 현실의 살아 있는 언
어를 반영하지 못함으로써, 실제적인 대화 능력을 향상시키지 못한다는
면에서 부족한 점이 있다. 또한 지나치게 많은 문법 규칙과 어휘 목록을

암기하고 격식에 치우치거나 문학적인 산문을 완벽하게 번역하게 함으로써 외국어 학습에 흥미를 잃게 하기도 한다.

이 교수법은 정당성을 확보하기 어려울 정도로 많은 비판을 받아 왔으나, 실제로는 현재에도 주로 학습자의 모국어를 사용하는 외국어 교육에서 널리 활용되고 있는 것도 사실이다. 그것은 언어 학습에서 활용되고 있는 많은 교재들이 이러한 교수 방법에 적합하도록 구성되어 있다는 것을 통해 이해할 수 있다.[2]

2.2.2 문법번역식 교수법은 문법 규칙의 이해를 통한 읽기와 쓰기 능력의 배양을 교육의 목표로 삼기 때문에 언어 교육을 구어(口語)에서 유리시키는 결과를 가져왔다. 그리하여 문법번역식 교수법이 실제 언어생활에 필요한 언어 능력의 배양에서 벗어나 있다는 지적과 함께, 19세기 말 유아의 모국어 습득 과정을 모방하여 연결되는 동작을 이용한 일련식 교수법(series method)이 등장하였다. 여기서는 언어의 형태에 중점을 두지 않고 연결된 동작의 의미에 중점을 둠으로써 이해와 학습의 용이성을 꾀했으며, 아동의 모국어 습득 과정을 모방해 구어 중심의 교수 방법을 중시하였다. 이는 직접 교수법(direct method)에 이론적 근거를 제공해 주었다.

직접 교수법에서는 학습자의 모국어를 사용하지 않고 목표 언어만을 이용하며, 교사가 목표 언어 사용의 모델이 되고 교사와 학습자 간의 질문과 대답, 연습을 통해 교수한다. 그리고 구어를 중심으로 교육하기 때문에 정확한 발음을 중시한다. 또한 올바른 발화를 생성해 내는 데 필요한 문법을 중시하는데, 문법번역식 교수법과는 달리 귀납적으로 접근한다. 읽기 교육도 사전이나 번역을 통하지 않고 텍스트를 직접 이해하는 방법을 사용한다.

---

[2] 한국어 교육에서는 이 교수법이 전면적으로 적용되지는 않았는데, 주로 해외에서 현지어를 사용하여 문어 중심의 독해를 강조하는 한국어 교육에서 활용되어 왔다.

직접 교수법은 형식적인 문법을 배제하고 유의적 상황에서의 문장이나 표현을 강조하며, 모국어의 개입 없이 목표 언어로 표현하고 이해하는 능력을 배양하려고 한다는 측면에서는 언어의 의사소통적 본질에 좀 더 접근한 교수법이라고 할 수 있다. 그러나 모국어 습득과 외국어 학습의 차이를 고려하지 않으며, 교육 내용이 체계적이지 못하고 모국어 사용의 배제로 인해 시간과 노력이 낭비된다는 것이 주된 문제점으로 지적된다.

2.2.3 청각구두식 교수법(audio-lingual method)은 언어는 습관(habit) 이며 반복을 통한 자동화(automatic) 과정으로 습득되는 것으로 본다(앞의 1장 1.1절 참조). 그리하여 외국어 교육은 목표 언어를 계속 반복하여 듣고 말하는 과정으로 진행되며, 듣고 말하는 연습 후에 읽고 쓰는 연습을 강조한다. 하나의 문형을 제시하고 다른 어휘나 문구로 대치하는 문형 연습을 강조하며(앞의 8장 3.1절 참조), 언어는 분석보다는 유추 (analogy) 행위에 의해 학습되므로 외국어 교육에서는 언어를 가르쳐야지 언어에 대하여 가르치지 않아야 한다고 주장한다. 그리고 외국어 습득에서 모국어의 간섭이나 방해를 벗어나야 하는데, 이를 위해 외국어 교육에서 모국어의 사용을 엄격히 금지한다. 이 교수법에서는 외국어 교육의 목표를 목표 언어의 구조를 완전히 이해하고 이를 이용해 올바른 문장을 생성해 내는 것으로 보기 때문에, 정확한 형태와 구조, 발음 위주로 교수한다.[3]

그러나 이 교수법은 인간의 언어 능력을 무의식적으로 형성되는 습관의 총체로 보고 반복적이며 기계적인 모방과 연습을 통한 습관 형성을 강조함으로써, 인간이 선천적으로 지니고 있는 언어 습득의 창조적인 능력을 간과하고 단순한 모방을 통한 반복 학습을 강조하고 있음이 문제로 지적된다. 특히 이 교수법은 언어 능력을 기계적인 반복 훈련을 통한 습

---

[3] 한국어 교육에서는 초기(1950년대 후반)부터 청각구두식 교수법을 널리 활용하였다.

관의 형성으로 보기 때문에, 교실 수업이 매우 획일적으로 지루하게 진행되는 단점이 있다. 또한 짜여진 발화를 암기하여 사용하는 데서 그침으로써, 다양한 변이형이 존재하는 실제 의사소통 상황에서 학습한 내용을 전이시켜 사용하는 데 한계가 있다.

2.2.4 언어 교육에서 인지적 접근법(cognitive approach)은 1960년대 후반 인지 심리학과 생성 이론에 기초를 두고 등장하였다. 여기서는 청각구두식 교수법이 기계적 반복 훈련을 통한 언어 학습만을 중시하여 인간의 인지 능력을 완전히 도외시한 점을 비판하고, 언어습득장치(language acquisition device: LAD)를 이용한 인간의 언어 습득 능력과 인지 체계를 활용한 언어 교수법을 주창하였다.[4]

이 접근법에서는 Chomsky(1965)의 언어능력(competence)에 따라 언어 습득을 무한한 문장을 만들어낼 수 있는 규칙의 내재화 과정으로 이해한다. 그리하여 언어 교육에서는 학습자가 목표 언어에 내재되어 있는 문법 규칙을 정확히 파악하고 이끌어 가는 생득적이고 창조적인 능력을 이용하도록 조장되어야 함을 강조한다. 이 접근법은 기계적 훈련이 아니라 인간의 선천적인 인지력의 발달과 함께 무의식적인 과정으로 언어 습득이 이루어지는 것으로 본다. 그리고 구조주의 언어학이 언어 학습을 기술(skill)의 습득으로 보는 데 비해서, 이 이론은 개념 학습(conceptional learning)으로 본다는 점에서도 구별된다.

그러나 이 접근법은 보편 문법(universal grammar)에 대해 언어 교육에 적용시킬 만한 뚜렷한 개념을 정립하지 못하였으며,[5] 결과적으로 구체적인 교수법을 제시하지도 못함으로써, 교수법이라기보다는 언어 습득 이

---

4) 생성 이론에서는 인간은 누구나 선천적으로 언어 습득 장치를 가지고 태어나며, 이것이 작동함으로써 인간은 누구나 언어를 습득하여 구사할 수 있게 된다고 해석한다.

5) 생성 이론에서는 모든 개별 언어는 공통된 구조를 지니고 있는데, 이것을 보편 문법이라 한다. 그리고 인간은 언어 습득에서 이 보편 문법을 목표 언어의 문법적 형상을 추론하는 데 사용하는 것으로 해석한다.

론에 가깝다는 평가를 받아 왔다. 이와 함께 언어 습득이 담화적인 상황과 문화적 요인 등이 배제된 상태로 이루어지는 것인가에 대한 회의가 대두되었으며, 그리하여 언어의 사회적 기능, 즉 의사소통의 기능에 대한 문제가 부각되었다.

2.2.5 1970년대 이후 언어 능력을 문법적 능력을 뛰어넘는 의사소통 능력으로 이해하여, 구조와 형태 중심의 언어 교육에서 개념과 내용(즉, 의미), 기능을 중심으로 하는 의사소통적 접근법으로 언어 교육이 시행되었다.[6] 이 접근법은 기능주의와 실용주의 철학을 배경으로 하여 문법적 정확성(accuracy)보다는 의사소통적 유창성(fluency)에 중점을 두며, 언어의 구조와 형태(form)보다는 의미(meaning)를 강조한다. 또한 이 교수법에서는 문법성(grammaticality)보다는 의사소통이 가능한 수용가능성(acceptability)에 우선을 두기 때문에, 의사소통의 과정에서 학습자의 오류가 발견되더라도 학습자의 발화를 중단시키지 않는다.[7]

이 접근법은 언어 사용법(usage)보다는 실제적인 발화 상황에 적절하게 언어를 사용(use)할 수 있는 능력을 강조한다. 또한 맥락화된 상황에서의 발화의 이해와 생성을 강조하며, 문법이나 구조 등의 언어의 형태적 측면을 언어 교육의 일부로 보고 기능적 요소나 사회언어학적 요소, 담화 요소 등을 주요 교육 내용으로 삼는다.

그러나 사회·문화적 정보에 대한 풍부한 예를 제시해 주면 언어 습득이 가능할 것이라는 점은 일견 이상적인 것 같으나 실제로는 많은 문제를 내포하고 있다. 이것은 특히 의사소통이 가능하다 하더라도 문법적으로 어긋나게 되면 언어 교육이 온전히 이루어졌다고 할 수 없다는 점과

6) 여기서는 앞의 인지적 접근법과 마찬가지로 교수법보다는 접근법이라는 용어를 주로 쓴다. 그것은 이들이 이론적으로는 논의되었으나 언어 교수-학습과 관련하여 어떤 통일된 절차로 정립되지 않았기 때문이다.

7) 여기서는 의사소통을 위한 활동(activity)과 과제(task) 수행이 학습을 촉진하며, 유의미한(meaningful) 맥락이 학습 과정을 돕는다고 본다.

관련된다. 즉, 이 교수법은 문법적 정확성을 소홀히 하고 지나치게 기능을 강조하여, 오히려 언어 사용 능력의 유창성을 기하기 어렵게 하는 자가당착에 빠지게 될 우려가 있다는 데 문제가 있다.

　의사소통적 접근법은 언어의 사용법보다는 사용을 강조하고 맥락화된 상황을 중시하는 점에서 이전의 언어 교수법이 지니고 있던 한계를 극복한 획기적인 교수법으로 자리잡았으며, 오늘날 한국어 교육에서도 널리 수용되고 있다. 그러나 언어의 형태적인 측면을 소홀히 한 채 의미를 중시하고 정확성보다는 유창성을 강조함으로써, 언어의 부정확한 사용이라는 부정적인 결과를 낳기도 한다는 비판을 받는다.

　2.2.6 위에서 언급한 것 외에도 문법 교육에서 고려될 수 있는 교수 방법에는 다음과 같은 것이 있다.[8]

- 침묵식 교수법 (the silent way)
- 공동체 언어 학습법 (community language teaching)
- 암시 교수법 (suggestopedia)
- 전신반응 교수법 (total physical response)
- 자연 교수법 (nature approach)
- 내용 기반 교수법 (content-based instruction)
- 과제 기반 언어 교수 (task-based language teaching)

　이 중에서 한국어 교육에서 크게 부각되고 있는 것이 과제 기반 언어 교수(과제 기반 교수법)이다. 이것은 의사소통 접근법의 바탕에서 성립된 것으로, 언어 교육은 교사의 일방적인 수업이 아니라 학습자의 과제 수행을 통해 경험적으로 수행되어야 한다는 것을 기본적인 관점으로 수

---

8) 이들 교수 방법에 대해서는 남성우 외(2006)과 박덕재 외(2011), 전병만 외(2017) 등을 참조할 수 있다.

용한다(다음의 8장 3.2절 참조). 즉, 언어 교육은 학습자들이 상호 협력하여 과제를 수행하는 과정을 통해 의사소통 능력을 기르는 방법으로 진행된다는 것이다.

2.3 의미 중심 형태 초점 교수법

2.3.1 의사소통 중심의 언어 교육은 유창성의 신장에는 도움을 주지만 정확성이 결여된다는 한계가 드러났다. 이러한 한계를 해결하기 위해 나타난 것이 이른바 형태 초점 교수법(focus on form: FonF)이다. 이 교수법은 의사소통적 접근을 바탕으로 하면서 의미 중심의 학습 상황에서 형태에 주의를 기울이도록 유도하는 것으로, 과제 기반 언어 교수를 주요한 방법으로 활용한다. 그러므로 형태 초점 교수법은 의사소통 상황에서의 언어 사용과 문맥 안에서의 문법 형태에 대한 교수를 결합한 교수법이라 할 수 있다.

형태 초점 교수법에 대해 논의한 Long(1988)에서는 외국어 교수법을 다음과 같이 구분하였다.

- 형태 중심 교수법 (focus on forms)
- 의미 중심 교수법 (focus on meaning)
- 형태 초점 교수법 (focus on form)

위에서 형태 중심 교수법은 전통적인 문법번역식 교수법이나 청각구두식 교수법 등과 같이 문법의 구조와 형태 중심으로 접근하는 방법을 말하고, 의미 중심 교수법은 의미의 전달과 의사소통 능력을 중심으로 접근하는 방법으로 몰입 프로그램과 의사소통적 접근법이 이에 해당한

다.[9] 그런데 이 모두가 어느 한쪽으로 치우치는 문제가 있으므로 이 둘을 아우를 수 있는 방법이 요구되는데, 이것이 의미 중심과 형태 중심의 절충을 바탕으로 하는 형태 초점 교수법이라는 것이다.

결국 형태 초점 교수법은 형태만을 중요시하는 교수 방법과 의사소통만을 강조하는 교수 방법의 한계를 극복하기 위한 것이다. 그리하여 이 교수 방법은 문맥의 의미를 강조하면서도 형태의 정확성을 유도함으로써 완전한 의사소통이 가능하도록 하는 것을 지향한다. 특히 형태 초점 교수법은 전통적인 구조 중심의 교수법으로 회귀하는 것이 아니라, 형태 학습을 통해 의미 중심의 학습을 원활히 함으로써 의사소통 능력의 향상을 도모하는 것에 중점을 둔다(Doughty & Williams, 1998 참조). 결국 형태 초점 교수법은 목표 언어의 유창성을 추구하면서 또 한편으로는 정확성을 추구하는 교수 방법이라 할 수 있다.

2.3.2 형태 초점 교수법은 의사소통 능력의 신장을 목표로 하는 의미 중심의 수업에서 학습자가 형태에 주목하게 하는 데에 사용되는 모든 기법들을 포괄하는 개념이다. 형태 초점 교수법에는 여러 기법들이 있는데, 이들은 입력 중심과 출력 중심으로 나누어 살필 수 있다(다음의 10장 2절 참조).

입력 중심의 형태 초점 교수법을 구현하는 기법으로, 입력 홍수(input flooding)는 목표 형태에 대한 명시적인 언급 없이 입력 자료를 조작하여 목표 언어 형태를 반복적으로 노출시키는 방법이고, 입력 강화(input enhancement)는 읽기 자료나 의사소통적 과제 활동 등 담화 수준의 입력 자료 속에서 목표 언어 형태를 시각적 또는 청각적으로 두드러지게 처리하여 학습자에게 목표 형태에 주목하게 하는 방법이다. 입력 처리(input processing)는 학습자가 언어 형식과 의미, 기능을 연결시키는 데 사용하

---

9) 몰입(immersion) 교육은 목표 언어를 통해 교과교육을 실시함으로써, 목표 언어의 습득과 교과 내용에 대한 이해를 함께 도모하는 것을 말한다.

는 전략과 기제를 의미하며, 입력 처리로부터 도출한 통찰력을 교육적으로 조정하는 것을 처리 교수(processing instruction)라고 한다. 그리고 명시적(explicit) 규칙 설명은 문법 규칙을 메타언어를 사용하면서 명시적으로 설명하는 것으로, 대부분의 문법 교수-학습에서 당연한 것으로 수용되는 것이기도 하다.

출력 중심의 형태 초점 교수법을 구현하는 기법으로, 듣고다시쓰기(dictogloss)는 교사가 들려준 내용을 학습자들이 다시 쓰는 활동을 통해 문법에 대해 주목하도록 하는 것이다. 그리고 고쳐말하기(recast)는 표현 활동에서 보이는 오류에 대해 반응하는 것으로 일종의 오류 교정 피드백에 해당하며, 의식 고양 과제(consciousness-raising task)는 목표 문법 항목에 대한 주의 집중을 유도하는 과제 활동을 통해 학습자가 스스로 문법 규칙을 찾도록 유도하는 기법이다.

③ 문형 연습과 과제 활동

3.1 문형 연습

3.1.1 언어는 모방과 반복 연습을 통해 학습될 수 있다는 경험주의 이론에서는 문형(sentence pattern)의 중요성을 강조한다.[10] 즉, 한 언어의 표현에 나타나는 다양한 문장을 몇 가지 문형으로 구분하여 제시하면, 학습자는 이를 반복하거나 일정한 부분을 대치하는 등의 연습(drill, practice)을 통해 목표 언어를 학습해 간다는 것이다. 또한 이 이론에서는

---

10) 언어학에서 문형(sentence type)은 한 언어에서 나타나는 문장 형식을 몇 가지 유형으로 분류한 것을 뜻하는데, 언어 교육에서는 언어 표현에서 나타나는 문장의 형태·구조적인 틀(pattern)로서 다른 표현을 구성하기 위한 모델이 된다는 점에서 교육적 가치를 부여한다.

유추(analogy)를 통해 문형의 용법을 이해할 수 있으므로, 문형을 활용하는 교수−학습에서는 문형의 의미와 문법적 성격을 설명하지 않는 경향이 있다. 따라서 반복과 연습을 통한 강화로 언어 표현을 습관화하도록 하는 것이다.

한국어 교육에서 문법 교수는 전통적으로 대부분 문형 연습 중심으로 진행되어 왔다. 그런데 한국어 교육 문법에서 다루어야 할 문형은 어떤 것인지 하는 것과 함께 기본적인 한국어의 문형은 어떻게 정립될 수 있는지 등에 대한 논의가 필요하다.

문형 연습의 종류와 방법은 매우 다양하다. 이에는 반복하기, 교체하기, 연결하기, 완성하기, 확장하기, 변형하기 등과 같은 문장 단위의 형식뿐만 아니라, 응답이나 대화, 상황 연습과 같은 담화 형식을 활용하기도 한다(김제열, 2007 참조). 일반적으로 문장 단위의 연습은 문법 형태를 처음 학습할 때 활용되고, 담화 중심의 연습은 학습한 문형을 적절히 사용하는지를 확인하는 데 활용된다.

반복하기는 문형 연습에서 가장 기본적으로 적용되는 것으로, 학습자는 교사의 발화를 따라 반복하면서 문형을 익히게 된다.

- 가: 저는 학생입니다.
  나: 저는 학생입니다.

- 가: 저는 학생이 아닙니다.
  나: 저는 학생이 아닙니다.

이것은 'A은/는 B입니다'와 'A은/는 B이/가 아닙니다'의 문형을 연습하는 것에 해당한다.

교체하기는 하나의 문장에 특정한 하나 또는 둘 정도의 빈 부분에 들어갈 수 있는 언어 요소를 교체하는 것으로, 예를 들면 다음의 경우와 같다.

- _____에 _____이/가 있습니다.

　　방　　　　책상　　　　　⇒ 방에 책상이 있습니다.

　　교실　　　　학생들　　　　⇒ _____

- 저는 오후에 _____을/를 _____(으)려고 합니다.

　　　　영화　　　　보다　　⇒ 영화를 보려고 합니다.

　　　　친구　　　　만나다　⇒ _____

연결하기는 두 개의 단문을 이어서 하나의 문장으로 만드는 연습으로, 주로 연결어미 학습에서 활용된다.

- _____아/어/여서 _____.

배가 아프다　　　　　배가 부릅니다

날씨가 좋다　　　　　병원에 갑니다

밥을 많이 먹다　　　　산책을 합니다

① 배가 아파서 병원에 갑니다.

② _____

③ _____

완성하기는 앞 또는 뒤의 빈 부분을 채워서 학습 대상이 되는 문법 항목이 사용된 문장을 완전하게 구성하도록 하는 연습이다.

- 피곤하면 _____(집에서 쉬다) ⇒ 피곤하면 집에서 쉽니다.

  머리가 아프면 _____(병원에 가다) ⇒ _____

  시간이 있으면 _____(여행을 가다) ⇒ _____

- _____ 집에서 쉽니다(피곤하다) ⇒ 피곤하면 집에서 쉽니다.

  _____ 병원에 갑니다(머리가 아프다) ⇒ _____

  _____ 여행을 갑니다(시간이 있다) ⇒ _____

확장하기는 기본적인 의미는 유지한 채 주어진 단어나 구(절)를 추가하여 문장을 확대하여 구성하는 연습이다.

- 꽃이 _____ 피었습니다. (예쁘게)

  ⇒ 꽃이 예쁘게 피었습니다.

- _____ 여행을 다녀왔습니다. (지난 주말 친구들과)

  ⇒ _____

- 어제 _____ 영화를 보았습니다. (아주 재미있는)

  ⇒ _____

변형하기에는 동질적인 문법범주 안에서 실현되는 다른 형식의 문장으로 바꾸는 것이 있다.

> ● 학교에 갔습니다. (안) ⇒ 학교에 안 갔습니다.
>
> 책을 읽었습니다. (안) ⇒ _____
>
> 친구를 만났습니다. (안) ⇒ _____
>
>
> ● 문을 열었습니다. (열리다) ⇒ 문이 열렸습니다.
>
> 도둑을 잡았습니다. (잡히다) ⇒ _____
>
> 바다를 보았습니다. (보이다) ⇒ _____

　담화 중심의 문형 연습에서는 질문에 응답하기와 함께 상황을 고려한 대화하기 등이 활용된다. 응답하기는 주어진 질문에 대해 교체 연습에서 학습한 문형을 사용하여 응답하는 방식으로 진행한다. 따라서 이것은 다른 연습을 통해 앞서 학습한 문형이 습득되었는지를 확인할 수 있도록 구성한다

> ● 가: 여기서 사진을 찍어도 됩니까?
>
> 　나: 아니요, 사진을 찍으면 안 됩니다.
>
>
> ● 가: 여기서 담배를 피워도 됩니까?
>
> 　나: 아니요, _____
>
>
> ● 가: 지금 밖에 나가도 됩니까?
>
> 　나: 아니요, _____

　대화하기는 주어진 상황에 따라 그에 맞게 문장을 구성하도록 연습하는 것이다.

- 가: 오늘 오후에 친구와 영화를 보러 갑니다. (참 좋다)

  나: 참 좋겠어요.

- 가: 친구한테서 생일 선물을 받았습니다. (기쁘다)

  나: _____겠어요.

- 가: 지난 주말에 뭘 하셨어요?

  나: 친구들과 함께 등산을 했습니다. (피곤하다)

  가: 그럼, 좀 피곤하겠어요. (피곤하다, 즐거웠다)

  나: 피곤하기는요. 아주 즐거웠는걸요.

- 가: 지난 주말에 뭘 하셨어요?

  나: _____았/었/였습니다.

  가: 그럼, 좀 _____겠어요.

  나: _____기는요. _____(으)ㄴ/는걸요.

대화하기는 학습 대상이 되는 요소를 사용하여 문장을 구성하는 것으로, 문법 항목의 용법을 이해하는 데 도움을 준다. 그런데 이 경우에는 적절한 상황을 설정하는 데 특별히 유의할 필요가 있다.

3.1.2 문형 연습(pattern drill)은 청각구두식 교수법의 대표적인 기법으로, 구조주의 언어학에서 따온 문형(pattern)이라는 개념과 행동주의 심리학에서의 연습(drill, practice)이라는 개념이 접목된 것이다. 이것은 언어의 틀이 되는 기본 문형을 습득하면 자동적인 문장을 만들어 낼 수 있으며, 주어진 자극에 좋은 반응을 보이도록 연습함으로써 언어를 습관화할 수 있다는 가정에 바탕을 둔다(임진숙, 2020ㄴ 참조).

문형 연습은 장점과 단점을 아울러 지니고 있다. 문형 연습의 장점으로는 목표 언어의 형태와 구조에 대한 인식을 높이고, 문법 지식을 간략히 형식화할 수 있다는 점을 들 수 있다. 또한 덩이 형태로 구성되는 문형을 반복적으로 학습함으로써 언어 지식을 자동화하여 유창성의 향상에도 기여할 것으로 기대되기도 한다. 그러나 교실에서 연습한 문형이 실제 대화 상황에 전이되지 않을 가능성이 있다거나, 지나치게 기계적인 반복 연습으로 학습자의 흥미가 저하되고 학습 동기의 유발이 힘들다는 등의 문제가 단점으로 지적된다. 또한 여기에는 내용을 이해하지 않은 채 단순한 모방 기억에 의존한다거나 창조적인 표현 능력의 향상을 기대하기 어렵다는 점 등도 포함될 수 있다.

따라서 문형 연습에서는 몇 가지 유의할 점이 있다. 우선 문형을 선정하고 조직할 때에는 난이도를 고려하되 문장 구조의 이해와 학습에 영향이 큰 것을 먼저 다루도록 하며, 유사한 의미와 기능을 표현하는 문법 항목은 함께 묶어 제시하지 않도록 한다. 그리고 의사소통 능력의 신장을 위해서는 문형을 선정할 때 형태보다 기능을 중시할 필요가 있다. 또한 문장 구성에 사용되는 어휘는 학습자의 수준에서 지나치게 쉽거나 어려운 것은 피하며, 의고적이거나 문어적인 것보다는 실생활과 관련되는 것을 활용하는 것이 적절하다.

문형을 통한 문법 교수는 반복을 통해 일상생활에서 자연스러운 대화를 유도하고, 다양한 방식의 연습을 통해 여러 상황을 이해할 수 있도록 하는 것이 특징이다(백봉자, 2013 참조). 따라서 문형을 통한 한국어 문법 교수에서는 일방적으로 지식을 주입하거나 암기하게 하는 것은 옳지 않으며, 학습자들이 일상생활에서 자연스럽게 대화할 수 있는 능력을 기르는 데 도움을 줄 수 있도록 할 필요가 있다.

3.2 과제 기반 활동

3.2.1 언어 교실과 같은 특정 공간에서 수행되는 문법 교수에서는 학습자가 목표 언어의 다양한 문법 항목을 습득하여 실제 세계의 의사소통

상황에서 사용할 수 있도록 하기 위한 활동(activity)을 하게 한다. 여기서 이른바 과제(task)를 활용하는데, 과제는 문법 항목의 형식과 의미, 기능 등의 언어 지식을 사용하여 실제 의사소통 상황에서 구현할 수 있는 기회를 제공해 주는 다양한 활동 계획을 의미한다(Ellis, 2003:9-10 참조).

Nunan(2004)에서는 과제를 실생활 과제(real-world task)와 교육적 과제(pedagogic task)로 구분하면서, 언어 교육에서 수용하는 것으로 교육적 과제를 강조하였다.[11] 교육적 과제는 학습자들이 어떤 의미를 표현하기 위해 문법적 지식을 동원하는 과정에서 목표 언어의 이해와 조작, 산출에 참여하는 교실 작업의 일부가 된다. 또한 교육적 과제는 시작과 중간, 끝이 있고, 독립적으로 완결성을 지니며, 형태를 조작하는 것보다는 의미를 전달하는 데 중점을 둔다.

과제 활동은 의미와 의사소통에 기반을 둔 문법 교수 방법으로, 의사소통 능력의 신장을 지향하는 문법 교수를 가장 효과적으로 구현할 수 있게 한다. 과제 활동에서는 학습자의 필요와 욕구에 맞는 의사소통적 과제를 수행하는 과정에서 자연스럽게 발생하는 기회를 이용하여 이해나 산출에서 부족하거나 필요한 언어적 요소에 주의를 기울이도록 유도한다(Long & Robinson, 1998). 그리하여 과제 활동을 통해 문법 항목의 형태와 의미, 기능의 관계에 대해 학습자의 주의 집중을 유도하고 보다 효과적으로 의식하도록 하는 것이다.

문법 교수에서 과제 활동은 목표가 되는 문법 항목에 대해 의사소통적 관점에서 사용되는 현상을 교실 안에서 경험함으로써, 그러한 교실 안의 경험이 실제로 교실 밖에서 해당 문법 항목을 활용하는 의사소통 능력으로 전이될 수 있다는 것을 전제로 한다. 또한 문법 교수에서 과제 활동은 문법 항목을 분절된 언어 단위로 다루는 것이 아니라, 의사소통에 중심

---

11) 실생활 과제는 교실 밖에서 일어나거나 실제 있을 것 같은 상황을 학습자에게 주고 직접 해결해 보게 하는 것이고, 교육적 과제는 교실 안에서 교육 목적을 달성하도록 실제적 과제와 유사하게 만들거나 언어 습득을 위해 특별히 고안된 것을 의미한다.

을 두고 맥락 안에서의 사용을 강조한다. 특히 의사소통적 활동의 과정에서 목표 문법 항목에 주의를 집중하게 하거나 의식을 고양시키는 활동 등이 논의되어 왔다.

예를 들어, 언어 교육에서 활용할 수 있는 의사소통 중심의 과제에는 정보차 과제와 직소 과제, 문제 해결 과제 등이 있다. 정보차 과제(information gap task)는 한 명의 학습자나 그룹이 일부의 정보를 가지고 있고 또 다른 한 명의 학습자나 그룹이 나머지 보충하는 정보를 가지고 있을 경우, 서로 협상하여 상대편의 정보를 알아내어 전체 내용을 구성하는 과제이다.

이에 대해 과거 경험을 표현하는 '-아/어/여 본 적이 있다'를 통해 정보를 알아내는 과제 수행 과정을 간략히 예시하면 다음과 같다.

※ (학습자 1에게 〈표 1〉을, 학습자 2에게는 〈표 2〉를 나누어 준 후, 서로에게 결여된 정보를 대화를 통해 알아내어 표를 완성하게 한다.)
다음과 같이 질문을 하고 들은 대답을 바탕으로 알맞은 곳에 ○, ×를 넣어 표를 완성하세요.
예) 학습자 1: ○○은/는 ○○을/를 ○○아/어/여 본 적이 있습니까?
학습자 2: 네, ○○아/어/여 본 적이 있습니다. / 아니요, ○○아/어/여 본 적이 없습니다.

〈표 1〉	조이	사라	수잔
기타를 배우다	×		
김치찌개를 먹다			○
연예인을 만나다		○	×
케이크를 만들다	○	×	

〈표 2〉	조이	사라	수잔
기타를 배우다		×	○
김치찌개를 먹다	×	○	
연예인을 만나다	○		
케이크를 만들다			×

즉, 정보차 이용하기는 다른 학습자 또는 그룹으로부터 자신이 알지 못하는 정보를 알아내는 활동이다.

직소 과제(jigsaw task)는 학습 내용을 몇 개의 하위 주제로 나누고, 학습자들은 특정한 주제를 집중적으로 학습하여 전문가가 된 후에 서로 가르치고 배우는 과정으로 진행된다. 예를 들어, 명사절 형성에서 '-기'와 '-(으)ㅁ'은 다른 양상을 보인다.

> 그는 친구한테 소식이 {오기를, *옴을} 기다렸다.
> 그는 친구가 부산을 {*떠났기를, 떠났음을} 확인하였다.

이를 근거로 명사절 형성에서 '-기'와 '-(으)ㅁ'의 형태, 의미, 용법에 대한 직소 과제 활동의 예를 간략히 정리하여 보면 다음과 같다(이민경 외, 2018 참조).

도입 단계	학습 목표 제시, 직소 과제 활동 방법 설명
모집단 활동 단계	각 전문가 모둠이 교사와 함께 주어진 내용을 학습 • 모집단 1: '-기'의 형태, 의미, 용법 이해하기 • 모집단 2: '-(으)ㅁ'의 형태, 의미, 용법 이해하기
전문가 집단 협동학습 단계	모집단의 구성원이 흩어져 다른 모집단의 구성원들과 섞여 전문가 집단을 만들어 활동 • 교사가 나누어 준 학습 자료를 읽고 학습 내용에 대해 토의 • 간단한 퀴즈를 통해 전문가 집단이 학습 내용을 충분히 이해했는지 점검 • 퀴즈 답안에 대한 교사의 피드백을 받음
평가 단계	최종 평가를 실시하여 학습자의 이해도 점검 및 오류 수정

즉, 직소 과제는 개인별로 분담된 하위 주제를 학습한 후에 함께 모여 정보를 주고받으면서 분담된 주제에서 학습한 것을 조합하여 전체 내용

을 구성하는 일종의 협동학습 방법이다.

그리고 문제 해결 과제(problem-solving task)는 학습자들이 협상과 토론을 통해 주어진 문제에 대한 해결 방법을 구상하는 것이다. 이에 대해 피동 학습과 관련한 예를 보면 다음과 같다.

※ 아래의 대화문을 읽고 피동형으로 바꾸어야 할 부분을 찾아 밑줄을 그으세요. 그리고 그렇게 생각한 이유를 쓰세요.

간호사: 오늘 어떻게 오셨어요?

할머니: 건강검진 받으러 왔는데요.

간호사: 그럼 시력검사부터 받으시면 됩니다. 이쪽으로 들어가세요.

의사: 안녕하세요? 여기 앞을 보세요. 이 숫자 보세요?

할머니: 안 봐요.

의사: 시력이 안 좋으시네요. 이제 청력검사를 받으셔야 해요. 지금부터 소리를 들려 드릴 거예요. 잘 들으세요. 들으면 손을 드세요. 시작합니다.

할머니: 소리가 하나도 안 들어요.

〈이유〉 _____

_____

이와 함께 문법 연습을 위한 과제로 자유롭게 말하거나 쓰는 자유 작문, 주제를 제시하고 학습자들이 토론하여 이야기 구성하기, 일부가 삭제되거나 비어 있는 내용을 나누어 주고 학습자들이 협력하여 빈칸을 채워 완성하는 정보 공백 채우기 등이 추가될 수 있다. 읽기 자료를 활용한 정보 공백 채우기의 예를 제시하면 다음과 같다.

3.2.2 1980년대 중반 들어 과제 기반 언어 교수(task-based language teaching)라 하여 과제 활동 중심의 교수 방법이 등장하였다. 이것은 의사소통적 접근법의 원리를 따르며, 분절된 언어 단위가 아니라 의사소통의 전체 단위에 중심을 두고, 교실에서의 언어 사용과 교실 밖에서의 언어 사용을 연결하는 점을 강조한다. 즉, 교실에서의 과제를 통한 언어 사용 기회가 언어 습득으로 이어진다는 가정에 근거한다(『한국어교육학 사전』, 2014:976-977 참조).

과제 기반 언어 교수는 목표 언어의 형태와 구조보다는 의미와 의사 전달 기능에 중점을 두는 의사소통 중심 언어 교수 방법의 하나이다. 이것은 학습 과정에서 학습자들이 수행하는 협력적인 상호작용이 학습에 긍정적인 역할을 한다고 보는 학습자 중심의 성격을 지닌다. 따라서 결과보다는 과제 수행의 과정을 중시하는 관점을 지닌다(송정화, 2020 참조).

과제 기반 언어 교수는 학습자가 실제적인 언어 사용 맥락에서 일정한 목적을 가지고 의사소통 능력을 키울 수 있다는 것이 장점이다. 정의적으로는 학습자가 자신이 알고 있는 목표 언어의 지식을 모두 활용하여 의사소통에 참여하게 되어 목표 언어 학습에 자신감을 갖게 된다는 점도 긍정적인 측면에 해당한다.

그런데 과제 기반 언어 교수는 목표 언어의 사용을 지나치게 강조하고 형태와 구조를 간과하는 경향이 있어서 정확성의 향상과 효율성의 제고에 문제가 제기될 수 있다. 또한 과제 구성과 적용의 어려움 때문에 교사의 부담이 늘어나며, 실제 적용에서 학습자들의 적극적인 참여와 수행에 필요한 시간이 요구되기도 한다. 아울러 과제의 구성이 학습자보다는 교사의 선호도(취향)에 영향 받을 수 있다는 점과 과제의 유형에 대한 해석들이 너무 다양하여 과제의 범위와 형식을 한정하기 어렵다는 문제도 지적될 수 있다.

④ 한국어 문법 교수법의 전망

4.1

초창기 한국어 교육에서 문법 교수는 청각구두식 교수법에 따른 문형 연습을 주로 활용하였다. 그러나 이후 의사소통 중심의 교수법을 수용하면서 다양한 교수 방법들이 활용되고 있으며, 특히 과제 기반의 교수 방법이 수용되면서 학습자들의 과제 활동을 강조하는 방향으로 전개되고 있다.

실제로 오늘날 한국어 교육에서 문법 영역의 교수 방법 적용의 양상을 대상으로 조사하여 분석한 우형식(2016)에서의 논의를 보면, 현장에서는 의사소통 중심의 교수 방법을 이상적이라 하면서도 실제로는 전통적인 방법이 널리 적용되고 있는 것으로 보인다. 이것은 한국어 문법 교육은 교사 중심적이고 결과 중심적으로 운영되면서 제한된 시간과 공간 안에서 많은 양의 정보를 제공할 수 있는 교수법이 널리 적용되고 있음을 의미하는 것으로 해석된다. 이러한 상황은 교착성이 강하여 형태적으로 복잡한 한국어의 특성과 한국어능력시험에 관심을 두고 있는 학습자들의 현실적인 요구를 반영하는 것이라 할 수 있다.

교수 기법의 측면에서 보면, 전통적인 문형 연습과 아울러 입력 강화와 같은 교사 주도의 입력 중심의 기법이 널리 활용되고 있는 것으로 보인다. 이도 역시 시공간의 제약에서 주어진 교육 자료로 많은 양의 언어 항목을 다루어야 하는 한국어 교육의 현실을 반영하는 것으로, 교육과정이나 교수요목, 교재의 구성과 함께 학습자의 요구와 교육 환경의 문제 등에서 비롯되는 것으로 이해된다.

그런데 한편으로는 의사소통 중심의 교수 방법을 중요하게 인식하고 있으며, 형태 초점 등과 같이 의미와 형태를 모두 고려하는 교수 방법을 적극적으로 수용하고 있음이 주목된다. 이것은 한국어 교육의 현장에서는 전통적인 교수 방법의 한계를 극복하고, 의사소통 능력의 향상을 목표로 하는 언어 교수의 이론과 방법을 수용하고 있음을 의미한다.

4.2

언어 교육의 현장에서 교수법은 교수-학습의 내용이나 학습자의 조건, 학습 상황 등의 다양한 변인에 따라 선택되고 적용되어야 할 문제이다. 일반적으로 교수법의 적용에는 다음과 같은 사항이 고려된다(우형식, 2010ㄷ:93 참조).

- 언어 습득의 어떤 면을 다루는가?
- 어떤 학습자(아동/어른, 학습 목적 등)에게 유효한가?
- 어떤 수준(초급, 중급, 고급 등)에 적합한가?
- 어떤 종류의 훈련(문형 연습, 과제 활동 등)이 요구되는가?
- 학습 상황과 어떻게 부합되는가?
- 학습자의 반응은 어떠할 것으로 예상되는가?
- 다른 교수법에 비해 어떤 특징이 있는가?

언어 교육에서 교수법은 다면적이기 때문에 교육적 상황과 강조점에 따라 절충적으로 적용된다(임진숙, 2020ㄱ 참조). 따라서 한국어 문법 교육에서는 다양한 언어 교수의 이론과 방법을 바탕으로 한국어의 언어적 특성과 교육과정, 학습자 변인 등을 반영하는 교수법이 기대되는 것이다.

제 9 장

한국어 문법 교수의

절차

■ 한국어 교육은 일반적인 교육의 범주에 포함된다. 교육은 주어진 절차에 따라 교사와 학습자 사이에서 이루어지는 일련의 활동이라 할 수 있다. 교육에서 주어진 절차는 교육과정으로 정해진다. 교육과정은 학제와 같은 제도적인 측면과 아울러, 교육의 목표와 방법, 내용, 평가에 이르기까지 교육 활동에 관한 모든 사항을 규정한다. 그리고 교육 활동의 작은 단위는 수업이 될 것이다. 수업은 주어진 과정에 따라 제한적인 시·공간의 배경 안에서 시행되므로, 적절한 절차에 따라 계획되고 수행될 필요가 있다. 이러한 수업 절차는 수업의 단계에 따른 내용이나 방법, 전략 등을 조작하는 방법을 통해 일정한 모형(model)으로 제시될 수 있다. 이 장에서는 한국어 문법 교육을 위한 교수 모형을 정리하고,[1] 이들 중에서 널리 활용되고 있는 PPP 모형에서 활용되는 다양한 기법들에 대해 살펴보기로 한다.

① 한국어 문법 교수의 모형

1.1 일반적 모형

1.1.1 문법 교육도 넓은 의미에서 언어 교육의 한 범주에 포함되는 것이므로 일반적인 언어 교수의 모형에서 벗어나지 않는다. 문법의 교수-학습은 문법적 정확성과 의사소통의 유창성을 모두 만족시킬 수 있는 방향으로 수행하는데, 대체로 다음과 같은 절차로 진행된다.

도입 단계	• 학습 목표 확인, 동기 유발 • 학습자 수준 파악, 배경지식 활성화
제시 단계	• 학습 내용의 명시적 제시 • 형태, 의미, 사용 정보 제공
연습 단계	• 교사의 시범, 학습자 유도 (안내) • 문장 연습 (유의미적 연습)
활용 단계	• 학습자의 활동 (과제 수행) • 담화 연습
확인 및 점검	• 학습 내용 확인, 정리 • 평가, 과제 제시

도입 단계에서는 학습 목표를 제시하고, 학습 동기를 유발하며, 배경지식(스키마)을 활성화시켜 교수-학습의 내용을 예측해 보는 활동을 한다. 여기서는 안정적인 심리 상태에서 수업 준비를 할 수 있도록 하는 데

---

1) 그런데 '교수 모형'보다는 '교수-학습 모형'이 더 적절할지도 모른다. 여기서는 교수(teaching)의 관점에서 서술하기로 한다.

유의한다.

　제시 단계에서는 교수-학습의 대상이 되는 문법 항목을 인지시키고, 학습자가 문법 항목이 지닌 규칙적 성격을 예상해 볼 수 있도록 한다. 특히 상황 맥락 속에서 교수하고자 하는 문법 항목이 들어 있는 문장을 제시하여, 학습자가 실제 자료에서 목표가 되는 문법 항목을 인지하도록 한다. 여기서는 문법 항목의 형태를 충분히 인식할 수 있도록 하며, 문맥을 통해 구조적 특징과 의미를 유추할 수 있도록 유도한다. 특히 이때 문법적인 메타언어(용어나 약어 등)의 사용을 억제하고, 그림이나 차트 등의 보조자료를 이용하여 학습자가 쉽게 이해할 수 있도록 도와줄 필요가 있다. 또한 문법 항목의 설명에서는 해당 항목의 의미와 기능 등을 고려하여 학습에 필요한 최소한의 정보를 제공해 준다.

　연습 단계에서는 교사의 시범에 따라 따라하기나 교체하기, 묻고 대답하기 등의 방법으로 연습하면서, 다양한 예시를 통해 문법 항목의 사용 원리와 규칙 등을 깨닫게 하는 활동을 한다. 특히 여기서는 유의미적인 예시를 통해 문법 항목의 구조를 연습하는 데 유의한다. 즉, 문장 차원의 문형을 활용하여 구조적인 특성을 이해하고 연습하면서도, 단순한 암기나 반복이 아니라 실제적인 언어 상황에서 사용할 수 있도록 의사소통 능력의 향상에도 유의하는 것이다. 이를 위해서는 학습자의 흥미와 의사소통 능력의 배양을 고려하여 다양한 연습 방법을 개발할 필요가 있다.

　활용 단계에서는 실제 상황에서 과제를 수행할 수 있도록 하는 활동을 한다. 여기서는 학습자의 참여를 유도하는 담화 차원의 연습과 과제 활동을 통해 의사소통 능력을 배양시키는 데 유의한다.[2] 그리고 마무리 단계에서는 피드백을 통해 확인·점검하고 전체적으로 마무리하는데, 학습자가 자신감을 가질 수 있도록 격려해 줄 필요도 있다.

　다음은 위의 모형에 따라 '계절'이라는 단원에서 인과 관계를 표현하는

---

2)　일반적으로 문법 항목의 연습은 '형태→의미→사회적 기능→담화적 기능'의 순으로 진행된다.

연결어미 '–어서'를 목표 문법 항목으로 하는 교수 과정을 계획한 한 예이다.

[도입]	학습자에게 좋아하는 계절과 그 계절을 좋아하는 이유를 말하게 하고, 교사는 이것을 '–어서'로 연결하여 문장을 재구성한다. 이러한 활동을 2∼3회 반복한다.
[제시]	학습자에게 '–어서'의 의미를 설명한다.
[연습]	'–어서'로 문장을 재구성하는 연습을 한다(따라하기, 두 문장을 하나로 연결하기, 묻고 대답하기 등).
[활용]	학습자들이 '–어서'를 사용하여 좋아하는 계절과 그 이유를 함께 이야기한다.
[마무리]	학습자의 오류를 수정하고, 수업 내용을 정리한다.

위에서는 도입 부분에서 학습자가 제공하는 예를 통해 교수–학습의 대상이 되는 문법 항목을 제시함으로써 학습자의 참여도를 높일 수 있다는 점이 두드러진다. 또한 학습자들이 학습한 문법 항목을 사용하여 서로 이야기를 구성함으로써 실제 담화적 상황에 활용하는 기회를 갖게 된다는 점에서 긍정적인 평가를 할 수 있다.

1.1.2 문법 교수에서 고려해야 할 몇 가지 문제가 있다. 우선 문법 교수는 의사소통 능력의 활성화에 기여할 수 있어야 한다는 것이다. 이를 위해서 문법 항목에 대한 규칙 중심의 설명보다는 해당 단원의 주제와 언어적 기능과 관련되어야 한다(앞의 2장 2.2절 참조).

또한 문법 교수는 듣기와 말하기, 읽기, 쓰기 등의 언어 기능과 관련하여 앞의 5단계 모형을 일부 변형한 형식으로 진행할 수도 있다. 예를 들어, 다음을 통해 문법 학습을 기반으로 하는 말하기 교수–학습 활동의 경우를 살필 수 있다. 여기서 교수–학습의 대상이 되는 문법 항목은 '–(으)려고 하다'이다.

> ⊙ '-(으)려고 하다'는 자신의 계획을 말할 때 사용됨을 설명한다.
>
> ⓛ 동사 활용표를 통해 '-(으)려고 하다'를 연습한다.
>
> ⓒ 주어진 자료로 빈칸 채우기 연습과 교체 연습을 한다.
>
> ⓔ 제시된 그림을 '-(으)려고 하다'를 사용하여 설명한다.
>
> ⓜ 학습자가 자신의 주말 계획을 '-(으)려고 하다'를 사용하여 말한다.
>
> ⓗ 학습자의 오류를 수정해 준다.

위의 경우는 교육적 과제 활동이 현장 적용성과 학습자 관련성이 높다고 할 수 있다. 그것은 '-(으)려고 하다'의 용법이 자신의 계획을 말할 때 사용됨을 설명한다든지, '-(으)려고 하다'를 사용하여 제시된 그림을 설명하거나 주말 계획을 말하는 활동 등을 통해 이해할 수 있다.

그러나 주어진 시간과 공간 안에서 이루어지는 문법 교수에서는 실제적인 구어 담화 연습이 제대로 수행되지 못한다는 문제가 지적될 수 있다. 그것은 연습에서 교사가 제시하는 활동이 주를 이루고, 교사와 학습자 또는 학습자와 학습자 사이의 대화를 통한 연습이 주어지지 않기 때문이다. 즉, 학습자의 개인적 연습에 충실할 뿐, 의사소통 상황에서의 연습이 부족하다는 것이다.

문법 교수는 언어 교육 전체의 한 부분으로 수행된다. 문법 항목의 연습만으로 언어 교육의 전부를 이루는 것은 아니며, 어휘와 문장 등의 형식뿐만 아니라, 주제와 상황, 기능 등과 관련되는 유의미적인 맥락 속에서 이루어지는 것이다. 그리고 문법 교수에서도 피드백이 제공되며, 문법의 학습에서 나타나는 오류를 발견하고 이것을 적절히 수정할 수 있도록 유도하는 절차가 주어지게 된다(다음의 12장 참조).

1.2.1 문법 교수에서 적용될 수 있는 교수 모형으로 여러 가지가 논의 되어 왔다. 그중에서도 특히 PPP 모형은 가장 전형적이면서도 전통적인 문법 교수의 모형으로 다루어져 왔다.

PPP 모형은 전통적인 교수-학습의 절차로, 이것을 적용함으로써 언어 학습을 일종의 습관 형성의 과정이라고 보고, 교사가 학습 목표가 되는 언어 항목을 제시하면 학습자들은 반복적인 연습을 통해 최종적으로 생 산할 수 있는 능력을 기르게 된다고 해석한다. PPP 모형은 올바른 언어 사례를 제시하고 반복 연습을 통해 올바른 언어 자료를 자율적으로 생성 할 수 있도록 이끄는 것으로, 다음과 같이 3단계로 이루어진다.

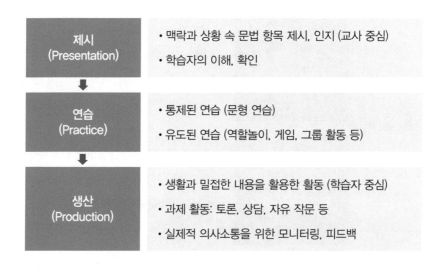

학습자들이 목표에 도달하도록 도와주는 방법 중 가장 적절한 것은 교 수의 첫 단계에서 새로운 언어 항목을 잘 도입하는 것이다. 이것이 제시 단계이다. 제시 단계에서 새로운 문법 항목을 인지하고 그것이 어떻게 사용되는지 이해하는 것이 필요하며, 이를 바탕으로 해당 언어 항목의 형태와 의미를 제시하고 그것이 쓰이는 예를 보여 주면서 설명한다.

그리고 연습 단계에서는 학습자들이 새로운 문법 항목을 익히도록 도와주는 다양한 연습 활동을 하게 된다. 생산 단계에서는 학습한 새로운 문법 항목을 사용하여 서로 의사소통할 수 있는 활동을 한다. 이를 통해 새로운 문법 항목은 학습자 자신의 언어 지식의 한 부분이 되고, 학습자들은 그들이 이미 학습한 다른 문법 항목들과 함께 그것을 쉽게 사용할 수 있게 된다.

한편, Penny(1996)에서는 위의 PPP 모형 3단계를 7단계로 세분하였는데, 이에 대해 문법 항목 '-(으)니까'에 적용한 교수 절차의 예를 간략히 제시하면 다음과 같다.

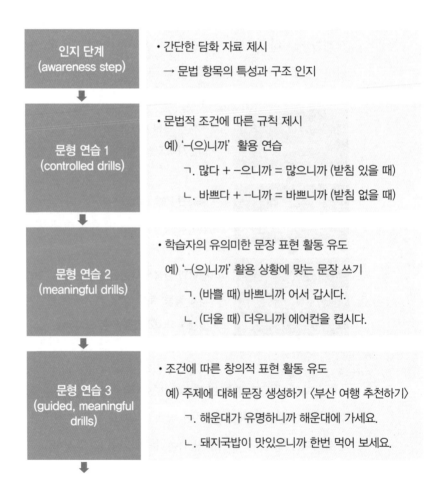

인지 단계 (awareness step)
• 간단한 담화 자료 제시
→ 문법 항목의 특성과 구조 인지

문형 연습 1 (controlled drills)
• 문법적 조건에 따른 규칙 제시
예) '-(으)니까' 활용 연습
ㄱ. 많다 + -으니까 = 많으니까 (받침 있을 때)
ㄴ. 바쁘다 + -니까 = 바쁘니까 (받침 없을 때)

문형 연습 2 (meaningful drills)
• 학습자의 유의미한 문장 표현 활동 유도
예) '-(으)니까' 활용 상황에 맞는 문장 쓰기
ㄱ. (바쁠 때) 바쁘니까 어서 갑시다.
ㄴ. (더울 때) 더우니까 에어컨을 켭시다.

문형 연습 3 (guided, meaningful drills)
• 조건에 따른 창의적 표현 활동 유도
예) 주제에 대해 문장 생성하기 〈부산 여행 추천하기〉
ㄱ. 해운대가 유명하니까 해운대에 가세요.
ㄴ. 돼지국밥이 맛있으니까 한번 먹어 보세요.

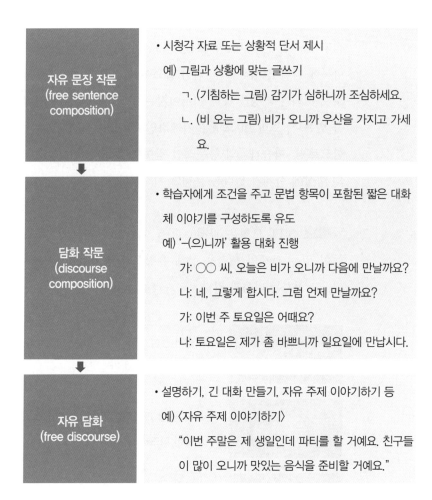

자유 문장 작문 (free sentence composition)	• 시청각 자료 또는 상황적 단서 제시 예) 그림과 상황에 맞는 글쓰기 　　ㄱ. (기침하는 그림) 감기가 심하니까 조심하세요. 　　ㄴ. (비 오는 그림) 비가 오니까 우산을 가지고 가세요.
담화 작문 (discourse composition)	• 학습자에게 조건을 주고 문법 항목이 포함된 짧은 대화체 이야기를 구성하도록 유도 예) '-(으)니까' 활용 대화 진행 　　가: ○○ 씨, 오늘은 비가 오니까 다음에 만날까요? 　　나: 네, 그렇게 합시다. 그럼 언제 만날까요? 　　가: 이번 주 토요일은 어때요? 　　나: 토요일은 제가 좀 바쁘니까 일요일에 만납시다.
자유 담화 (free discourse)	• 설명하기, 긴 대화 만들기, 자유 주제 이야기하기 등 예) 〈자유 주제 이야기하기〉 　　"이번 주말은 제 생일인데 파티를 할 거예요. 친구들이 많이 오니까 맛있는 음식을 준비할 거예요."

이것은 여러 단계로 설정함으로써 각 단계를 거치면서 문법 항목을 심화하여 학습할 수 있도록 3단계의 PPP 모형을 좀 더 상세화한 것이다.

이러한 PPP 모형은 실제 문법 교수에서 널리 활용되는 것이기도 하다. 그것은 이 모형이 교수-학습의 설계가 비교적 쉬워서 교사가 활용하기에 편리하고, 학습 목표가 분명하고 평가가 확실하며, 학습을 주로 자동화된 습관에 초점을 맞춤으로써 기존의 학습 이론과 연관성이 크다는 점 때문이라고 할 수 있다. 또한 PPP 모형은 학습 단계나 맥락이 다른 경우에도 여러 교수 방법을 두루 활용하여 다양하게 확장할 수 있다는 장점도 지니고 있다.

그런데 PPP 모형은 많은 장점을 지니고 있으나, 여러 가지 문제가 지적되기도 한다. 특히 여기서는 목표 언어를 분절된 단위로 나누어 문법 항목에 따라 전개하지만, 언어 습득이 이러한 분절된 항목들이 점진적으로 누적되는 과정을 통해 이루어지는 것은 아니라는 관점에서 많은 비판을 받는다. 또한 이 모형은 기계적인 연습을 주요한 교수 방법으로 수용함으로써, 학습자들의 능동적인 참여를 유도하기 어렵고 의사소통 능력의 향상에 한계가 있다는 문제도 지적된다.

1.2.2 TTT 모형은 과제(task)를 기반으로 하는데, 목표 문법 항목이 들어 있는 과제의 해결을 통해 유창성과 정확성을 얻도록 이끄는 것이다. 그 절차는 다음과 같다.

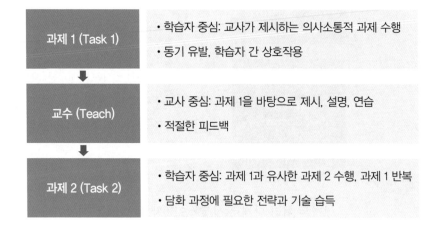

이것은 과제 수행 활동 중심, 그리고 학습자 중심의 성격을 지니며, 의사소통 능력의 함양을 목표로 과제를 제시하여 과제 해결을 통한 언어 습득을 지향하는 모형이라 할 수 있다. 그런데 여기서는 과제 수행을 위해 일정 수준의 언어 지식이 요구된다는 점과 함께, 과제의 구성이나 교실에서의 실제 활동, 평가 등에서 어려움이 제기된다.[3]

---

3) 이런 점에서 TTT 모형과 PPP 모형을 혼합하여 TPP 또는 PPT 등과 같은 절충식 모형을 활용할 수 있다.

1.2.3 그 외에도 고려할 수 있는 것으로 OHE 모형과 NDAE 모형 등이 있다(강현화, 2006 참조). OHE 모형은 어휘적 접근법(lexical approach)과 관련되는데, 다음과 같은 절차로 구성된다.[4]

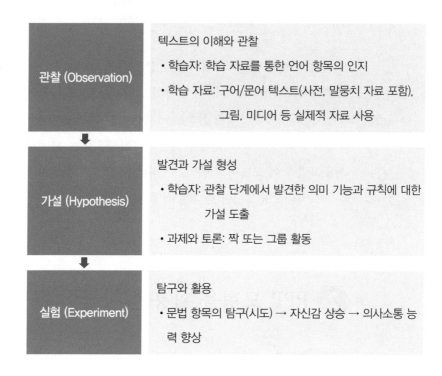

관찰 (Observation)	텍스트의 이해와 관찰 • 학습자: 학습 자료를 통한 언어 항목의 인지 • 학습 자료: 구어/문어 텍스트(사전, 말뭉치 자료 포함), 그림, 미디어 등 실제적 자료 사용
가설 (Hypothesis)	발견과 가설 형성 • 학습자: 관찰 단계에서 발견한 의미 기능과 규칙에 대한 가설 도출 • 과제와 토론: 짝 또는 그룹 활동
실험 (Experiment)	탐구와 활용 • 문법 항목의 탐구(시도) → 자신감 상승 → 의사소통 능 력 향상

이 모형은 학습자 중심, 하향식(top-down) 접근, 개념과 인지 중심의 학습, 통합적 접근, 과제 중심, 내용 중심, 자료(코퍼스) 중심의 탐구 학습의 특성을 지닌다. 그런데 이 모형은 자연적 언어 습득을 주장하고 있으나 앞의 PPP 모형과 같은 구체적 활용 방안을 제시하기 어려운 것이 한계라 할 수 있다.

---

4) OHE 모형은 Lewis(1993)에서 제시한 어휘적 접근(lexical approach)의 교수 방법을 바탕으로 한 것이다. 어휘적 접근법은 언어 발화체를 구성하는 중심 요소를 어휘로 보고, 언어 교육을 어휘 중심으로 접근하는 교수 방법을 말한다. 따라서 연어(collocation)와 같은 관용적 어휘 구성체에 관심을 두는데, 특히 덩이 형태와 같은 문법화된 단어 결합체에 대한 교수를 강조한다.

한편, NDAE 모형은 다음과 같은 절차로 진행된다.

이것은 Richards(2002)에서 제안한 것으로, 문법 현상에 주목하여 문법 의식을 고양하고, 탐구 학습의 방법을 적용하는 복합적인 교수 모형이다(다음의 10장 2.2절 참조). 여기서는 특히 학습자가 목표 문법 항목에 주목하여 스스로 규칙을 발견하고 내면화하는 탐구 활동을 강조한다.[5] 그런데 이 모형이 적용되기 위해서는 교사와 학습자가 이러한 수업 절차에 익숙해져 있어야 한다는 전제가 요구된다.

② PPP 모형을 활용한 한국어 문법 교수

PPP 모형은 한국어 문법 교수에서 가장 널리 사용되는 것이기도 하다. 이것은 앞에서처럼 제시와 연습, 생산 단계로 구성되는데, 이를 한국어 문법 교수에 적용할 때 각 단계에서 어떤 활동을 하게 되며 이를 준비하기 위해 무엇이 요구되는지를 좀 더 구체적으로 살펴본다(우형식 외, 2011:67-90 참조).

---

5) 재구조화(restructuring)는 학습자가 새로운 개념을 기존의 인지 구조에 포섭하는 과정 혹은 기존의 인지 구조를 새로운 개념에 맞게 조절하는 과정으로 해석된다.

2.1 제시 단계

2.1.1 제시 단계는 학습자들에게서 학습 동기를 이끌어내고 교수의 목표가 되는 새로운 내용을 소개하는 과정으로 이루어진다. 교수에서 목표로 하는 문법 항목의 형태를 정확히 제시하고, 그 의미를 효과적으로 파악할 수 있도록 그것이 사용되는 전형적인 상황에서 언어 내용을 소개한다. 특히 학습자들이 상황과 맥락 속에서 목표 문법 항목의 의미와 사용법을 유추하여 이해할 수 있도록 상황을 흥미 있고 이해하기 쉽게 구성하여 제시할 필요가 있다.

제시 단계의 앞부분에서는 학습자들이 교수의 목표가 되는 문법 항목에 흥미와 관심을 가지고 주의를 집중할 수 있도록 이끈다. 학습자의 흥미를 끌 수 있는 몇 가지 질문이나 그림 자료 등을 이용하여 학습자들로 하여금 스키마를 활용하여 학습 내용을 예측해 보거나 기대감을 갖게 해줄 수 있다.

학습자의 주의를 집중시킨 후 본격적으로 목표 문법 항목을 제시하고 설명하는데, 이때에는 다음 세 가지 사항을 분명하게 해야 한다(앞의 4장 3.2절 참조).

- 형태(발음, 철자)는 어떠한가? (형식)
- 의미가 무엇인가? (의미)
- 언제 그리고 어떻게 사용되는가? (사용)

학습자들에게 목표 문법 항목의 형태가 어떻게 형성되는지, 그리고 발음과 철자는 어떠한지를 보여 준다. 학습자들이 목표 문법 항목의 의미를 이해하도록 하기 위해 상황을 설정하고 분명한 맥락에서 제시한다. 물론 문법 항목이 제시되는 장면이나 상황은 학습자들이 이미 알고 있는 어휘를 통해 이해할 수 있어야 한다.

제시 단계에서는 설명과 예시를 통해 목표 문법 항목이 언제, 어떻게 사용되는가를 보여 준다. 이때에는 실제 문장 속에서 어떤 구조나 형태로 사용되는지를 명확하게 보여 주도록 하는데, 문법적 제약이 있는 경우 어떤 경우에 비문법적인 표현이 되는가를 간단히 설명하거나 오류의 예를 제시해 줄 수도 있다. 특히 제시 단계에서는 학습자들의 배경지식을 활성화하고 흥미를 끌 수 있도록 하는데, 목표 문법 항목의 문법적 특성을 충분히 제시하되 문법 지식 중심의 설명은 지양해야 한다.

2.1.2 제시 단계에서 목표 문법 항목을 어떻게 제시할 것인지에 대해 고려해야 할 사항을 좀 더 구체적으로 보면 다음과 같다.

- 문법 항목을 어떤 형태로 제시할 것인가?
- 고려해야 할 규칙은 무엇인가?
- 어떤 예문을 이용하여 제시할 것인가?
- 어떻게 의미를 제시할 것인가?
- 의미와 기능은 어디까지 제한할 것인가?

목표 문법 항목은 형태적 특징에 따라 하나의 형태만으로 제시하는 경우와 덩이 형태로 제시하는 경우가 있다.

> ㉠ 단일 형태로 제시하는 경우
> 예) 조사: '에, 에서, 에게, 한테, 하고, 의, 처럼, 부터, 까지, 조차, 만, 도' 등
> 연결어미: '-고, -거든, -거나, -더라도, -지만, -도록, -자마자, -다가' 등
> 종결어미: '-지, -네, -구나, -군, -나, -거라, -자, -세' 등

ⓛ 덩이 형태로 제시하는 경우

예) 연결형: '에 대해, 을/를 비롯해, 만 같아도, −기 때문에, −는 바람에, −
고 해서, −아서/어서/여서 그런지, −면/으면 몰라도' 등

종결형: '−고 싶다, −ㄹ/을 것 같다, −ㄹ/을 수밖에 없다, −았/었/였으
면 좋겠다' 등

ⓒ 대화쌍으로 제시하는 경우

예) 가: −아도/어도/여도 돼요?

나: 아니요, −면/으면 안 돼요.

단일 형태는 최소의 의미 단위이면서 문법 단위가 되기 때문에 단독으로 제시한다(ⓖ). 그런데 둘 이상의 형태가 결합하여 하나의 문법적 기능을 실현하는 경우에는 이들을 덩이 형태로 묶어 제시한다(ⓛ). 그리고 전형적으로 대화쌍을 이루는 것은 두 항목을 대화 형식으로 묶어 제시한다(ⓒ).

목표 항목을 문형으로 제시할 경우에는 고정부(문형)와 활용부를 시각적으로 구분하고, 예문은 완전한 문장이 될 수 있는 종결형으로 제시할 필요가 있다.

예) 동사 + '−ㄴ/은 적이 있다'

• 가: 비빔밥을 먹은 적이 있어요?

나: 네, 비빔밥을 먹은 적이 있어요.

• 가: 부산에 간 적이 있어요?

나: 네, 부산에 간 적이 있어요.

이때 이형태에 유의해야 하는데, 위의 '−ㄴ/은 적이 있다'처럼 원칙적으로 이형태를 모두 제시하는 것이 적절하다.

제시 단계에서는 목표 문법 항목과 관련되는 규칙에 대해서도 유의해야 한다. 이때 고려될 수 있는 규칙으로는 형태론적인 것과 통사론적인 것이 있을 수 있다. 형태론적 규칙은 주로 이형태의 용법과 관련되는 것으로 음운적인 것과 품사 등의 영향을 따르는 형태적인 것이 있다.[6]

㉠ 음운적 이형태
- 받침 유무: '이/가, 은/는, 을/를, 로/으로, 랑/이랑, 예요/이에요(예, 친구예요/학생이에요), -ㄴ다/는다(예, 간다/먹는다), -ㅂ니다/습니다, -ㅂ시다/읍시다, -면/으면, -니까/으니까, -ㄴ/은 다음에, -ㄹ/을 수 있다, -ㄹ/을 것이다' 등
- 양성/음성모음: '-았/었-, -아서/어서, -아야/어야, -아도/어도, -아요/어요, -아/어지다, -아/어 버리다' 등

㉡ 형태적 이형태 포함
- '하-' 뒤에서: '-았/었/였-, -아서/어서/여서, -아/어/여 버리다' 등
- 품사 구분(동사/형용사): '-다/ㄴ다/는다' (예, 예쁘다/간다/먹는다)
  '-ㄴ걸요/은걸요/는걸요' (예, 바쁜걸요/싫은걸요/가는걸요)
  '-ㄴ지/은지/는지 모르다' (예, 얼마나 비싼지/좋은지/잘하는지 몰라요) 등

이들 이형태의 유형은 음운적 조건에 의한 것(㉠)과 함께 형태적 이형태가 포함되는 경우(㉡)가 있다.

통사론적 규칙은 목표 문법 항목에 따라 다양할 수 있는데, 예를 들어 연결어미의 경우에는 다음과 같은 것이 제시될 수 있다.

---

6) 목표 문법 항목에서 이형태는 원칙적으로 모두 제시하는 것이 적절하다. 그러나 실제에서는 간략히 하거나 대표 형태로 제시하기도 한다. 예를 들어 '-아서/어서/여서'로 제시하는 것이 적절하지만, 필요에 따라 '-아/어/여서' 또는 '-어서'로 단순화하기도 한다.

㉠ 시제를 나타내는 선어말어미 '-았/었/였-'과 '-겠-'의 결합 제약

　예) *밥을 못 먹었어서 힘이 없었어요.

㉡ 앞과 뒤 문장의 주어 일치 제약

　예) *어머니는 요리를 하면서 아버지는 청소를 해요.

㉢ 결합하는 서술어 제약 (동사와 형용사의 구분)

　예) *저는 건강하려고 열심히 운동을 해요.

㉣ 문장 종류 제약 (명령문이나 청유문과 어울리지 못함)

　예) *집에 도착하자 전화하세요.

　예문은 학습자들이 목표 문법 항목의 의미와 용법을 알 수 있도록 돕는다. 예문을 제시할 때에는 학습자의 수준을 고려하여 사용 어휘나 길이를 정하되, 목표 문법 항목이 내포하고 있는 의미의 전형성을 반영할 수 있어야 한다. 예문의 수는 보통 3~4개가 적절하지만, 이형태가 많은 경우에는 수를 늘릴 수 있다. 그리고 예문은 짧고 쉬우며 일상적인 것을 먼저 제시하고, 길고 복잡하고 추상적인 것을 뒤에 제시한다.

2.1.3 형태적으로 교착적 성격을 지닌 한국어는 미묘한 의미 차이를 문법 형태가 담당하는 경우가 많다. 이러한 문법 형태의 의미는 다음과 같이 형식적(구조적) 의미와 실질적 의미, 양태적 의미, 사용적 의미 등으로 구분해 볼 수 있는데, 실제로 이러한 구분이 그리 분명한 것은 아니다.

㉠ 형식적(구조적) 의미의 예

　예) '이/가': 주격을 나타낸다.

　　'-았/었/였-': 과거 시제를 나타낸다.

ⓛ 실질적 의미의 예

　예) '-면/으면': 가정하거나 조건을 제시하는 의미를 표현한다.

ⓒ 양태적 의미의 예

　예) '-아/어/여 버리다': 동작의 완료로 인한 화자의 기분이 포함되어 있다.

ⓔ 사용적 의미

　예) '-다면서?': 다른 사람에게서 들은 내용을 확인하여 물을 때 쓴다.

　이렇게 다양한 문법 항목의 의미를 제시하는 방법으로는 여러 가지가 논의될 수 있다. 우선 메타언어를 사용해 직접 문법 항목의 구조와 의미를 설명하는 직접 설명하기와 물건이나 실물 또는 그림을 보고 의미를 이해하게 하는 그림이나 실물 이용하기를 들 수 있다.

　한편, 다음의 예에서 '-아서/어서/여서'와 '-길래'의 경우처럼 의미가 유사하지만 실제 사용에서 차이가 있는 것은 비교 가능한 예문을 보여 주고 그 의미를 추론해 보게 하는 방법을 활용할 수 있다.

- ㄱ. 비가 와서(오-**아서**) 외출하지 않고 집에서 TV를 보았습니다.
- ㄴ. 비가 오길래(오-**길래**) 외출하지 않고 집에서 TV를 보았습니다.

　또한 상황이나 텍스트를 이용하여 의미를 제시할 수 있는데, 상황 이용하기는 다음의 '은/는 물론'의 경우처럼 간단한 일화나 이야기를 통해 목표 문법 항목을 노출하거나, 상황을 유추하게 하는 그림 등을 이용해서 목표 문법 항목의 의미와 쓰임을 제시하는 것이다.

교사: ○○ 씨는 한국어를 참 잘하네요.

학습자: 아니에요. 아직 더 공부해야 해요.

교사: 평소에 어떻게 공부해요?

학습자: 집에 가면 먼저 숙제부터 해요. 그리고 시간이 있으면 한국 드라마나 영화도 많이 보는 편이에요.

교사: 그래요? 복습**은 물론** 드라마나 영화도 보니까 한국어 실력이 좋아졌군요.

그리고 텍스트 이용하기는 입력 강화 기법을 활용하여 글자 모양을 두드러지게 하거나 다르게 하여 텍스트 속에서 목표 문법 항목의 형태나 의미에 주목하게 하는 것이다. 관련되는 예를 보면 다음과 같다(장수, 2017 참조).

유진: 이메일 보냈어요? 확인했는데 없던데요.

지훈: 이메일? 아, 맞다! 너한테 이메일 보내려고 내가 컴퓨터를 켰지.

유진: 무슨 소리예요? 인터넷 *하느라고* 메일 보내기로 한 거 잊어버렸죠?

지훈: 아까 컴퓨터를 켜긴 켰는데 재미있는 기사가 많아서 그걸 *읽느라고* 잊어버렸네. 미안해.

2.2 연습 단계

2.2.1 연습 단계에서는 제시 단계에서 학습한 문법 항목을 실제로 사용하여 문장을 구성하면서 연습하는 기회를 갖는다. 이때 연습 활동을 거치면서 새로운 문법 항목이 장기 기억으로 저장된다. 이런 의미에서 학습자들에게 새로운 문법 항목에 대한 다양하고 충분한 연습 활동을 제

공하는 것이 필요하다.

연습 단계에서는 다음 사항을 고려해야 한다.

- 목표 문법 항목의 의미와 기능을 연습하기에 효과적인가?
- 유의미한 의사소통 상황을 반영하고 있는가?
- 주어진 시간과 학습자 수준에 적절한가?
- 학습자의 능동적인 언어 사용을 담보하는가?

연습은 교사의 통제 아래 제시된 것을 단순히 따르는 통제된 연습 (controlled drill)에서부터 시작하여 점차 덜 통제된 연습을 거쳐 유도된 연습(guided drill)으로 나아가게 된다.

통제된 연습은 학습자들이 스스로 생각할 기회가 적으며 목표 문법 항목에 익숙해지기 위한 기계적 연습이 대부분이다. 가장 흔히 사용하는 통제된 연습은 반복하는 것이다. 반복 연습은 가장 단순하고 매우 통제된 연습 방법으로 학습자들에게 생각할 기회를 거의 주지 않는다. 이 방법은 학습자들로 하여금 목표 문법 항목에 대한 정확성을 높이는 데 기여한다. 통제된 연습을 한 후에는 학습자 스스로 생각하고 판단할 여지가 있는 덜 통제된 연습을 거쳐 교사의 유도에 따라 좀 더 자유롭게 자신의 생각을 표현할 수 있는 유도된 연습 단계로 넘어간다.

연습 단계의 마지막에는 학습자 자신의 상황을 이용하여 유창성에 기여하도록 유의미한 연습(meaningful drill)을 수행할 필요가 있다. 통제된 연습과 유도된 연습을 통해 학습한 문법 항목이 진정한 자신의 것이 되기 위해서는 연습 활동을 무의미하게 수행하는 것보다 문장보다는 담화 단위로 자신의 상황에 비추어 사용해 보는 유의미한 활동이 효과적이기 때문이다.

2.2.2 연습 단계에서 활용할 수 있는 활동에는 여러 가지가 있을 수 있다(앞의 8장 3.1절 참조). 우선 반복하기가 있는데, 이것은 다음의 '-

거나, -아/어/여요'의 경우와 같이 교사가 목표 문법 항목이 포함된 문장을 여러 번 정확하게 말하면 학습자들이 그것을 정확하게 반복해서 따라하는 것이다.

○ '영화를 보는 그림'과 '등산을 하는 그림'을 제시한 후, 교사의 말을 학습자가 따라 한다.

- 교사: 주말에 보통 뭐 해요?
  → 학습자: 주말에 보통 뭐 해요?

© (위치를 바꾸거나 목소리를 바꾸면서) 교가가 대답하면 학습자도 따라서 말한다.

- 교사: 저는 영화를 보거나 등산을 해요.
  → 학습자: 저는 영화를 보거나 등산을 해요.

교체하기는 그림 카드나 단어 카드를 이용해 어휘나 표현들을 바꿔가면서 대화를 반복 연습하는 것이다. 다음은 '-고 싶다'의 경우의 예이다.

학습자 1: 방학 때 무엇을 하고 싶어요?

학습자 2: (여행하는 그림을 보여 주며) 저는 여행을 하고 싶어요.

　　　　 (다른 학습자에게) 방학 때 무엇을 하고 싶어요?

학습자 3: (기타 치는 그림을 보여 주며) 저는 기타를 배우고 싶어요.

　　　　 (다른 학습자에게) 방학 때 무엇을 하고 싶어요?

변형하기는 주어진 문장이나 글을 동일 문법범주의 다른 형식을 사용해 바꾸는 연습인데, 다음은 긍정문을 부정문으로 바꾸는 예이다.

● 저는 점심을 먹었어요. → 저는 점심을 안 먹었어요.

　　　　　　　　　　　　　 저는 점심을 먹지 않았어요.

연결하기는 서로 관계있는 두 문장이나 어휘들을 골라 연결하고 목표 문법 항목을 써서 한 문장으로 만드는 연습이다. 다음은 '-ㄴ/은/는데'를 이용한 문장 연결의 예이다.

※ **다음과 같이 앞 문장에 어울리는 설명이나 사실을 찾아서 연결한 후 한 문장으로 쓰십시오.**

① 이 사과는 천 원입니다. •　　　• 쉽고 재미있습니다.

② 저는 부산에 삽니다. 　•　　　• 바다도 있고 산도 있습니다.

③ 이 책은 어제 샀습니다. •　　　• 달고 맛있습니다.

① 이 사과는 천 원인데 달고 맛있습니다.

② _____.

③ _____.

문장 완성하기는 적절한 어휘나 표현들을 골라 목표 문법 항목을 써서 문장이나 대화를 완성하는 연습이다. '-아/어/여 보이다'의 경우를 예로 하면 다음과 같다.

※ **대화에 들어갈 말을 〈보기〉에서 골라 대화를 완성하십시오.**

〈보기〉 가깝다　피곤하다　바쁘다　맛있다　멋있다

학습자 1: 어서 오세요. 집 찾기가 힘들었지요? ① 피곤해 보여요.

학습자 2: 아니요, 괜찮아요. 이 아파트가 ② _____ 아/어/여 보여
서 버스를 안 탔는데 생각보다 멀더군요.

학습자 1: 아, 그랬군요. 그런데 오늘 양복을 입었네요. 양복을 입으니까
③ _____ 아/어/여 보여요.

학습자 2: 그래요? 고마워요.

학습자 1: 참, ○○ 씨는 같이 안 왔어요?

학습자 2: 아까 회사에서 잠깐 봤는데 좀 ④ _____ 아/어/여 보여
서 저 혼자 왔어요.

학습자 1: 네, 잘 하셨어요. 저, 이거 제가 만든 음식인데 좀 드세요.

학습자 2: 와! 아주 ⑤ _____ 아/어/여 보여요. 잘 먹겠습니다.

대화하기는 상대의 말을 듣고 동의나 조언, 감탄 등 주어진 상황에 따
라 적절한 반응을 표현하는 연습이다. '–는 게 어때요?'의 경우로 예시하
면 다음과 같다.

① 가: 어제부터 머리가 너무 아파요.

　　나: 병원에 가 보는 게 어때요?

② 가: 10시가 지났는데 아직 저녁밥을 못 먹었어요.

　　나: _____는 게 어때요?

③ 가: 주말에 여행을 하고 싶은데 어디로 가면 좋을까요?

　　나: _____는 게 어때요?

담화 구성하기는 구체적인 이야기가 있는 그림이나 구체적인 상황을
설명해 주고 학습자가 학습한 문법 항목을 써서 그에 맞는 담화를 스스
로 구성하는 것이다.

※ '-(으)ㄹ 걸 그랬어요'를 사용해서 후회하는 일에 대해 써 보세요.

_____

_____

_____

여기에 제시된 것 외에도 필요에 따라 다양하게 연습 활동을 수행할 수 있다.

2.3 생산 단계

생산 단계는 연습한 목표 문법 항목을 학습자가 실제로 사용해 보면서 유창성을 기르는 데 목적이 있다. 따라서 이 단계에서는 실제로 교실 밖에서 일어날 수 있을 법한 상황에서 학습자가 직접 의사소통을 하는 과정이 포함되도록 구성한다. 예를 들어, '-(으)ㄹ 겁니다, -(으)ㄹ 예정이다, -기로 하다' 등을 목표 문법 항목으로 하고, 여행 계획을 주제로 하여 예시하면 다음과 같다.

※ 친구와 함께 여행 계획을 세워 봅시다.

⊙ 여행지, 여행 기간, 교통편, 숙박 시설, 일정에 대해서 간단하게 이야기를 한 후 메모를 하십시오.

여행지	
여행 기간	
교통편	
숙박 시설	
일정	

ⓒ 친구와 함께 대화문을 완성해 보십시오.

가: _____

나: _____

가: _____

나: _____

가: _____

나: _____

생산 단계에서는 학습자들이 이미 알고 있거나 이전에 학습한 다른 문법 항목을 사용하도록 권장한다. 그리고 교사는 학습자의 활동 중에는 문제를 발견하더라도 활동을 중단시키거나 도움을 주지 않으며, 발견되는 오류를 수정해 주지 않는다. 어떤 방해도 받지 않고 학습자들이 개인적으로 또는 학습자 상호 간의 활동을 통해 의사소통을 최종적으로 완성하는 연습을 하는 것이다. 물론 모든 생산 활동이 끝난 이후에는 교사의 피드백과 오류 수정이 이루어져야 한다.

생산 단계에서 학습자들은 교실 밖에서 부딪히게 되는 다양한 활동들, 예를 들면 편지나 일기 쓰기와 같은 자유 작문을 하거나 신문 기사를 읽고 이야기하거나 인터뷰에 참여하기 등과 같은 이야기를 구성하는 활동을 한다. 이러한 활동을 통해 새롭게 습득한 문법 항목으로 자신의 생각이나 느낌을 창의적으로 표현할 기회를 갖게 되는 것이다.

2.4 PPP 모형 활용하기

앞에서 주어진 문법 항목을 어떻게 교수해야 하는지를 PPP 모형 안에서 이루어지는 교수-학습 활동을 중심으로 살펴보았다. 전체적으로 보면 PPP 모형을 통한 효과적인 문법 교수에서는 다음과 같은 사항을 염두에 둘 필요가 있다.

- 목표 문법 항목의 특성에 따라 다양한 제시 방법을 사용한다.
- 목표 문법 항목의 의미를 적절한 문맥 속에서 이해하도록 돕는다.
- 목표 문법 항목을 언제 사용하는지 알게 한다.
- 목표 문법 항목의 의미와 용법을 제대로 이해했는지 질문을 통해 확인한다.
- 목표 문법 항목에 익숙해지도록 다양한 연습 활동을 한다.
- 목표 문법 항목을 이용해 언어의 유창성을 향상시키는 활동을 한다.

PPP 모형은 매우 유동적이어서 실제 교실 수업을 계획하는 데 다양하게 확장하거나 축소하여 활용할 수 있다. 실제로 PPP 모형을 활용하는 하나의 단위 수업에서 제시와 연습, 생산의 각 단계를 구분할 수도 있고, 전체 수업에서 하나의 단계만을 활용할 수도 있다. 예를 들어, 어떤 한 수업에서는 목표 문법 항목을 제시하는 데 집중하고 다른 수업에서 여러 종류의 연습 활동을 할 수도 있으며, 하나 또는 여러 수업을 연습 활동으로만 할애할 수도 있다.

또한 PPP 모형은 어떤 이유로 수업 시간이 줄어든다든지 하는 경우에 특정 단계만 집중하여 활용할 수도 있다. 예를 들어, 이미 목표 문법 항목에 대해 많은 것을 알고 있어서 유창성을 향상시키기 위한 활동이 필요한 학습자들에게는 생산 단계에 집중하여 수업을 구성할 수 있다.

PPP 모형은 새로운 문법 항목을 도입하기 위한 교수 계획을 세우는 데 유용한 것이기도 하지만, 다른 측면에서 보면 교수 과정에서 듣기와 말하기, 읽기, 쓰기 등의 언어 기술을 사용한다는 특징도 있다. 그리하여 PPP 모형에서는 목표 문법 항목뿐만 아니라 관련되는 언어 기술도 포함하게 되는 것이다. 이처럼 교수 과정에서 언어 기술을 접목시키는 방법은 하나의 교수 과정에 다양한 활동을 제공해 주며, 문법 항목과 언어 기술을 서로 강화하는 상승 작용을 하게 된다.

제 10 장

형태 초점 교수법의

적용

■ 문법 교육은 다양한 교수 방법이 적용될 수 있고, 또 상황에 따라서는 독특한 방법으로 수행될 수도 있다. 이 장에서는 형태 초점 교수법에서 다루는 다양한 기법들을 살피고, 이들이 한국어 문법 교수에 어떻게 적용될 수 있는지에 대해 살핀다. 아울러 형태 초점 교수법에서의 형태 선정과 교실 적용, 그리고 이를 수행하기 위한 과제의 구성 등을 정리하고, 이를 바탕으로 형태 초점 교수법을 한국어 문법 교수에 적절하게 활용하는 문제에 대해 살펴보기로 한다.[1]

① 형태 초점 교수법의 성립

1.1

　문법 교육에서 전통적으로 활용되어 온 형태·구조 중심의 접근 방법은 문법 형태와 구조에 대한 지식을 명시적으로 학습하는 데 초점을 두었다. 그런데 형태·구조 중심의 접근법에서는 학습자가 문법의 규칙을 알더라도 그것을 실제 의사소통 상황에서 사용할 수 없는 한계에 부딪히게 되는 문제가 있었다. 그리하여 1970년대 들어 문법 교육에서도 의사소통 중심의 접근 방법이 적용되게 되었다. 이것은 의사소통 상황에서 자연스럽게 목표 언어의 문법을 습득하는 것을 지향하였는데, 극단적으로는 Krashen(1982)에서처럼 학습자가 목표 언어에 노출되는 것만으로도 정확성에 도달할 수 있게 된다고 하여 명시적인 문법 교수는 필요치 않다는 견해가 나타나기도 하였다.[2]

　그러나 1990년대 들어서는 언어 교육에서 문법적 능력이 의사소통 능력의 한 부분임을 인정하면서 유의미한 입력에 노출되는 것만으로는 문법적 능력을 얻을 수 없다는 견해가 제기되었다. 특히 학문적이고 전문적인 쓰기와 같은 영역에서는 특정한 언어 지식과 기능이 요구되는데, 순수한 의사소통적 접근법에 따르는 학습 과정으로는 이러한 능력을 얻을 수 없다는 문제가 지적되었다. 즉, 높은 수준의 언어 능력과 수행 능력을 얻기 위해서는 명시적인 교수에 의한 문법 학습이 필요하다는 견해가 대두된 것이다.

　이러한 상황에서 문법 교육에서 형태 초점 교수법(focus on form: FonF)이 나타나기에 이른다. 이것은 Long(1988, 1991)에 의해 제안된 교

---

1)　이 장은 우형식(2012ㄱ)을 수정·보완한 것이다.

2)　의사소통 중심의 언어 교수법에서는 규칙으로서의 언어 지식보다는 의미 있는 맥락에서의 언어 사용이 강조되며, 의사소통 능력의 한 요소인 문법적 능력은 담화 능력 또는 전략적 능력 등을 연마함으로써 자동적으로 획득된다고 보았다(앞의 8장 2.2절 참조).

수 방법으로, 의미 전달에 대한 기능은 그대로 유지하면서 언어의 정확성을 꾀하는 것이 특징이다.[3] 형태 초점 교수법은 의미 중심의 의사소통 능력을 중시하여 유창성만을 강조하는 방식으로는 일정 수준의 정확성에 도달하기가 어려워지는 점을 보완하기 위하여 등장한 것으로, 자연적인 언어 학습이 문법적 능력을 높은 수준으로 이끌지 못한다는 반성에 기반을 두고 있다. 그러나 형태 초점 교수법은 청각구두식과 같은 반복 훈련 방식의 전통적인 교수법으로 되돌아가는 것을 의미하지는 않는다.

1.2

언어 교육에서는 의사소통에 바탕을 두는 형태 초점 교수법을 개념화하고 이를 실제로 적용한 연구가 다양한 측면에서 이루어져 왔다. 이러한 경향을 이어 한국어 교육에서도 형태 초점 교수법의 이론과 실천적 방법들이 도입되어 개별적인 시험적 연구뿐만 아니라 교육 현장에서도 적용되고 있다.

한국어는 형태적으로 매우 분화된 언어이기 때문에, 문법 교육에서는 개별 형태에 대한 이해와 사용 능력이 주목을 받게 된다. 이런 의미에서도 한국어 문법 교육에서 형태 초점 교수법은 매우 유용한 교수 방법이 될 것이다. 그런데 모든 형태가 형태 초점 교수법의 대상이 될 수 없으며, 또한 형태에 따라 교육적 처치도 달라지게 마련이다. 따라서 형태 초점 교수법에서는 어떤 형태를 대상으로, 언제, 어떻게 적용되어야 하는지가 주요한 문제로 대두되는 것이다.

---

3) Long(1988)에서는 형태 중심 교수(focus on forms)와 의미 중심의 형태 초점 교수(focus on form)를 구분하였다(앞의 8장 2.3절 참조). 전자는 전통적인 문법 교육의 접근 방식을 가리키고, 후자는 학습자의 주요 관심을 의미 중심의 학습 활동 맥락 속에서 학습자의 주의를 언어 형태와 의미로 끌어오는 방식을 의미하는데, 여기서는 후자를 좀 더 넓은 관점에서 형태 초점 교수법이라 부른다.

② 형태 초점 교수의 기법

형태 초점 교수법은 의미와 기능을 바탕으로 하는 의사소통에 중심을 두면서 학습자들이 문법 규칙과 어휘, 음운, 형태 등의 언어적 요소들에도 주목하게(noticing) 하여 입력 자료의 이해를 돕고 발화의 정확성을 기하도록 하는 것을 강조한다. 전통적인 구조 중심의 교수 방법이 교사 중심의 연역적 학습을 지향한다면, 형태 초점 교수법은 언어 형태가 포함된 자료를 제공함으로써 학습자 스스로 문법의 규칙을 발견할 수 있는 귀납적 학습을 지향한다.

형태 초점 교수법에는 여러 기법들이 있는데, 일반적으로 형태 초점 교수법이라 하면 의사소통적 수업에서 학습자가 형태에 주목하게 하는 데에 사용되는 모든 기법을 포괄하는 것으로 이해한다. 이러한 형태 초점 교수의 기법들은 크게 입력 중심의 것과 출력 중심의 것으로 구분된다 (Doughty & Williams, 1998; 서종학 외 역, 2011 참조).

2.1 입력 중심의 기법

2.1.1 언어 습득은 언어 자료의 입력(input)을 전제로 하며, 언어 습득에서 텍스트는 입력의 주요한 원천이 된다. 여기서 입력은 언어 습득에서 목표 언어의 자료가 학습자에게 노출되는 것(또는 그 자료)을 말하는데, 사전적 의미로는 '(언어 학습에서) 학습자가 듣고 받아들이고 그것으로부터 배우게 되는 언어'(Richards et. al, 1992:182)로 정의된다. 즉, 입력은 언어 습득에서 학습자에게 노출되는 모든 유형의 자료를 지칭하는 것으로, 학습자들은 이러한 입력을 기반으로 목표 언어를 학습하게 되는 것이다(Krashen, 1982; VanPatten, 1996 참조).

입력 중심의 형태 초점 교수법을 구현하는 구체적인 기법에는 여러 가지가 있지만, 특히 다음과 같은 것이 주목을 받아 왔다.

- 입력 홍수 (input flooding)
- 명시적(explicit) 규칙 설명
- 입력 강화 (input enhancement)
- 입력 처리 (input processing)

입력 홍수(input flooding)는 목표 형태에 대한 명시적인 언급 없이 입력 자료를 조작하여 목표 언어 형태를 반복적으로 노출시키는 방법이다. 즉, 학습자가 목표 문법 항목을 인지할 수 있도록 해당 문법 항목을 포함하는 입력을 풍부하게 제공하는 기법이다. 이에 대해 '–(으)ㄹ 뻔하다'를 예로 하여 다음과 같이 제시할 수 있다.

> 내가 좋아하는 가수의 음반이 어제 출시되었다. 늦게까지 음악을 듣고 영상을 보느라고 밤늦게 잠이 들었다. 오늘 아침은 1교시 수업인데 늦잠을 자는 바람에 수업에 **늦을 뻔했다**. 겨우 버스를 타고 학교에 도착해서 강의실로 뛰어갔다. 그런데 급하게 뛰어가다가 강의실 앞에서 친구와 **부딪힐 뻔했다**. 친구가 커피를 들고 있었는데 커피를 **쏟을 뻔했다**.

위에서는 진하게 표기된 부분과 같이 '–(으)ㄹ 뻔하다'가 나타나는 언어 자료를 풍부하게 제공해 준다.

입력 홍수는 해당 형태의 많은 예들을 가진 입력을 넘치게 공급함으로써 학습자가 그것을 인지할 기회를 충분히 제공하는데, 이것은 목표 문법 항목의 빈도가 높을수록 학습자들이 입력에 더 주목하게 된다는 점에 바탕을 둔다. 그리하여 입력 홍수는 암시적으로 예를 제공함으로써 의사소통의 흐름 또는 의사소통적 활동을 깨뜨리지 않고 사용할 수 있다는 장점이 있다.

그러나 입력 홍수는 학습자가 실제로 그것을 통해 무엇인가를 배우고 있다는 것을 알기 어렵다는 단점을 지닌다. 즉, 많은 언어 자료의 입력이 주어지더라도 정작 학습자는 그 자료들이 어떤 문법 항목과 관련되는지 이해하지 못할 수도 있다는 것이다. 그리하여 주어진 내용에 대한 퀴즈나 재구성하기 등과 같은 입력 기반 과제를 수행함으로써, 학습자가 입력 홍수로 목표 문법 항목에 주의를 기울이도록 도와주는 추가 활동이 요구된다. 또한 실제로 입력 홍수는 대부분의 문법 교수 과정에서 암시적으로라도 당연히 적용되는 것이기도 하거니와, 입력 홍수 기법을 적용하는 특별한 문법 교수 절차를 마련하기가 적절치 않다는 문제가 있다 (양민철, 2020 참조).

2.1.2 입력 강화(input enhancement)는 읽기 자료나 의사소통적 과제 활동 등 담화 수준의 입력 자료 속에서 목표 문법 형태를 시각적 또는 청각적으로 두드러지게 처리하여 학습자에게 목표 형태에 주목하게 하는 방법으로, 입력 홍수보다는 좀 더 명시적으로 학습자의 의식을 유도할 수 있는 게 특징이다(김혜진, 2020 참조). 입력 강화는 학습자들이 알아차리지 못해 형태-의미의 연결(form-meaning mapping)을 잘하지 못하는 부분을 더 두드러지게 조작하는 데 중점을 둔다.[4] 입력 강화는 의사소통적 활동 안에서 목표 문법 항목에 대한 유의미한 입력을 제공함으로써, 듣기와 읽기를 비롯한 여러 영역이나 다양한 유형의 교수 방법과 쉽게 통합적으로 적용될 수 있다는 장점을 지닌다.

입력 중심의 여러 가지 형태 초점 접근 기법 중에서 입력 강화가 가장 많은 주목을 받아 왔다. 입력 강화는 시각적인 것과 청각적인 것으로 구분되는데, 전자는 특정 항목의 글자체를 두드러지게 하거나 색깔이나 크기를 달리하기 또는 밑줄을 긋기와 같이 활자상으로 조작하는 것이고,[5] 후자는 강세나 억양 등 구어적 특성을 이용하는 방식이다. 입력 강화는 학습자에게 이해 가능한 입력의 양을 보충해 줄 뿐만 아니라, 학습자들

---

4) 형태-의미의 연결은 형태를 보면 의미가 떠오르고, 의미를 생각하면 그것을 실현하는 문법 형태가 대응되는 것을 의미한다.

5) 이런 의미에서 입력 강화를 텍스트 강화라 하기도 한다(앞의 9장 2.1절 참조).

이 입력에 주의를 기울이고 형태를 인지하고 형태의 의미를 이해하도록 하는 데 도움을 준다.

그런데 입력 강화의 경우 학습자가 강화된 입력으로부터 무엇을 학습하고 있는지를 항상 알 수 있는 것은 아니라는 한계도 있다. 즉, 학습자가 주의를 의미로부터 다른 것으로 돌릴 가능성이 있다는 것이다. 그리하여 입력 강화에서는 교수 목적을 분명히 하고, 적절한 형태를 선택하며, 학습자의 수준에 맞는 텍스트를 선정해야 하는 등의 문제가 적절히 다루어져야 한다. 또한 노출 빈도와 활자상 표시 방법에 대한 고려가 필요하며, 의미의 초점을 유지할 수 있도록 유의할 필요가 있다.[6)]

2.1.3 명시적(explicit) 규칙 설명도 유의미한 맥락을 기본으로 하여 형태에 주목하도록 하므로, 입력 중심의 형태 초점 교수법에서 다루는 기법의 하나로 분류된다. 한국어 문법에서 용언의 불규칙 활용은 그 자체로는 규칙적인 현상에 해당한다(앞의 5장 1절 참조). 그런데 이것은 소규칙에 해당하는 것으로, 적용되는 용언이 형태적으로 한정되기 때문에 구체적이고 명시적인 설명이 필요하다. 이에 대해 '르' 불규칙의 경우로 간략히 예시하면 다음과 같이 된다.

기본 설명

- 어간과 어미에서 변화가 없는 경우

  예) 모르(다) + -고 ⇒ 모르- + -고 ⇒ 모르고

- 어간과 어미에서 변화가 있는 경우

  예) 모르(다) + -아요 ⇒ 몰- + -라요 ⇒ 몰라요

---

6) 입력 중심의 형태 초점 교수법을 다루는 한국어 문법 교육 연구에서는 주로 시각적 입력 강화를 중심으로 논의되어 왔다. 이러한 연구에서는 특정의 문법 항목을 미리 선정하여 시각적으로 입력이 강화된 과제의 수행을 통해 목표 형태에 접근하게 하는 기법으로 전개되었다.

- 어간 뒤에 자음으로 시작되는 어미가 결합되면 형태 변화가 없다.

어간	+	자음 어미	⇒	변화 없음
모르-		-고		모르고
		-지만		모르지만
		-거나		모르거나

- 어간 뒤에 모음 '-아/어'로 시작되는 어미가 결합되면 형태 변화가 있다.

어간	+	모음 '-아/어' 어미	⇒	변화 있음
모르-		-아/어요		몰라요
		-았/었어요		몰랐어요
		-아/어서		몰라서

- 저는 그 사람 이름을 <u>몰라요</u>.
- 처음 한국에 왔을 때 한국말을 <u>몰랐어요</u>.
- 한국어 문법을 잘 <u>몰라서</u> 공부해야 돼요.

- '르'불규칙 활용에 해당되는 것

  동사: '고르다, 마르다, 머무르다, 모르다, 부르다, 서두르다, 자르다, 흐르다' 등

  형용사: '다르다, 빠르다, 이르다' 등

　　명시적 규칙 설명은 목표 문법 항목에 대한 의식 고양(consciousness-raising)과 관련된다. 이것은 학습자들이 학습한 문법 항목을 즉시 사용하게 하는 데에는 효과가 크지 않겠지만, 특정한 문법 현상의 변별적 자질에 대한 인식을 증진시키는 데 도움을 줄 수 있다.[7] 즉, 명시적인 규칙 설명은 목표 문법 항목의 구조나 형태에 대한 정보를 구체적으로 제시하여 문법에 대한 이해 정도를 높여 줌으로써 해당 규칙을 적용 가능한 것으로 바꾸고, 궁극적으로는 규칙의 내재화가 쉽게 일어나도록 도와주는

---

7)　이런 의미에서 불규칙 활용에서처럼 규칙 적용의 대상이 형태적으로 한정되는 것 외에도 한국어에서 피동이나 사동과 같이 규칙이 뚜렷하게 성립되지 않을 경우 명시적으로 설명하는 것이 효과적일 수 있다.

것이다.

2.1.4 입력 중심의 접근법에는 특징적인 것으로 입력 처리(input processing)를 통해 접근하는 방법이 있다(VanPatten & Cadierno, 1993; VanPatten, 1996 참조). 입력 처리는 학습자가 언어 형식과 의미, 그리고/또는 기능을 연결시키는 데 사용하는 전략과 기제를 의미하며,[8] 입력 처리로부터 도출한 통찰력을 교육적으로 조정하는 것을 처리 교수(processing instruction)라 한다(VanPatten, 2003:5-7 참조).

처리 교수는 학습자가 목표 문법 항목을 이해하도록 특별히 고안된 방법으로 입력을 처리하여 교수하는 것을 말한다(한선경, 2020 참조). 이를 통하여 학습자는 의식적으로 또는 무의식적으로 주의를 집중하고, 수용(intake)의 여러 절차를 거쳐 입력이 제공하는 언어 정보를 이해하고 처리하게 된다. 입력 처리를 강조하는 관점에서는 언어 습득에서 입력된 자료가 수용되었을 때 장기 기억에 저장되어 지식 체계 안에 내재화된다고 본다(VanPatten, 1996:4-8 참조). 여기서 입력 처리는 입력에서 수용으로 전이되는 중에 일어나는 처리 과정을 의미한다.

처리 교수는 형태 초점 교수법의 한 기법으로 목표 문법 항목에 대한 입력을 효과적으로 처리하기 위해 명시적인 교수 방법을 활용하며, 학습자들이 입력을 효과적으로 처리할 수 있도록 고안된 여러 가지 연습 활동을 제공한다. 그리하여 처리 교수는 목표 문법 항목의 구조나 형태에 대한 정보를 제공 받는 (명시적인 설명) 단계, 특정한 입력 처리 전략에 대한 정보를 제공 받는 단계, 구조화된 입력을 통해 특정 문법 항목을 처리하는 (구조화된 입력 활동) 단계의 절차로 구성된다. 이러한 과정에서 학습자들은 목표 문법 항목의 형태에 주의를 기울이고 그 의미와 기능을

---

8) 언어 학습에서 전략(strategy)은 학습자가 목표어를 이해하고 발전시키기 위해 학습 과정에서 사용하는 의식적, 무의식적 행동으로, 인지 중심과 의사소통 중심, 그리고 이들의 통합으로 구분된다(조위수, 2020 참조).

연계시켜 수용하고 내재화함으로써, 궁극적으로는 그것을 습득하게 되는 것이다.

입력 처리에서는 구조화된 입력 활동이 주요한 과정이 된다. 이 활동은 학습자들이 형태-의미의 연결을 하도록 하는 데 실제로 도움이 된다. 그것은 학습자의 입력 처리 전략의 수정을 직접적으로 시도하며, 형태-의미의 연결을 올바로 하는지를 즉시 점검할 수 있기 때문이다. 그리하여 이 활동은 의사소통적 문법 교수에서 이상적인 방법으로 이해되기도 한다. 그러나 구조화된 입력 활동이 많은 계획과 노력을 요구한다든지, 초급 학습자에게 적용하기 어렵다는 한계를 지니기도 한다.[9]

2.2 출력 중심의 기법

2.2.1 학습자가 목표 언어를 습득하기 위해서는 충분한 입력에 노출되는 것이 필수적이지만, 학습자에게 주어지는 입력이 모두 습득되는 것은 아니다. 입력된 자료는 그 자체가 언어 능력이 되는 것이 아니라, 언어 정보를 추론하고 이해하는 데 필요한 실마리를 제공하는 것이라 해석할 수 있다.

Swain(1985)에서는 출력(output)은 언어 지식의 자동화를 고무시키는 연습의 기회를 제공할 뿐만 아니라, 학습자들이 습득한 언어 지식을 시험해 보면서 자신들이 말할 수 있는 것과 말하고 싶어 하는 것 사이의 차이를 인식하게 한다고 하였다. 그리하여 Swain(1995)에서는 언어 습득에서 입력만큼 학습자에게 출력의 기회를 주는 것이 중요하다고 하면서, 입력만으로는 문법에 주목하지 않으며 출력 활동이 있어야 문법 형태에 대한 주목이 향상된다는 점을 강조하였다. 즉, 학습자는 출력을 통해 발

---

9) 앞선 연구들에서는 대부분 처리 교수가 한국어 교육 문법에서 긍정적인 효과가 있었다고 하였는데, 이에 대해서는 다음 11장에서 자세히 논의하기로 한다.

화 기회를 가져 봄으로써 자신이 전달하고 싶은 의미를 정확하게 표현하지 못한다는 것을 인식하고, 자신의 중간언어와 정확한 목표 언어 간의 차이를 알아차리고 문법 형태에 주목하게 된다는 것이다.[10]

형태 초점 교수법에서 출력 중심의 기법으로는 다음과 같은 것이 주목을 받아 왔다.

- 듣고다시쓰기 (dictogloss)
- 의식고양 과제 (consciousness-raising task)
- 고쳐말하기 (recast)
- 미로 찾기 (garden path)

듣고다시쓰기(dictogloss)는 텍스트를 듣거나 교사가 읽어주는 내용을 받아쓰고, 그 쓴 내용을 기초로 원래의 텍스트를 완성하는 활동이다. 전체 텍스트를 정상적인 속도로 여러 번 듣고, 자신이 듣고 이해한 내용을 기초로 원본 텍스트의 내용을 만들어 내는데, 짝이나 그룹별로 각자가 들은 내용을 의논하면서 부족한 내용을 보충해 가며 완성하기도 한다. 이러한 과정을 통해 문법 항목에 대한 주의력을 향상시켜 주는 효과를 기대할 수 있다(최서원, 2020 참조).

Wajnryb(1990)에 따르면, 듣고다시쓰기는 '준비(듣기)→받아쓰기→재구성→분석, 교정'의 절차로 구성된다. 즉, 우선 내용을 들으면서 중요한 것을 받아쓴 뒤, 이를 다시 그룹별로 수정하거나 보완하여 학습자의 관점에서 재구성한다. 그리고 이렇게 작성된 텍스트에 대해 교사의 피드백을 거쳐 교사와 학습자 또는 학습자 스스로 분석하고 교정하는 절차를 진행한다. 이 과정에서 문법 항목에 대한 학습자들의 주의력을 향상시키는 효과가 기대되는 것이다. 이와 관련한 예를 제시하면 다음과 같다(장수, 2017 참조).

---

10) 중간언어(interlanguage)는 언어 학습자가 외국어나 제2언어를 학습할 때 사용하는 목표 언어를 지칭한다 (다음의 12장 1절 참조).

이명 씨는 어제 파티 준비를 하느라고 점심을 못 먹었습니다. 파티 때 쓸 물건과 음식을 많이 사느라고 용돈을 다 썼습니다. 그저께 밤에는 파티에 대해 생각하느라고 한 시간밖에 못 잤습니다. 이명 씨는 좋아하는 장홍 씨가 오기 때문에 멋진 파티를 열고 싶었습니다. 오늘 이명 씨는 집을 정리하느라고 학교에도 늦었습니다.

⇩

무슨 내용입니까? 잘 듣고 써 봅시다.

[들으면서 메모하기]	[친구와 함께 써 보기]

⇩

무슨 내용입니까? 발표하고 확인해 봅시다.

2.2.2 출력 중심의 형태 초점 기법 중에서 고쳐말하기(recast)는 말하기와 관련한 활동에서 보이는 오류(error)에 대해 반응하는 것으로, 일종의 오류 교정 피드백이다(김세현, 2020 참조). 이를 활용하기 위해서는 일상적인 수업 활동 중 언제라도 학습자의 오류를 재구성해 주는 것이 필요하다. 예를 들면 다음과 같다.

- 학습자: 늦게 일어나느라고 아침을 못 먹었어요.
  교사: 늦게 일어나서
  학습자: 늦게 일어나서 아침을 못 먹었어요.

- 학습자: 소설책을 읽고 나니까 독후감을 썼어요.
  교사: 읽고 나서
  학습자: 소설책을 읽고 나서 독후감을 썼어요.

위에서 첫 번째 것은 '늦게 일어나느라고' 부분이 적절치 않기 때문에 교사가 '늦게 일어나서'라고 고쳐서 말해 주고 있다. 이에 대해 학습자는 다시 교사가 수정한 부분을 고쳐서 '늦게 일어나서 아침을 못 먹었어요'라고 다시 말해 줌으로써 오류를 수정하게 되는 것이다. 그리고 두 번째 것의 경우는 '-고 나서'와 '-고 나니까'의 혼동에서 오는 오류를 고쳐말하기로 수정해 주는 것에 해당한다.

결국 고쳐말하기는 학습자 발화의 올바르지 못한 측면을 수정하여 줌으로써 올바른 형태로 재구조화하게 하는 것이다. 그리고 이러한 오류 수정은 긍정적으로 적용되는 것이 더 효과적이다(다음의 12장 1.3절 참조).

2.2.3 의식 고양 과제(consciousness-raising task)는 학습자들이 학습 과정에서 제공 받은 자료를 통해 스스로 문법 규칙을 찾도록 유도하는 기법이다.[11] 즉, 학습자에게 목표 문법 항목의 자료를 제공해 주고 그것에 관해 어떤 형식적 과제를 수행하도록 함으로써 해당 문법 항목의 특정한 언어 사실에 대해 명시적인 이해에 이르도록 하는 것이다. 이것은 문법적 내용 없이 의사소통적 과제 활동만 하는 경우보다 문법 의식을 고양하는 과제 활동을 하는 것이 목표 문법에 대한 주목의 빈도를 높이게 된다는 점에 바탕을 둔다(Fotos, 1994 참조). 그리하여 학습자들이 의미 있는 상호 작용에 참여하는 동안 스스로 특정 언어 형태가 사용되는 규칙을 인식하도록 하는 것을 강조한다(김윤경, 2020 참조).

문법 의식 고양 과제는 일반적으로 '입력 자료 제시→문법 규칙에 대해 동료와 생각해 보기→문법성 판단→규칙 만들고 서술하기→간단한 문

---

11) '의식 고양'이란 학습자의 특정 언어 형태에 대한 인식의 정도가 높아짐을 의미한다

장 만들기'의 절차로 수행된다.[12] 의식 고양 과제는 특정 문법 항목에 대한 명시적 지식이 요구되는 상황에 유용하다. 그리하여 의식 고양 과제는 학습자들이 과제를 통해 목표 문법 항목에 대한 정보를 얻을 수 있게 하며, 상호적인 의미 협상(meaning negotiation)을 통해 명시적인 지식을 발견하도록 돕는다는 점에 의미가 있다. 간접 인용의 학습과 관련되는 의식 고양 과제의 간단한 예를 제시하면 다음과 같다.

※ 다음 문자 메시지를 읽고 '간접 인용(-(ㄴ/는)대요/래요)'으로 바꾸어 쓰십시오.

내일 강당에서 행사가 있습니다. 모든 외국인 학생들은 참석해야 합니다. 올 때 여권을 꼭 들고 오십시오. 점심 식사를 제공합니다.	내일 강당에서 행사가 있대요.

그런데 의식 고양 과제는 항상 교사에 의해 만들어지고 일반적으로 문장 수준의 입력으로 제한되는 경향이 있으며, 의사소통적 활동을 위한 메시지의 전달보다는 문법 항목의 이해를 위한 메타언어가 사용된다는 한계도 있다. 아울러 초급 단계 학습자의 경우 메타언어가 어렵고 복잡하여 문법 학습이 재미없다는 편견을 줄 수도 있다.

2.2.4 미로 찾기(garden path)는 교수 대상이 되는 문법 항목의 규칙과 예외 규칙 등을 자세히 가르쳐 주지 않고 부분적인 주요 특징만을 제

---

12) 학습자는 자신이 받은 입력 자료에서 특정 문법 항목에 주목하게(noticing) 되고, 과제 수행을 통해 문법 항목에 대한 의식이 상승하게 되며, 결국 자신의 무의식적인 언어 체계를 재구조화(restructuring)하게 된다. 그리고 재구조화를 통해 해당 문법 항목은 자신의 중간언어가 된다.

시하여 준 다음 학습자들이 규칙성을 찾아내도록 하는 것이다. 그리하여 미로 찾기는 문법에서 규칙 적용이 예외적으로 나타나는 경우에 과잉일 반화의 오류를 유발하고 그것을 교정해 주는 과정으로 수행되는데, 이때 오류에 대한 즉각적인 교정을 통해 학습자들이 기억을 활성화하게 되는 점을 활용하는 것이다.

미로 찾기는 Tomasello & Herro(1988)에 의해 제안된 기법으로, 한국어 교육 문법에서 불규칙 활용의 교수에 적용할 수 있다.

활용형	먹다	알다	듣다
-고	먹고	알고	듣고
-지만	먹지만	알지만	듣지만
-아/어/여서	먹어서	알아서	듣어서(√들어서)
-았/었/였다	먹었다	알았다	듣었다(√들었다)
-(으)면	먹으면	알으면(√알면)	듣으면(√들으면)
-(으)ㄴ	먹은	알은(√안)	듣은(√들은)

위에서 보면, 한국어 용언의 어미 활용에서 '먹다'는 규칙적으로 활용을 하는데 비해서, '알다'는 '알은(√안)'에서처럼 어간의 'ㄹ'이 탈락하고 '알으면(√알면)'에서처럼 어간에 받침이 있는데도 어미에 '면'이 온다. 그리고 '듣다'의 경우에는 '듣어서(√들어서), 듣었다(√들었다), 듣으면(√들으면), 듣은(√들은)'에서처럼 어간이 '듣-'에서 '들-'로 변이되어 나타난다. 특히 '알면'과 '들으면'에서는 받침 뒤의 조건을 동일한데 어미 형태가 '-면'과 '-으면'으로 달리 나타난다. 이러한 현상을 모두 규칙 활용의 형태로 제시하여 학습자들로 하여금 오류를 범하게 하고, 불규칙적 활용이 실현되는 형태로 수정해 줌으로써 형태 변화에 의식을 집중시킬 수 있다. 이것은 예외 사항을 미리 주어 암기하게 하는 것보다는 규칙의 과잉일반화로 오류를 범하는 순간에 오류를 수정해 주는 것이 효과적이라는 점에 바탕을 둔다.

2.3 형태 초점 기법의 선택

앞에서와 같이 형태 초점 교수법에는 여러 기법들이 존재한다. 따라서 문법 교수에서 실제로 형태 초점 교수법을 적용하려면 어떤 기법을 활용할 것인지의 문제가 대두된다. 형태 초점 기법의 선택에서는 우선 형태 초점 기법과 목표 문법 항목의 특성을 고려하게 된다.

형태 초점 기법은 명시성의 정도에 따라 구분될 수 있는데, Doughty & Williams(1998)을 근거로 하여 앞에서 기술된 기법들을 명시성 정도에 따라 조직하면 다음과 같이 된다.[13]

기법	암시적 ←――――――――――→ 명시적					
입력 홍수	○					
입력 강화		○				
고쳐말하기			○			
듣고다시쓰기				○		
의식 고양 과제					○	
입력 처리						○
미로 찾기						○
명시적 규칙 설명						○

위와 같이 명시성의 정도가 구분된다고 할 때, 목표 문법 항목에 대해 명시적으로 접근하는가 아니면 암시적으로 접근하는가에 따라 어떤 기법을 활용할 것인지를 선택하게 된다.

---

13) 명시성의 정도는 목표 문법 규칙을 얼마나 구체화하여 제시하는가에 따른다. 명시성이 높을수록 문법 항목을 구체적으로 선정하고 문법 용어를 메타언어로 사용하는 비중이 높아진다.

그리고 형태 초점 기법의 선택에서는 목표 문법 항목의 언어적 특징도 고려된다. 목표 문법 항목의 특징에서는 형태-의미(form-meaning) 관계의 투명성 정도가 기법 선택의 기준이 될 수 있다.[14] 대체로 형태-의미의 관계가 투명한 경우에는 입력 홍수 또는 입력 강화와 같은 암시적인 기법이 활용되고, 덜 투명한 관계의 경우에는 입력 처리나 의식 고양과제와 같은 명시적인 기법이 활용될 수 있다. 그러나 이러한 문법 항목의 형태-의미의 투명성 정도는 항상 분명한 것은 되지 못한다는 문제가 있다.

③ 목표 문법 항목의 선정

3.1

형태 초점 교수법을 실행하기 위해서는 실제로 어떤 문법 항목에 적용하는 것이 적절하고 어떤 항목들이 부적합한지에 대한 논의가 요구된다. 왜냐하면, 형태 초점 교수법에서 모든 문법 항목이 초점에 대한 동등한 후보가 될 수 없으며, 동일한 부류로 처리될 수도 없기 때문이다 (Williams & Evans, 1998 참조). 형태 초점 교수법이 적용되는 문법 항목의 선정을 위해서는 언어학적인 고려뿐만 아니라 교육적으로도 타당한 이유가 있어야 한다. 특히 교사나 연구자의 주관에 따르는 것이 아니라, 학습자의 언어 사용 자료를 분석하여 그를 바탕으로 형태를 선정하는 것이 적절한 것이다.[15]

---

14) 형태-의미의 투명성은 언어 형태가 그것이 존재하는 위치와 관계없이 동일한 의미로 이해될 수 있는가, 또는 형태와 의미 사이의 연결(mapping)이 얼마나 쉽게 일어나는가의 문제와 관련된다.

15) 형태의 선정에서는 주로 언어학적 관점과 학습가능성 가설, 오류 분석 등이 적용되어 왔는데, 이것은 크게 언어 기반과 학습자 기반으로 구분된다(Williams & Evans, 1998 참조).

목표 문법 항목의 선정에서는 주로 언어학적 관점으로부터 형태 초점 교수법으로 처리할 수 있는지를 다루어 왔는데, 이러한 언어학적 관점에서는 언어 현상의 복잡성 정도가 주목되었다. 그런데 언어 교육의 관점에서는 의사소통과의 관련을 고려하지 않을 수 없으므로, 목표 언어에 대한 언어학적 관점과 언어 교수적 관점이 복합적으로 작용하면서 형태 초점 교수법을 적용하기에 적절한 형태를 선정하고자 하였다. 이러한 관점에서 다음과 같은 것이 효과적인 형태 초점 교수법에 적합하다고 할 수 있다(Williams & Evans, 1998 참조).

- 학습자의 모국어와 애매하게(non-obvious) 다른 것
- 학습자들이 오해하거나 잘못 분석할 가능성이 있는 것

이것은 언어학적 분석과 함께 목표 언어와 학습자 모국어 사이의 대조 분석을 바탕으로 하는 점이 두드러진다. 특히 위에서 제시된 것을 보면 목표 언어와 학습자의 모국어 사이의 이질성에서 비롯되는 것으로, 형태 초점 교수법의 목표 문법 항목은 모국어와 대체로 유사하여 습득이 쉬운 것 같지만 실제로 접근이 까다로운 형태들이 주로 대상이 될 수 있음을 알 수 있다.16)

3.2

형태 초점 교수법을 적용한 한국어 문법 교육에서도 언어학적 관점과 언어 교수적 관점을 고려하여 형태를 선정하여 왔다. 대체적으로 보면,

---

16) 한편, 습득(acquisition)과 학습(learning)을 구분하는 Krashen(1982)에서는 문법 규칙에는 습득하기는 쉽지만 학습하기 어려운 것과 습득하기는 어렵지만 학습하기 쉬운 것이 있다고 하면서, 후자 유형의 규칙들이 형태 초점으로 교수하기에 가장 적합한 것으로 보았다.

시제나 양태 범주의 표현처럼 한국어 의사소통에서 사용 빈도가 높고 기능 부담량이 크면서도 사용되는 환경과 실현 의미가 유사하여 학습에서 혼동을 일으킬 수 있는 것으로 판단되는 형태들이 주목을 받았다.

실제로 한국어 문법 교육에서는 다음과 같은 단일 또는 복수의 형태가 형태 초점 교수법의 적용 대상이 된 바 있다(우형식, 2012ㄱ 참조).

- 관형사형어미 '-(으)ㄴ, -는, -(으)ㄹ, -던'
- 간접인용 표현 '-라/다고, -냐고, -라고, -자고'
- 담화 표지
- 조사('은/는, 이/가, 을/를, 에, 에서'), '-아/어 있다'와 '-고 있다'
- 과거 시제 '-었-'과 종결 어미 '-어요' 결합형 '-었어요'
- 추측 표현 '-는 것 같다, -는 모양이다, -는가 보다'
- 파생적 피동
- 연결어미 '-(으)ㄴ데/는데'
- 불규칙 활용 '으, ㄹ, ㄷ'
- 과거 시제 '-었-'

한국어에서는 관형사형어미 또는 관계절이 가장 주목을 받았다. 그런데 실제로 처리된 형태는 조금씩 달라서 관형사형어미 '-(으)ㄴ, -는, -(으)ㄹ, -던'을 모두 대상으로 하거나 일부를 대상으로 하기도 하였는데, 이러한 차이는 관형사형어미 중에서 '-던'과 '-(으)ㄹ'이 지니고 있는 용법상의 복잡성에 기인하는 것으로 보인다. 특히 시제와 상, 그리고 품사에 따른 차이를 구분하여 접근하거나, 관계절 습득 양상을 예측하는 가설을 검증하기도 하였다(앞의 7장 4절 참조).

그리고 '-라/다고(평서형), -냐고, -라고(명령형), -자고' 등의 간접 인용 표현 형태와 '-이-, -히-, -리-, -기-' 등에 의한 파생적 피동, 과거 시제 '-었-' 등에 대해 처리 교수를 적용하고 효과를 검증하였다. 또한 연결어미 '-(으)ㄴ데/는데'를 대상으로 하여 의식 고양 과제 활동을 통한 교수 방안을 설계하여 적용하였으며, '으'와 'ㄹ', 'ㄷ' 불규칙 활용을

대상으로 하기도 하였다. 아울러 추측 표현 '-는 것 같다'와 '-는 모양이
다', 그리고 '-는가 보다'에 대해 과제 활동과 명시적 문법 설명을 중심으
로 모색하거나 주장하는 글을 바탕으로 하는 담화 표지를 중심으로 접근
하기도 하였으며, 조사 '은/는, 이/가, 을/를, 에, 에서'와 함께 보조용언
'-아/어 있다'와 '-고 있다'를 구별하여 사용하는 양상을 대상으로 하기
도 하였다.

❹ 교실 적용과 과제의 구성

4.1 적용 방법

4.1.1 형태 초점 교수법은 형태와 의미, 그리고 기능의 세 가지 측면
모두에 학습자의 주의를 끌어들이는 것이 중요하다. 따라서 형태 초점
교수법을 실제로 적용하는 경우, 교수 과정의 어느 시점에서 의사소통적
목적을 위한 학습자의 주의를 형태에 집중하도록 해야 한다. 그런데 이
와 같이 학습자의 주의 집중을 유도하는 데에는 형태와 의미, 기능을 순
차적(sequential)으로 적용하는 것과 통합적(integrated)으로 적용하는 것
으로 구분된다.

형태 초점 교수법은 형태와 의미, 기능의 세 가지 요소를 순차적으로
제시할 것인지 아니면 통합해서 제시할 것인지에 따라 적용의 절차와 방
법이 달라질 수 있다. 이에 대해 Doughty & Williams(1998)에서는 제2
언어 교수에서 형태와 의미, 기능을 제시하는 방법으로 다음과 같이 세
가지 모델을 예시한다.

- 순차적(sequential) 적용
- 통합적(integrated) 적용
- 제한적인 순차적(limited sequential) 적용

순차적 적용은 목표 문법 항목에 대해 명시적으로 설명해 주고 난 다음 통제 활동을 수행하고 점점 더 많은 의사소통적인 활동을 통해 자동화에 이르도록 하는 방법으로 진행된다. 이것은 우선 목표 문법 항목에 대한 명시적인 설명이 주어지고, 그에 따라 다양한 형태 초점 과제를 활용하여 목표 문법 항목을 의사소통적으로 사용해 볼 기회가 제공된다는 점이 특징이다. 그리하여 이 방법은 학습하기는 쉬우나 명시적인 지도가 없이는 습득이 어려운 규칙의 경우에 효과적이다.

통합적 적용은 목표 문법 항목에 대한 명시적인 설명이 주어지지 않은 상태로 의미 중심의 의사소통 과제 활동을 수행하며, 그 과정에서 학습자들의 오류에 반응함으로써 목표 문법 항목에 대해 무의식적으로 주의를 집중하도록 유도하는 것이다. 이것은 형태와 의미의 통합이 가장 잘 이루어짐으로써 의사소통 목적을 위한 형태 초점 교수법의 개념에 가장 충실한 것이라 할 수 있다. 따라서 순차적 방법이 계획된 형태 집중의 성격이 강하다면, 통합적 방법은 우연적 형태 집중에 그 특징이 있다.

한편, 제한적인 순차적 적용은 명시적인 방법으로 형태에 대해 이해하도록 하여 사전 지식을 갖춘 다음, 형태 초점 기법을 사용한 여러 활동을 통해서 목표 형태에 대해 주의를 환기시켜 주고 간단한 오류를 수정해 주는 방식으로 진행된다. 그런데 이것은 목표 형태에 대해 교사가 명시적인 지도를 한다는 점에서 순차적 적용과 유사한데, 형태에 대한 주의 집중은 강조되지만 의미와 형태 간의 통합성이 떨어진다고 할 수 있다.

4.1.2 형태 초점 교수법의 적용에서 순차적 방법이 좋은지 통합적 방법이 좋은지에 대한 단정적으로 응답하기는 어렵다. 교수-학습 상황에 따라 적절하게 선택하여 사용해야 하는데, 결국은 목표 형태의 특징이나

학습자의 학습 수준과 학습 과제의 성격, 교수 환경 등을 고려해서 적용 방법을 결정하게 된다.

한국어 문법 교육에서는 대부분 순차적 방법이 적용되었다. 순차적 방법의 적용에서는 교사가 미리 학습 과정에서 문제가 될 만한 목표 문법 항목의 형태를 예측하거나 학습자의 오류를 관찰하여 교수 대상이 되는 문법 항목을 미리 정한 다음, 결정된 목표 문법 항목을 학습할 수 있는 과제를 만들어 정확한 습득으로 유도한다. 실제 교실에서는 통합적 방법보다 순차적 방법을 적용하는 것이 쉽다고 할 수 있다. 순차적 방법의 기법으로는 입력 강화, 의식 고양 과제, 입력 처리, 미로 찾기 등이 활용될 수 있다.

통합적 방법은 의사소통적 언어 교수의 일반적 목적에 가장 잘 부합되는 것이기는 하나, 실제로 교실에서 적용하기가 쉽지 않은 것이 사실이다. 이 방법의 적용에서는 수업을 의미나 의사소통에 맞추면서 의사소통적 과제 활동이나 상호작용 과정에서 학습자가 계속적으로 부정확한 발화를 보일 때 자신의 표현에서 나타나는 오류에 대해 인식하도록 유도하기 위해 고쳐말하기와 같은 피드백을 제공하는 기법이 주로 사용된다.

4.2 과제의 구성

형태 초점 교수법을 적용하기 위해서는 여러 가지 과제(task)를 개발하여 수행하여야 성공적인 학습을 이끌 수 있다(앞의 8장 3.2절 참조). 형태 초점 교수법은 문법 형태에 학습자의 주의 집중을 유도하는 것을 기본 전제로 하므로, 형태 자체만을 다루는 것보다 의사소통적인 활동을 중요하게 여긴다. 이러한 의사소통적인 활동은 필수적으로 목표 문법 항목의 형태를 사용해야 하는 과제를 포함한다.

과제 활동은 의미와 의사소통에 기반을 둔 문법 교수 방법으로, 형태 초점 교수법을 가장 효과적으로 구현할 수 있게 한다. 이에 따라 학습자의 필요와 욕구에 맞는 과제를 수행하는 과정에서 자연스럽게 발생하는 기회를 이용하여 이해나 산출에서 부족하거나 꼭 필요한 언어적 요소에 주의를 기울이도록 유도한다(Long & Robinson, 1998 참조). 그리하여 형태 초점 교수법을 적용하기 위해서는 다양한 의사소통적 활동이 학습자에게 적절하게 주어져서 목표 문법 항목의 형태를 포함하는 의미 중심의 이해와 표현 활동을 할 수 있도록 유용한 과제를 개발할 필요가 있다.[17]

그러나 이러한 과제를 구안해 내는 것은 쉽지 않다. 그것은 필수적으로 특정 문법 항목의 형태를 사용해야 하는 과제가 항상 실현 가능한 것이 아니기 때문이다. 실제로 한국어 문법 교육에서는 활용된 기법에 따라 다양한 과제를 구성하여 수행하도록 하였는데, 그 일부를 보면 다음과 같다(우형식, 2012ㄱ 참조).

기법	과제
입력 강화	(선정된 형태가 드러나도록 개작된) 자료 읽기, (원문) 자료 읽기, 자유 작문하기
입력 처리	문법성 판단하기, 듣고 선택하기, 읽고 선택하기, 그림 보고 (적절한) 문장 찾기, 듣고 (내용에 맞는) 그림 찾기
고쳐말하기	듣고/읽고 재구성하기(말하기), 문법성 판단하기, 그림 묘사하기(말하기), 그림 차이 찾기(말하기)
듣고다시쓰기	듣고 재구성하기(쓰기), 직소

입력 강화(input enhancement)를 기법으로 활용하는 경우에는 대부분 형태 초점 교수법을 적용하는 대상으로 선정된 형태를 시각적으로 강화한 자료를 읽으면서 의식을 고양하여 대상 형태에 주목하도록 하는 활동

---

17) 의미와 의사소통을 우선시하는 형태 초점 교수법에서는 학습자들이 형태에 주의를 기울이도록 유도하는 것이 과제 개발의 주요한 준거가 된다.

을 하였다. 입력 처리(input processing)를 주요 기법으로 하는 경우에는 지시적 활동으로 듣거나 읽고 올바른 표현을 선택하거나 그림 자료를 보고 적절한 표현을 찾는 활동을 하였으며, 필요에 따라 정의적인 활동을 추가하였다. 그리고 고쳐말하기(recast)의 경우 주어진 텍스트를 읽거나 듣고 재구성하여 말하기, 그림을 묘사하거나 그림 사이의 다른 점을 찾아 말하기 등의 과제 활동이 주어지고, 듣고다시쓰기(dictogloss) 기법의 경우에는 듣고 재구성하여 다시 쓰는 과제 활동이 부여되었다.

⑤ 정리와 전망

문법 교육에서 형태 초점 교수법은 전통적으로 적용되어 온 형태·구조 중심의 교수 방법과 의사소통을 지나치게 강조하는 교수 방법의 절충으로 나타난 것이다. 이 교수법은 문맥의 의미를 강조하면서도 형태의 정확성을 중시하여 완전한 의사소통을 하도록 함으로써, 목표 언어의 유창성과 정확성을 모두 추구하는 교수 방법이라 할 수 있다.

형태 초점 교수법을 따르는 기법들은 크게 입력 중심과 출력 중심으로 구분할 수 있다. 입력 중심의 기법의 경우 한국어 문법 교육에서는 입력 강화와 입력 처리가 주목을 받아 왔으며, 출력 중심의 기법으로는 주로 고쳐말하기와 듣고다시쓰기 기법을 활용하는 연구가 있었다. 형태 초점 교수법을 수행하기 위해서는 적절한 형태의 선정이 필요하다. 형태는 언어학적 측면과 언어 교수적 측면을 모두 고려하여 선정하는데, 특히 학습자의 언어 사용 자료를 분석하여 그를 바탕으로 선정하는 것이 적절하다. 한국어 문법 교육에서는 관형사형어미와 간접인용 표현 형태, 파생적 피동, 과거 시제, 불규칙 활용, 추측 표현, 조사 등이 주목을 받았다. 그러나 이러한 형태 선정에서는 교사 또는 연구자의 주관적 판단보다는 학습자의 언어 자료의 분석을 바탕으로 해야 할 필요가 있다.

형태 초점 교수법의 시행에는 형태와 의미, 기능을 순차적으로 적용하는 것과 동시에 통합적으로 적용하는 방법이 있다. 한국어 문법 교육에서는 대부분 순차적 방법이 적용되면서 입력 강화와 입력 처리 등의 기법이 활용되었다. 형태 초점 교수법은 언어 형태에 학습자의 주의 집중을 유도하는 것을 기본 전제로 하므로, 의사소통적인 연습에서 목표 형태를 사용해야 하는 과제를 포함한다. 과제는 형태와 의미, 기능의 관계에 대한 학습자의 주의 집중을 유도하고 보다 효과적으로 의식하도록 한다. 한국어 문법 교육에서는 기법에 따라 다양한 과제가 수행되었다.

물론 문법 교수에서 형태 초점 교수법이 만능은 아니다. 그러나 이것은 형태와 의미, 기능을 모두 고려하여 형태뿐만 아니라 의사소통적 측면이 부각된다는 점에서 교육적 가치를 지닌다. 앞으로 한국어 문법 교육에서 형태 초점 교수법의 여러 기법들을 적용해 보는 시도가 지속적으로 이루어질 것으로 기대된다.

제 11 장

입력 처리 교수 기법의 적용

■ 형태 초점 교수법에서는 의사소통적 상황에서 형태에 대한 주의 집중을 이끌기 위한 다양한 기법들을 활용한다. 입력 처리 교수는 심리언어학적 접근에 근거한 의미 중심 형태 초점 교수 기법의 하나로, 의사소통적 맥락에서 문법 항목을 제시하고 학습자로 하여금 문법 지식을 내재화하게 할 수 있는 교수 방법이다. 이 장에서는 형태 초점 교수법의 하나인 처리 교수를 선택하여, 이것을 한국어 문법에서 활용하고자 할 때 요구되는 기본적인 문제들(입력 처리 원리의 적용과 목표 문법 항목의 선정, 과제 구성)에 대해 살펴보기로 한다.[1]

① 입력 처리

1.1 입력 처리의 성격

입력 처리 교수(input processing instruction)는 심리언어학적 접근에 근거한 형태 중심의 교수 기법이다.[2] 이것은 학습자들에게 목표 문법 항목과 입력을 효과적으로 처리하는 전략(strategy)에 대해 명시적(explicit)으로 설명하고, 학습자들이 입력을 효과적으로 처리할 수 있도록 고안된 입력 활동(input activity)을 제공하는 것을 특징으로 한다.[3]

처리 교수(processing instruction)는 제2언어 습득의 한 원리로 입력 처리(input processing)를 제시하는데, 이 입력 처리에 관한 이론은 처리 교수의 기본적인 바탕이 된다. 입력 처리 이론에서는 제2언어 습득의 과정을 다음과 같이 일반화한다(VanPatten, 1996:152-154 참조).

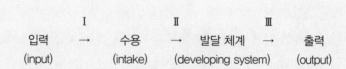

```
        I              II             III
입력   →    수용    →  발달 체계  →   출력
(input)     (intake)  (developing system)  (output)

I : 입력 처리(input processing)
II : 조정(accommodation), 재구조화(restructuring)
III : 접근(acces)
```

제2언어 습득의 과정에서 학습자는 우선 투입된 입력(input)을 받아

---

1) 이 장은 우형식(2013)을 수정·보완한 것이다.

2) 이 용어는 일반적으로 줄여서 처리 교수(processing instruction; PI)라고 한다.

3) 여기서 '처리(processing)'는 형태(form)와 의미(meaning) 그리고/또는 기능(function)을 연결(mapping)하는 것을 뜻한다(VanPatten, 2003 참조).

들이기 위해 입력된 언어 요소들에 대해 주의(attention)를 기울이게 된다. 그러는 과정에서 위에서처럼 학습자는 입력된 언어 요소들을 처리(processing)하여 자신의 심리적 기제 안에 수용(intake)하게 되고(Ⅰ단계), 이를 조정하고 재구조화하여 발달 체계(developing system)에 저장함으로써(Ⅱ단계), 궁극적으로는 출력(output)된다(Ⅲ단계)는 것이다. 여기서 특히 Ⅰ단계로 제시되는 입력 처리는 학습자들이 입력으로부터 수용을 이끌어오는 과정 중에 일어나는 것으로, 입력 처리 이론에서 주목의 대상이 된다.

입력 처리 이론은 학습자가 목표 언어 요소를 입력할 때 어떤 특징에 주의를 기울이는지 또는 그러지 아니하는지를 밝히고, 또한 그 이유가 무엇인지를 설명하고자 한다.4) 따라서 입력 처리 이론은 제2언어 습득에서 주어진 입력으로부터 수용을 이끌어내는 과정에 집중하기 때문에, 제2언어 습득의 전반적인 현상보다는 입력 부분을 중점적으로 다루게 된다. 이러한 점에서 입력 처리 이론은 입력 기반(input-based) 접근법의 특징을 지닌다.

특히 입력 처리 이론에서 주목하는 것은 학습자의 주의(attention)라는 요인이다.5) 입력 처리 이론에서는 성인의 제2언어 습득의 경우 입력의 과정 중에 형태에 대한 주의 집중이 반드시 필요한데, 실제로 입력된 언어 요소를 처리하는 과정에서 학습자의 주의 자원(attentional resource)은 제한되어 있다고 본다. 즉, 입력을 처리하기 위해 상당히 주의를 집중하는 것이 필요하지만, 이를 위해 사용할 수 있는 학습자의 자원은 한계가 있다는 것이다. 그리하여 학습자는 입력 처리 과정에서 입력되는 정보를 선택적으로 처리해야 하는 압력을 받게 되고 그에 따라 다양한 전략을

---

4) 입력 처리 이론은 제2언어 습득 과정에서 학습자가 목표 언어의 입력 자료로부터 언어에 내재된 규칙과 질서를 자신의 지식 체계에 내면화할 때, 어떤 요소는 처리되고 어떤 요소는 처리가 되지 않으며 그 선후 관계는 어떻게 되는지를 밝히는 것을 주요 내용으로 한다.
5) 주의는 어떤 대상을 지각하여 의식을 집중하는 인식 작용을 뜻한다.

활용하게 되는데,[6] 여기서 목표 언어 요소에 대한 명시적 설명과 구조화된 입력 활동 등의 입력에 대한 교수적 처치, 즉 처리 교수의 기법이 적용되게 되는 것이다.

1.2 입력 처리의 원리

1.2.1 제2언어 습득에서 학습자들은 문법 형태나 구조에 대한 정보를 입력하는 데 주의를 기울이는데, 이때 형태에 대한 주의 집중과 관련하여 다양한 처리 전략(processing strategy)을 활용하게 된다. 그런데 이 과정에서 학습자들은 자신의 작업 기억(working memory)에서 주의를 집중할 수 있는 자원이 입력되는 정보들을 한꺼번에 처리하지 못할 정도로 제한적일 경우, 입력 중에서 특정 요소만을 우선적으로 선택하여 수용하려는 경향을 띤다.[7]

이와 같이 학습자들은 입력 처리 과정에서 입력을 적절히 수용하기 위해 특정 전략을 사용하는데, 입력 처리 이론에서는 이러한 전략을 일반화하고 입력 처리 원리라 하여 다음과 같이 제시한다(VanPatten, 2003 참조).

---

6) 주의는 선택적이고 한정적이어서 주의 집중 대상이 되는 정보들만 인지 처리 과정을 거치기 때문이다.
7) 작업 기억은 인지심리학의 용어로 두뇌가 여러 정보를 동시에 입력하여 처리하는 것을 뜻한다.

P1. 의미 우선 원리	P2. 첫 명사 원리
P1a. 내용어 우선 원리	P2a. 어휘적 의미 원리
P1b. 어휘적 항목 우선 원리	P2b. 사태 개연성 원리
P1c. 비잉여적 형태 우선 원리	P2c. 맥락상 제한 원리
P1d. 유의미한 형태 우선 원리	
P1e. 이용가능한 자원 원리	
P1f. 문장 위치 원리	

위에서 보면, 제2언어 습득에서 학습자들의 입력 처리 과정에서 나타나는 일반적인 경향은 크게 의미 우선 원리(primacy of meaning principle)와 첫 명사 원리(first noun principle)로 설명되며, 이 두 가지는 각각 그에 따르는 하위 원리로 조직된다.

1.2.2 의미 우선 원리(primacy of meaning principle)는 학습자들이 입력에서 형태(form)보다 의미(meaning)를 먼저 처리한다는 것을 뜻한다. 즉, 특정한 언어 형태가 수용되기 위해서는 형태와 그것의 의미 사이에서 연결이 이루어져야 하는데, 학습자들은 우선 의미를 처리한 후에 작업 기억 안에 처리를 위한 주의 자원에 여유가 있을 때 형태에 주목하게 된다는 것이다.

의미 우선 원리는 위에서처럼 다시 여섯 가지의 하위 원리로 구분되는데, 이 중에서 내용어 우선 원리는 학습자들은 입력에서 다른 무엇보다도 내용어(content word)를 먼저 처리한다는 것을 뜻한다. 여기서 내용어란 입력 안에서 가장 많은 의미를 지니고 있는 것을 말한다.

(1) 책상 위에 책이 있다.

위 (1)에서는 '책상'과 '책'이 내용어가 된다. 이들은 이 문장의 의미를 이해하는 데 핵심적으로 기여한다.

그리고 어휘적 항목 우선 원리는 문법 형태와 동일한 의미의 어휘적 항목(lexical item)이 동시에 주어졌을 때(즉, 문법 형태가 잉여적일 경우), 학습자들은 문법 형태 이전에 어휘적 항목의 처리에 의존하는 경향이 있다는 것을 의미한다.

(2) 나는 어제 친구를 만났다.

위 (2)에서 시간적 양상을 판단하고자 할 때, 문법 형태인 과거의 선어말어미 '-았-'보다는 어휘 '어제'에 먼저 주의를 기울이는데, 이것은 내용이 포함되는 어휘 항목이 더 구체적인 의미를 지니고 있기 때문이다.

또한 비잉여적 형태 우선 원리는 문법적 형태가 둘 다 유의미할 때, 잉여적인(redundant) 것보다 비잉여적인(nonredundant) 것의 처리를 선호함을 뜻하고, 유의미한 형태 우선 원리는 무의미한 문법적 형태보다 유의미한(meaningful) 문법적 형태의 처리를 선호한다는 것을 의미한다. 잉여성은 어떤 형태가 지닌 정보가 문장의 다른 어딘가에서도 표현되는지의 여부와 관련되는 것이다.

(3) 나는 어제 여러 친구들을 만났다.

위 (3)에서 복수를 뜻하는 '여러'와 관련되는 '들'이나 과거의 의미에서 '어제'와 관련되는 '-았-'은 잉여적인 형태가 된다.

이들 원리가 표현하고자 하는 것은 학습자들은 주어진 언어 정보를 처리할 때 우선 내용어에 주목하는데, 처리를 위한 주의 자원이 남아 있다면 다음으로 의미 정보를 지니고 있는 어휘적 항목을 처리한다는 것이다. 그래도 자원이 남아 있다면 의사소통적 가치(communicative value)가 높은 비잉여적인 형태를 처리한다는 것으로, 결국 문법적 형태보다는 의미적 요인과 관련되는 어휘적 형태에 우선적으로 주목하게 되며, 문법

형태의 경우에도 의미 우선의 원리가 적용됨을 뜻한다.[8]

그리고 이용가능한 자원 원리는 유의미하면서 잉여적인 문법 형태를 처리하거나 무의미한 문법 형태를 처리할 때는 이용가능한 자원(available resource)의 범위 안에서 이루어짐을 의미한다. 마지막으로 문장 위치 원리는 문장에서 중간이나 마지막에 위치한 요소들보다 문두 위치(initial position)의 요소들을 먼저 처리함을 뜻한다.

1.2.3 다음으로 입력 처리에서 두 번째로 주요한 원리인 첫 명사 원리(first noun principle)는 학습자들이 문장을 처리할 때 명사에 대해 주어(subject) 또는 비주어의 문법적 역할과 동작주(agent) 또는 비동작주의 의미적 역할을 부여하게 되는데, 이때 문장에서 처음 등장하는 명사를 주어/동작주로 처리하는 경향이 있음을 뜻한다. 즉, 첫 명사 원리는 학습자가 문장의 첫 번째 명사에 주어/동작주의 역할을 부여하여 의미를 해석하는 전략을 말한다(VanPatten, 2003 참조).

(4) ㄱ. The cow was kicked by the horse.

ㄴ. The cow kicked the horse.

위에서 (4-ㄱ)은 피동문이고 (4-ㄴ)은 능동문으로, 전자에서 'cow'는 피동주로서 주어/대상이 되고 후자에서 'cow'는 능동주로서 주어/동작주가 된다. 그런데 학습자들은 문장을 처리할 때, (4-ㄱ)의 첫 명사 'cow'를 주어/동작주로 보는 경향이 있어서 (4-ㄱ)을 (4-ㄴ)처럼 해석하는 오

---

8) 여기서는 잉여성이 중요한 요소로 부각되는데, 이것은 의사소통적 가치와 관련된다. 의사소통적 가치는 전체를 구성하는 부분이 되는 어떤 형태가 전체의 의미에 기여하는 정도를 뜻하는 것으로, 입력 처리는 바로 이 의사소통적 가치가 높은 것부터 그 대상이 되는 것이다.

류를 범하게 된다는 것이다.[9] 즉, 문장의 첫머리에 오는 명사가 언제나 주어/동작주의 역할이 부여되는 것으로 해석하여 입력에서 오류가 발생하게 된다는 것이다.

그런데 첫 명사 원리가 적용되기 어려울 때에는 다른 방식으로 접근하는데, 이는 세 가지 하위 원리로 구성된다. 이들은 학습자들은 문장을 이해할 때 첫 명사 원리 대신에 어휘의 의미적 특징에 의존할 수 있다(어휘적 의미 원리)는 것과 문장을 이해할 때 첫 명사 원리 대신에 사태의 개연성에 의존할 수 있다(사태 개연성 원리)는 것, 그리고 구나 문장을 이해할 때 전술된 맥락상의 제한에 의해 첫 명사 원리에 덜 의존할 수 있다(맥락상 제한 원리)는 것이다.

이 중에서 어휘 의미 원리는 학습자들이 문장의 의미를 해석할 때 가능하다면 어순보다는 어휘적 의미에 의존한다는 것을 뜻한다(VanPatten, 2003 참조).

(5) ㄱ. The cow was kicked by the horse.

　　 ㄴ. The fence was kicked by the horse.

위에서 (5-ㄱ)의 'cow'와 'horse'는 모두 'kick'을 수행할 능력을 지니고 있지만, (5-ㄴ)의 'fence'는 이러한 능력을 지니고 있지 못하기 때문에 이것이 비록 문장의 첫머리에 위치해 있다 하더라도 능동주가 아니라 피동주로 생각하게 된다는 것이다. 즉, 이것은 능동문과 피동문의 어순과 관계없이 어휘적 의미에 따라 유정성을 지닌 명사를 능동주로 해석하려는 학습자들의 전략을 보여 주는 것이다.

---

9)　이것은 한국어의 경우 능동/피동의 대응에서 피동문의 주어를 동작주로 해석하는 경향과 관련된다.
　　(1) ㄱ. 경찰이 도둑을 잡았다.
　　　　ㄴ. 도둑이 경찰에게 잡혔다.
　　위에서 (1-ㄴ)의 주어 '도둑이'를 (1-ㄱ)의 주어 '경찰이'와 같이 능동주로 해석하는 경향을 띤다는 것이다.

② 처리 교수의 원리

2.1 처리 교수의 성격

2.1.1 앞에서 제시된 입력 처리 원리에 따르면, 제2언어 학습에서 학습자들은 일반적인 입력 처리 원리에 의존하여 목표 문법 항목에 접근하게 된다. 그런데 이러한 일반적인 입력 처리 원리는 모든 개별 언어의 형태와 구조에 적용되기 어렵기도 하거니와, 입력이 잘못 이해된다거나 주의 자원이 미치지 못하는 문법 항목의 경우에는 습득이 지연되기도 한다. 이를 위해 특정한 교수 활동이 요구되는데, 이것이 처리 교수(processing instruction)의 기본적인 틀을 이룬다.

처리 교수는 VanPatten & Cadierno(1993)에서 처음으로 제시된 것으로, 학습자의 잘못된 처리 전략을 바꾸는 입력 활동을 통해 목표 언어의 습득을 촉진할 수 있음을 보여 주는 교수 기법이다. 처리 교수는 반복 훈련이나 문형 연습 등과 같이 출력을 중심으로 하는 전통적인 문법 교수와는 달리, 학습자들이 입력을 처리하는 방법을 개선하여 형태와 의미를 적절히 연결할 수 있도록 유도하는 것을 강조한다. 그리하여 처리 교수에서 학습자들은 입력을 중심으로 하여 목표 문법 항목들과 관련한 언어 자료를 듣거나 읽는 등의 이해 기반(comprehension-based) 활동을 하면서 그것의 특성에 주의를 기울이게 된다(VanPatten, 1996:82-84 참조).

특히 처리 교수에서는 목표 문법 항목의 형태적 특징과 규칙을 설명하는데, 명시적인 설명을 통해 형태와 의미를 연결하는 것과 학습자의 입력 처리 과정에서 습득에 부정적인 영향을 줄 수 있는 처리 전략을 개선하는 것을 강조한다. 그리하여 처리 교수는 목표 문법 항목에 대한 명시적 설명과 주의해야 할 처리 전략에 대한 명시적 설명이 주어진 후, 목표 문법 항목을 연습하기 위한 활동을 수행한다.

2.1.2 처리 교수는 전통적인 문법 교수 방법과 구별된다. 전통적인 교수 방법은 목표 문법 항목에 대한 명시적 설명이 주어진 후, 기계적 연습이나 유의미한 연습, 의사소통적 연습 등과 같은 출력 중심의 연습 활동이 학습자들에게 제공되는 방식으로 진행된다. 이에 비해서 처리 교수는 입력에 기반한 교수 기법으로, 학습자로 하여금 입력 자료에 주의를 기울이게 하면서 입력 처리 과정에서 목표 문법 항목의 습득에 부정적인 영향을 미칠 수 있는 처리 전략을 개선하는 데 초점을 둔다.

VanPatten & Cadierno(1993)에서 논의하고 있는 전통적 교수와 처리 교수를 대조하여 보이면 다음과 같이 제시할 수 있다.

입력	→	수용	→	발달 체계	→	출력
(input)		(intake)		(developing system)		(output)
		↑				↑
		②				①

위에서 ①은 학습자의 출력에 초점이 주어진 연습을 강조하는 것으로 전통적 교수의 특징을 반영한다. 이러한 전통적 교수는 대부분의 제2언어 학습 교재나 교실에서 널리 수용되어 왔던 방식으로, 실제로 한국어 교육 현장에서도 널리 쓰이는 수업 방식이기도 하다.

이에 비해서 ②는 입력에 초점이 주어진 연습을 강조하는 것으로 처리 교수의 특징을 반영한다. 여기서는 입력 처리 과정에서 처리 전략을 개선하는 것뿐만 아니라 형태와 의미의 연결을 촉진하는 것을 주된 목적으로 한다(VanPatten, 1996:60 참조). 그리하여 학습자들에게 체계적으로 처리된 입력을 제공하여 형태와 의미를 연결할 때 부정적 영향을 미칠 수 있는 처리 전략을 바꾸도록 유도해 준다.

결국 처리 교수는 제2언어의 문법 교수에서 입력을 기반으로 하는 교수 기법으로, 의미 중심 형태 집중의 이른바 형태 초점 교수법의 하나에 포함된다. 그리고 처리 교수는 학습자가 일반적으로 입력을 수용하기 위

제11장 _ 입력 처리 교수 기법의 적용 303

해 사용하는 잘못된 전략을 개선하고 형태와 의미 연결을 올바르게 연결하도록 처리해 주는 것을 주된 목적으로 한다.

2.2 처리 교수의 절차

처리 교수의 절차는 단계적으로 구성된다. 이에는 주어진 형태와 그것이 전달하는 의미에 대해 명시적으로 설명하는 단계와 처리 전략에 대한 정보를 제공하는 단계, 그리고 의미와 형태의 관계가 성립될 수 있게 하는 입력 활동을 수행하는 단계 등이 해당된다. 이 세 단계를 각각 명시적 설명, 처리 전략 제시, 구조화된 입력 활동이라고 하면, 처리 교수의 절차는 다음과 같이 정리될 수 있다.

명시적 설명 ➡ 처리 전략 제시 ➡ 구조화된 입력 활동

명시적 설명 단계에서는 학습자들에게 목표 문법 항목의 구조와 형태에 대해 명시적인 설명을 제공한다. 여기서는 특히 형태나 구조는 한 번에 하나씩만 제시되어야 한다는 데 유의한다.

처리 전략 제시 단계에서는 학습자들에게 특정한 입력의 처리 전략에 대한 설명을 제공한다. 이 단계에서는 학습자들은 목표 문법 항목의 형태나 구조에 대한 정보와 더불어 형태에 주의를 기울이는 데 요구되는 입력에 필요한 단서나 힌트 등과 같은 처리 전략을 제공 받는다. 학습자들은 입력 처리 과정에서 요구되는 목표 문법 항목의 문법적 특징에 주의를 기울이게 되는데, 이때 학습자의 일반적인 처리 전략이 형태나 구조를 습득하는 데 부정적인 영향을 미칠 수가 있다. 따라서 처리 전략 단계에서 학습자들은 목표 형태에 주의를 기울이면서 입력을 처리하여 정확하게 이해하고, 또한 부정적 영향을 미치는 처리 전략에 대해서도 설

명을 제공 받게 된다. 특히 처리 교수에서는 문법적 설명이 형태와 의미를 연결하도록 하는 데 중점을 두며, 학습자의 입력 처리 과정에서 습득에 부정적인 영향을 줄 수 있는 처리 전략을 개선해 주는 것을 강조한다.

구조화된 입력 활동 단계에서 학습자는 목표 문법 항목에 대해 구어 혹은 문어 자료를 통해 문장을 정확하게 처리하도록 요구 받는다. 여기서 구조화된 입력(structured input)은 학습자가 형태와 구조에 의존하여 의미를 얻거나 형태를 더 잘 처리하도록 특별히 조작된 자료를 의미한다(VanPatten, 1996:63 참조). 이는 학습자가 본래 입력 처리 방식보다 더 최적화된 처리 방식을 갖도록 도와주는 역할을 한다. 따라서 여기서 입력은 학습자들의 습득이 더 잘 일어나도록 특정한 방법으로 다루어진 것으로, 의미에 초점을 두게 된다.

구조화된 입력 활동은 지시적 활동(referential activity)과 정의적 활동(affective activity)으로 구분된다. 지시적 활동은 학습자가 의미를 파악하기 위해 목표 문법 항목의 형태나 구조에 의존하면서 정답 혹은 오답을 고르도록 구성된다. 그리고 정의적 활동은 학습자들이 실제적 상황과 관련된 정보를 처리하면서 자신의 의견이나 신념, 태도 등을 표현하도록 구성되는데, 정답이 주어지지 않는 활동이기 때문에 지시적 활동을 통해 학습자들이 형태와 의미를 정확하게 연결할 수 있도록 한 후에 시행한다. 특히 정의적 활동은 실세계에 대한 정보를 처리함으로써 목표 문법 항목의 내재화를 돕는다는 점에서 유용하다.

❸ 처리 항목의 선정과 과제의 구성

3.1 문법 항목의 선정

3.1.1 처리 교수를 실행하기 위해서는 실제로 어떤 문법 항목(형태나 구조)에 적용하는 것이 적절하고 어떤 항목에는 부적합한지에 대한 논의가 요구된다. 왜냐하면 처리 교수에서 모든 형태가 입력 처리에 대한 동등한 후보가 될 수 없으며, 동일한 부류로 처리될 수도 없기 때문이다.

처리 교수가 적용되는 문법 항목의 선정을 위해서는 언어학적 고려뿐만 아니라 교육적으로도 타당한 이유가 있어야 한다. 특히 교사나 연구자의 주관에 따르는 것이 아니라, 학습자의 언어 사용 자료를 분석하여 그를 바탕으로 대상 항목을 선정하는 것이 적절한 것이다(우형식, 2013 참조). 언어학적 측면에서는 해당 문법 형태나 구조의 사용 빈도와 전체적인 의미를 좌우하는 정도, 문법적 복잡성의 정도, 난이도, 사용 범위 등이 선정의 주요 기준이 될 수 있다. 그리고 교육적 측면에서는 학습자와 교실 상황을 고려하되, 학습자에게 흔히 나타나는 오류의 항목들을 조사하여 선정하는 것도 한 방법이 될 수 있다.

지금까지 처리 교수를 적용한 연구에서는 여러 언어의 다양한 문법 형태와 구조가 논의의 대상이 되었다. 이를테면, 스페인어의 목적격 대명사와 과거 시제, 계사를 비롯하여, 이태리어의 미래 시제, 프랑스어의 사동, 영어의 과거 시제, 그리고 일본어의 과거 시제와 긍정/부정형이 논의의 대상이 된 바 있다(우형식, 2013 참조).

한국어 문법 교육에서 처리 교수 기법을 활용한 연구는 그리 많지 않은데, 과거 시제 '-었-'과 피동 형태, 그리고 일부의 불규칙 활용을 대상으로 하여 논의한 바 있다. 이들을 보면, 논의의 대상이 된 문법 항목들이 매우 한정되어 있음을 알 수 있다.

한국어는 구조적으로 복잡할 뿐만 아니라, 조사와 어미, 의존명사와 보조용언 등에서 형태적으로 매우 복잡하게 분화되어 있으며, 각각의 형태들이 실현하는 의미도 변별하기가 매우 까다롭기 때문에 형태에 초점을 두는 의미 중심의 교수 방법을 적용할 여지가 많다고 할 수 있다. 특히 이들은 여러 형태가 묶여 하나의 기능을 표현하는 이른바 덩이 형태(chunk)의 형식으로 사용되는 경우가 빈번하다는 점도 고려의 대상이 될 수 있다.

이러한 한국어의 특성을 바탕으로 처리 교수를 적용하기 위해서는 적절한 형태를 선정할 필요가 있다. 이때 우선으로 고려할 수 있는 것은 의사소통적 가치에 관계되는 것으로, 의미 전달을 위해 자주 사용되는 문법 항목들이라 할 수 있다. 즉, 학습자가 평소에 자주 접할 수 있고 실생활에서 사용 가능한 문법 항목이 1차적인 논의의 대상이 될 수 있는 것이다. 또한 학습자들의 언어 사용에서 고빈도 오류에 속하는 구조와 형태가 선정의 대상이 될 수 있다. 그것은 학습자의 오류는 발생 빈도에 따라 의사소통에 장애가 되거나 화석화되어 그릇된 형태를 지속적으로 유지할 가능성이 있기 때문이다.

3.1.2 예를 들어, 연결어미 '-(으)려고'는 일반적으로 '의도'의 의미를 실현하는 것으로 기술되는데, 특히 '하다'와 결합하여 '-(으)려고 하다'의 덩이 형태로 자주 나타난다(앞의 6장 2절 참조).

(6) ㄱ. 그는 시내에 가려고 버스를 탔다.
ㄴ. 그는 버스를 타고 시내에 가려고 한다.

위 (6)에서처럼 '-(으)려고'는 주어가 앞으로 하고자 하는 생각이나 계획을 나타내며, 실제로 그러한 의도를 행동에 옮기지 않은 상태를 표현한다(백봉자, 1999:267 참조). 특히 (6-ㄱ)에서 '-(으)려고'가 나타난 선행절은 후행절의 행동이 이루어진 후의 행위를 표현한다는 점에서 선·후행절이 뜻하는 행동의 시간적 흐름이 문장의 선적(線的) 구성 방식에는 역행된다. 이러한 의미적인 특징에서 이 형식은 비교적 접근하기 쉬운 것 같으면서도 학습자들의 언어 사용에서 오류를 범하게 한다.

특히 과거 형태와 결합된 '-(으)려고 했다'의 형식이 지닌 의미상의 복잡성도 습득을 어렵게 하는 하나의 요인이 될 수 있다.

   (7) ㄱ. 그는 내일 시내에서 친구를 만나려고 한다.
      ㄴ. 그는 어제 시내에서 친구를 만나려고 했다.

위 (7)에서처럼 '-(으)려고 하다'가 주어의 어떠한 행위에 대한 의도나 계획을 나타낼 뿐이고 그것의 실제 실행 여부와는 무관한 것이어서, 현재형으로 종결된 (7-ㄱ)이나 과거형으로 종결된 (7-ㄴ) 모두 '시내에서 친구를 만나'는 행위가 실제로 일어남을 전제로 하지는 않는다. 그런데 (7-ㄴ)의 경우 시간부사 '어제'와 후행절이 과거형 '했다'로 종결된다는 점에 이끌려 의도된 행위가 마치 일어난 것처럼 이해될 여지도 있는 것이다.

여기서 '하다'가 과거 시제를 나타내는 선어말어미 '-였-'과 결합한 '-(으)려고 했다'는 어떤 의지나 계획이 있었지만 어떠한 상황에 의해 그것을 하지 못했음을 나타낼 수도 있는데,[10] 학습자는 '하다'의 시제에 따라서 의미가 달라지는 이 문법 항목을 학습할 때 과거의 시간부사나 과거형의 선어말어미에 이끌려 의미 우선 원리 중에서 내용어 우선 원리나 어휘적 형태 우선 원리를 적용함으로써, 실제적인 의미를 인지하지 못하는 오류를 범할 수 있다. 즉, '-(으)려고 했다'로 구성된 문장이 어휘의 의미를 중심으로 해석되어 마치 행위에 대한 주어의 의도가 있었고 행위가 실제로 실현된 것처럼 이해하기도 한다는 것이다. 이 경우 이 형식의 형태에 주의를 기울이게 하는 처리 교수가 적용될 여지가 있는 것이다.

---

10) 그것은 연결어미 '-(으)려고'가 주어의 의도된 행위만을 나타내고 아직 행위로 옮기지는 않은 상태를 뜻하기 때문이다. 또한 '-(으)려고'는 후행절에서 명령형이나 청유형이 제약된다.

3.2 과제의 구성

3.2.1 목표 문법 항목을 선정하고 이에 대해 처리 교수를 적용하기 위해서는 여러 가지 과제(task)를 개발하여 구조화된 입력 활동을 수행하여야 성공적인 학습을 이끌 수 있다. 처리 교수는 학습자가 목표 문법 항목에 주의를 기울이도록 유도하는 것에 중점을 두기 때문에, 목표 항목 자체만을 다루는 것이 아니라 의사소통적인 활동도 중요하게 여긴다. 따라서 입력 활동을 위한 과제에는 목표 문법 항목을 활용한 다양한 의사소통적인 활동이 포함된다.

처리 교수에서의 과제는 목표 문법 항목에 대한 형태와 의미의 연결을 구성하도록 입력을 구조화하는 방식으로 설계된다. 이에 대해 VanPatten(1996:67-69)에서는 처리 교수에서의 구조화된 입력 활동을 개발하는 방안을 다음과 같이 제시한다.

- 한 번에 한 가지 일을 하라.
- 의미에 초점을 두어라.
- 문장에서 연결된 담화로 진행하라.
- 구어와 문어 입력을 모두 사용하라.
- 학습자들은 입력으로 무엇인가를 해야 한다.
- 언어심리적 처리 전략을 기억하라.

구조화된 입력 활동은 한 번에 하나의 목표 문법 항목을 대상으로 하여 형태와 의미의 연결에 주의를 집중하도록 구성한다. 또한 처리 교수에서의 과제 활동은 전통적 교수와 달리 학습자에게 어떠한 발화도 요구하지 않으며 형태와 의미를 연결하여 입력이 수용될 수 있도록 하는 데 중점을 둔다. 처리 교수가 입력 중심의 교수 기법이라는 점에서 이를 구현하기 위한 활동은 듣기와 읽기 등의 이해 활동을 중심으로 구성된다.

처리 교수에서 강조하는 구조화된 입력 활동은 학습자가 입력을 처리하기 위해 사용하는 전략에서부터 시작된다. 이 전략은 일반적으로 앞에서 논의된 입력 처리 원리로 설명될 수 있는데, 이것은 모든 문법 항목에서 긍정적인 효과를 거둘 수 있는 것이 아니므로, 목표 문법 항목에 따라 입력 처리를 위한 전략을 수정하거나 새롭게 설정해야 할 필요가 있다.

특정 문법 항목에 대해 구조화된 입력 활동을 수행하기 위해서는 다양한 방식으로 과제를 구성할 필요가 있다. 이를 위해서는 우선 학습자가 목표 문법 항목의 처리를 위해 어떠한 전략을 사용하는지를 분별해 내야 한다. 이를 바탕으로 전략의 타당성을 검토하고, 학습자가 비효율적인 전략을 포기하고 더 나은 최적의 전략을 사용하도록 유도하는 과제를 구성하게 된다. 예를 들어, 과거 시제 형태 '-었-'을 목표 항목으로 하여 입력 활동 과제를 구성한다면, 앞의 (2, 3)의 경우와 같이 시간부사 '어제' 등과 같은 내용어에 의존하는 전략을 사용하지 않도록 유의해야 한다. 그리하여 학습자로 하여금 과거 시제 문법 형태 '-었-'에 주목하도록 하는 것이다. 그런데 이러한 과제를 실제로 구안해 내는 것은 쉽지 않다. 그것은 필수적으로 특정한 언어 항목을 사용해야 하는 과제를 구성하는 것이 항상 가능하지는 않기 때문이다.

3.2.2 처리 교수는 명시적 설명과 처리 전략 제시, 구조화된 입력 활동의 단계로 진행된다. 여기서 구조화된 입력 활동은 지시적 활동과 정의적 활동으로 구분된다.

구조화된 입력 활동은 두세 개의 지시적 입력 활동으로부터 시작한다. 지시적 활동은 학습자가 의미를 파악하기 위해 형태에 집중하면서 정답을 고르도록 구성된다. 이것은 진위 여부를 묻거나 올바르거나 틀린 답을 요구하기 때문에 학습자들이 올바른 형태나 의미를 형성하고 있는지 확인할 수 있게 한다. 지시적 활동은 다시 문어 지시적 활동과 구어 지시적 활동으로 구분된다. '-(으)려고 하다'를 목표 문법 항목으로 하는 문어 지시적 활동의 한 예를 제시하면 다음과 같다.

※ 빈 칸에 알맞은 것을 골라 써 넣으세요.

내일은 일찍 일어나서 학교에 ＿＿＿를 타고 가려고 해요. 일찍 자야겠어요.
오늘은 학교에 ＿＿＿를 타고 오려고 했어요. 그런데 늦잠을 자서 ＿＿＿를
탔어요.

〈택시, 버스〉

이것은 학습자가 목표 문법 항목 '-(으)려고 하다'와 관계없는 단어로
빈칸 채우기를 하는 것으로, 이미 목표 문법 항목의 정보가 제공되어 있
는 유의미적 맥락의 문장을 읽으면서 목표 항목을 자연스럽게 입력하고
처리할 수 있도록 설계된 것이다.

한편, 구어 지시적 활동은 다음과 같이 구성될 수 있다.

※ 잘 듣고 문장이 사실이면 '예'에, 사실이 아니면 '아니요'에 ○표 하
세요.

① 어제 등산을 했어요.   (예 / 아니요)

② 아직 카메라를 사지 않았어요.   (예 / 아니요)

③ 오늘 친구를 만났어요.   (예 / 아니요)

④ 친구와 한국어 공부를 했어요.   (예 / 아니요)

⑤ 쇼핑을 할 거예요.   (예 / 아니요)

〈듣기 지문〉

① 어제 등산을 하려고 했지만 비가 왔어요.

② 카메라를 사려고 해요.

③ 오늘 친구를 만나려고 했지만 배가 아파서 병원에 갔어요.

④ 친구와 한국어 공부를 하려고 해요.

⑤ 쇼핑을 하려고 했는데 피곤해서 집에서 쉬었어요.

이것은 학습자가 담화 상황을 들으면서 목표 문법 항목 '–(으)려고 하다'의 형태에 집중하며 의미를 연결하여 진위를 선택하게 하는 이원 선택형 활동으로 설계된 것이다.

3.2.3 정의적 활동은 학습자들이 실제 세계(real world)에 관한 정보를 처리하면서 자신의 신념이나 의견 등과 같은 정의적 답변을 하도록 하는 것으로, 정답이 주어지지 않는 활동으로 구성된다.

'–(으)려고 하다'를 목표 문법 항목으로 하는 정의적 활동의 예를 보면 다음과 같다.

Step 1. 내가 이번 방학에 계획하고 있는 일에 ∨표 하세요.
Step 2. 친구의 계획을 조사하고, 친구가 계획한 일에 ∨표 하세요.

이번 방학 계획	나	친구(　　)
여행을 가려고 해요.		
다이어트를 하려고 해요.		
한국 친구를 집으로 초대하려고 해요.		
아르바이트를 하려고 해요.		
한국어능력시험을 준비하려고 해요.		
고향 집에 가려고 해요.		

Step 1. 내가 과거에 계획했지만 하지 못한 일에 ∨표 하세요.

Step 2. 친구에게도 물어보고, 과거에 계획했지만 하지 못했다고 한 일에 ∨
표 하세요.

계획했지만 하지 못한 일	나	친구( )
일찍 일어나려고 했어요.		
운동을 하려고 했어요.		
책을 많이 읽으려고 했어요.		
한국 드라마를 보려고 했어요.		
한국어 공부를 하려고 했어요.		

　　이것은 학습자가 목표 항목이 사용된 문장을 보고 표시함으로써 앞서 제공된 목표 항목이 입력되도록 하고, 또한 이와 조사하기 활동을 연결하여 학습자들이 상호적으로 의사소통적 활동을 할 수 있도록 설계된 것이다.

　　정의적 활동은 학습자들에게 유의미한 문맥을 통해 목표 문법 항목이 사용되는 것을 보고 들을 수 있는 기회를 더 많이 제공함으로써 형태와 의미의 연결을 강화하는 데 주된 목적이 있다. 또한 정의적 활동은 학습자에게 유의미한 정보를 주고받도록 하기 때문에 의사소통 중심의 교실에서 유용하게 활용되는 것이기도 하다.

④ 적용의 문제

4.1 교수 조직의 문제

4.1.1 제2언어 문법 교육에서 입력 처리 원리를 바탕으로 하는 처리 교수의 기법은 VanPatten & Cadierno(1993)을 시작으로 하여 여러 연구에서 긍정적인 효과를 나타내었다고 보고된 바 있다. 또한 일부의 경우이기는 하지만, 한국어 문법 교육에서도 이 기법을 적용하고 그 효과를 긍정적으로 분석한 연구도 있었다. 그런데 처리 교수 기법은 본래 스페인어나 영어를 비롯한 서구의 언어를 대상으로 하여 시작된 것으로, 언어적 특성이나 교육적 환경이 다른 한국어의 문법 교육에 적용하기 위해서는 몇 가지 고려해 보아야 할 부분이 있다.

앞에서 논의된 입력 처리 원리 중에서 의미 우선의 원리는 학습자들이 언어 자료의 입력을 처리하는 데 형태보다는 의미를 우선적으로 고려한다는 것으로, 의미 중심 교수의 일반적인 원칙에서 그리 문제가 되지 않는 것으로 보인다. 이런 측면에서 내용어와 어휘적 항목이나 비잉여적이고 유의미한 형태가 그에 대립되는 것에 비해서 입력 처리에서 우선한다는 점은 언어 습득의 보편적인 가치에서 볼 때 수용될 수 있을 것이다.

그런데 문장 위치의 원리나 첫 명사 원리와 같이 문장의 구조와 관련되는 것은 개별 언어의 통사 구조적인 특징에 따라 해석이 동질적일 수는 없다. 예를 들어, 한국어는 통사적인 측면에서 서술어 중심의 특징을 지니고 있다든지 피수식어가 수식어에 후행한다든지 하는 점에서 보면, 의미 해석에서 반드시 문장에서 앞에 오는 요소가 우선적으로 주목되지는 않는다고 할 수 있다. 특히 첫 명사 원리의 경우, 한국어는 동작성을 띠는 문장에서 첫 명사에 해당하는 주어 자리에 비유정성(또는 무생성)을 명사가 선호되지 않는다는 점에서 보면, 이 원리가 한국어에도 동질적으

로 적용될 수 있는지에 의문이 생기게 된다.[11)

(8) ㄱ. This road will take you to the station.

ㄴ. (당신이) 이 길을 따라 가면 역이 나옵니다.

(9) ㄱ. Her refusal made him furious.

ㄴ. 그녀가 거절하는 바람에 그는 몹시 화가 났다.

위에서 (8, 9-ㄱ)의 영어는 주어 자리에 무생성의 명사가 나타나지만, 그에 대응되는 한국어는 (8, 9-ㄴ)과 같이 유정성의 명사가 선호된다. 여기서 영어와 한국어는 문장의 구성에서 주어 자리에 오는 명사가 동일하지 않음을 알 수 있다(문용, 2015, 53-58 참조).

따라서 첫 명사 원리는 문장이 주어-서술어 관계로 형성되어 주어가 강조되는 영어 또는 스페인어 등에서는 적절할 수 있다 하더라도, 주어의 생략이 비교적 쉽게 나타나고 서술어 중심의 특성을 지닌 한국어에서는 적용 가능성이 낮다고 할 수 있다.[12) 또한 첫 명사 원리는 대체로 피동의 교수에서 적용되어 왔는데, 주어로 선택되는 명사의 의미적 특성의 문제에서 보면 한국어 피동에서 첫 명사 원리가 어떻게 습득에 부정적인 영향을 미치는지에 대한 설득력 있는 설명이 필요하다.[13)

4.1.2 처리 교수의 적용에서 지적될 수 있는 것에 목표 문법 항목을 선정하는 문제도 포함된다. 한국어와 같이 문법 형태가 복잡하게 발달되

---

11) 입력 처리에서 학습자 모국어의 특징이 목표 언어 문장의 처리에 영향을 미치기도 한다. 김창구(2012)에서는 목표 언어 문장에서 동작주의 역할을 부여할 때, 중국어 모어 학습자는 유생성(animate)에 의존하는 경향이 있는 반면에, 한국어나 일본어 모어 학습자는 격조사에 의존하며, 영어 모어 학습자는 어순에 의존하는 경향이 있다고 하였다.

12) 또한 한국어는 조사가 발달되어 있어서 주어가 반드시 문장의 첫머리에 오지 않아도 되는 경우도 있다.

13) 한국어에서는 능동과 피동의 대응이 철저하지 못하다는 점에서도 한국어 피동에서 첫 명사 원리를 적용하는 문제는 제한적일 수밖에 없을 것이다.

어 있는 언어에서는 하나의 형태라 하더라도 용법이 매우 다양하다. 이 경우 특정의 문법 형태가 문맥이나 상황에 따라 다양한 의미 또는 기능을 실현할 때, 처리 교수에서는 이러한 용법상의 다양성 또는 복잡성을 해결하기 어려운 문제가 있다.

예를 들어, 시제의 선어말어미 '-었-'은 단순히 과거만을 뜻하는 것이 아니라, 그것이 나타나는 문맥이나 결합되는 동사의 의미적 특성에 따라 완료로 해석되기도 한다. 또한 '-고 있다'는 진행의 뜻을 나타내지만, 결합되는 동사의 특징에 따라서는 완료 지속의 상태를 의미하기도 한다.

(10) ㄱ. 그는 어제 친구를 만났다.
ㄴ. 그는 어머니를 많이 닮았다.
(11) ㄱ. 그는 지금 밥을 먹고 있다.
ㄴ. 그는 빨간 옷을 입고 있다.

위 (10)에서 '-었-'이 (10-ㄱ)은 단순한 과거 사건을 표현하는 것으로 해석될 수 있으나, (10-ㄴ)은 현재적 상태를 나타내는 완료의 의미로 해석된다. 그리고 (11)에서 '-고 있다'가 (11-ㄱ)은 동작의 진행을 뜻하는데, (11-ㄴ)은 진행과 함께 동작의 완료 지속 상태로 해석되기도 한다.

그런데 처리 교수에서 구조화된 입력 활동은 '한 번에 한 가지'만을 다루도록 하는데, 이와 같이 하나의 형태가 여러 의미 또는 용법으로 사용될 경우 이들을 어떻게 구분하여 활동을 구성할 것인지를 고려하는 것이 쉽지 않은 것이다. 또한 이것은 둘 이상의 형태가 유사한 의미 또는 용법을 지닌 경우 이들을 어떻게 구별하여 사용할 수 있도록 활동을 구성할 것인지도 해결하기 어려운 문제이다. 이것은 대부분의 의미 중심 교수 기법들이 지니는 일반적인 문제이기는 하지만, 이와 같이 지나치게 교수 기법 중심으로 논의하게 되면, 특정 문법 항목의 다양한 용법을 다루지 못하고 피상적으로 접근하게 되는 한계를 노출하게 된다.

문법 항목의 선정과 함께 선정된 항목을 대상으로 어떻게 과제를 구성할 것인지의 문제도 깊이 고려되어야 한다. 처리 교수가 입력을 강조한다는 점에서 이 기법에서는 학습자들에게 양질의 입력이 제공되어야 긍정적인 효과를 기대할 수 있다. 처리 교수는 이를 위해 목표 문법 항목에 대한 명시적인 설명과 함께 다양한 구조화된 입력 활동을 주요한 과정으로 삼고 있는데, 여기서 구조화된 입력 활동은 처리 교수의 핵심이 되는 부분으로 과제를 통해 이루어진다. 따라서 과제를 적절하게 구성하는 것은 처리 교수의 성패와도 관련되는 매우 중요한 일이라 할 수 있다.

언어 교수에서 과제는 일반적으로 의사소통 능력의 신장에 기여하는 것을 주요 목표로 활용된다. 그러나 한국어와 같이 형태가 복잡하게 분화된 언어에서 과제 중심의 교수는 자칫 형태의 다양한 기능을 소홀히 할 우려가 있다. 따라서 과제 중심의 교수에서는 의사소통 능력뿐만 아니라 문법의 구조와 형태에 대한 정확성을 향상시킬 수 있어야 한다는 문제를 안게 된다.

아울러 처리 교수는 목표 문법 항목의 선정과 과제의 구성에서 교사 중심적으로 접근하게 되는 문제도 지적할 수 있다. 처리 교수를 적용하는 경우 과제를 구성하는 과정에서 교사의 부담이 크며, 과제의 구성에서 학습자 스스로의 참여가 제한되고 교사 중심적으로 이루어질 수 있다는 점을 염두에 둘 필요가 있다.

4.2 입력 중심의 문제

제2언어의 습득에서 입력(input)의 중요성은 특별히 강조하지 않아도 될 정도로 쉽게 이해할 수 있는 문제이다. 그것은 언어 습득에서 학습자들은 입력을 통해 목표 문법 형태를 인식함으로써 비로소 습득이 가능하기 때문이다. 따라서 효과적인 문법 교육은 기본적으로 목표 문법 항목의 특징이 학습자들에게 올바로 인식될 수 있게 해야 할 것이다. 이런 의

미에서 제2언어 습득과 관련한 연구는 입력의 문제로부터 시작되었다.[14]

처리 교수는 입력의 중요성을 강조하는 입력 중심의 교수 기법에 해당한다. 처리 교수에서 가장 중요한 단계인 구조화된 입력 활동에서는 학습자들이 목표 문법 항목을 산출하지 않는다. 그것은 이 활동이 학습자들이 입력을 처리하는 과정에서 형태와 의미의 연결을 더 잘해 내도록 인식시키는 데 목적이 있기 때문이다. 좋은 산출을 위해서는 좋은 입력이 제공되어야 한다는 일반적인 관점에서 보면, 처리 교수가 지향하는 것과 같이 입력은 강조될 가치가 충분히 있다.

그런데 Swain(1985)를 시작으로 하여 Swain & Lapkin(1995) 등의 많은 연구에서 입력만이 중요한 것이 아니라 출력(output)도 언어 습득에 중요한 역할을 한다는 주장이 제기되었다.[15] 여기서 이해 가능한 출력 가설(comprehensible output hypothesis)이 성립될 수 있는데, 이것은 학습자들이 언어를 산출할 때 자신의 출력을 상대방에게 이해 가능하게 만드는 과정을 통해 언어를 수용할 때와는 달리 제2언어의 형태적 정확성을 향상시킬 수 있다는 것을 의미한다.

이해 가능한 출력은 입력과는 다른 역할을 하게 되는데, 이때의 출력은 전통적인 문법 교수법에서처럼 단순히 기계적인 반복 연습이 아니라 능동적이고 창조적인 활동으로 이루어져야 한다는 것을 전제로 한다. 즉, 학습자들은 출력 활동을 통해 자신이 이미 알고 있는 언어 지식을 시험해 보기도 하고, 새로운 문법 규칙에 대해 자기 나름의 가설을 세우기도 하면서 언어 지식을 확장해 가는 것이다. 따라서 입력과 출력은 각각의 정보 처리 과정에 관련되는 것으로, 특히 출력 가설에서는 출력이 지식

---

14) 언어 습득에서 입력의 중요성과 관련하여 Krashen(1985)에서는 이해 가능한 입력 가설(comprehensible input hypothesis)을 세우기도 했다.

15) Swain(1985)에서는 캐나다에서 프랑스어 몰입 교육 프로그램에 참여한 영어 모어 화자를 대상으로 프랑스어 능력을 검사한 결과, 이들의 출력에서 문법적 정확성이 현저히 떨어진 것을 발견하였다. 그리고 이러한 현상에 대해 몰입 교육 프로그램이 입력의 양이 부족해서가 아니라 이해 가능한 출력의 기회가 부족했기 때문이라고 진단하였다.

의 습득을 용이하게 하고 습득된 지식을 실제로 사용할 수 있도록 유도해 준다는 점이 강조된다.

학습자들은 문법 지식이나 어휘를 모르더라도 추측한다거나 이미 알고 있는 세상 지식이나 맥락 등을 통해 주어진 언어 자료를 이해하기도 하기 때문에, 학습자들은 입력을 제공 받는 것만으로는 목표 문법 항목에 대하여 주목하지 않는 경향이 있다. 따라서 입력만이 아니라 출력 활동을 통해서도 학습자들이 문법 항목에 대해 주목할 수 있도록 함으로써 정확성을 더 높일 수 있게 되는 것이다. 그리하여 출력을 강조하는 관점에서는 학습자들은 습득의 과정에서 출력을 요구 받았을 때 습득이 더욱 생산적이게 되고, 또한 출력에서의 실패 경험을 통해 더 정확하고 적절한 형태를 출력하도록 압력을 받게 된다고 본다. 이러한 원리에서 출력을 강조하는 교수 기법들이 나타나기도 했는데, 예를 들면 듣고다시쓰기(dictogloss)와 고쳐말하기(recast) 등이 이에 해당한다(앞의 10장 2.2절 참조).

4부

한국어 문법의
오류 분석과 평가

제 12 장

한국어 문법의
오류 분석

■ 언어 교육에서 오류는 당연한 현상으로 인정된다. 그런데 오류는 여러 원인에 의해 발생하며, 그 유형도 매우 다양하다. 그리고 오류는 마땅히 처리되어야 하는데, 그에 대한 접근 방법에서도 여러 논의가 가능하다. 이 장에서는 언어 교육에서의 오류 현상에 대한 일반적인 이해를 바탕으로 한국어 문법 교육에서 제기될 수 있는 오류의 문제를 정리해 보기로 한다.

① 오류 분석의 일반적 원리

1.1 오류의 성격과 분석 절차

1.1.1 외국어 학습에서 오류(error)는 정상적인 것에서 일탈하여 목표 언어의 화자들에 의해 받아들여질 수 없는 언어 형태나 표현을 말한다. 오류는 실수(mistake)와 구별되는데, 전자는 잠재 능력에서 나타나는 잘 못이며, 후자는 언어 수행상에서 나타나는 잘못이다. 따라서 오류는 학습자의 지식상의 차이나 간격을 반영하는 것으로 체계적인 데 비해서, 실수는 학습자가 알고 있는 것을 특정한 경우에 제대로 수행하지 못하여 발생하는 것으로 체계적이지 못하다는 점에서 서로 다르다.

일반적으로 오류는 학습자의 언어 지식이 구조화되어 나타나는 반면, 실수는 언어수행에서 발생하는 일회적인 잘못을 말한다. 실수는 언어 능력의 문제가 아니라 언어 표현상에서 어떤 좌절이나 불확실성 등의 요인에 의해 야기되는 것이며 순간적이고 우연적인데, 오류는 체계적이고 반복적이며 중간언어적인 성격을 띤다. 실수는 언어 체계의 반영이라기보다는 순간적인 착오에서 발생하는 것으로, 외국어 화자뿐만 아니라 모국어 화자의 발화에서도 나타난다. 따라서 학습자의 발화에서 오류로부터 실수를 분리해 내는 작업이 오류 분석에서 상당히 중요한 의미를 갖는다.

외국어 교육에서 문제가 되는 것은 실수가 아니라 오류이다. 따라서 오류를 분석하기 위해서는 우선 오류와 실수를 구별하는 일이 중요하다. 이를 위해서는 학습자의 일탈된 부분이 체계적으로 나타나는지, 학습자가 일탈된 것을 스스로 발견하여 수정할 수 있는지의 여부 등을 고려한다. 즉, 학습자가 일회적으로 잘못된 표현을 사용하거나 즉시 수정을 하는 경우는 실수라고 판단하고, 지속적이거나 반복적인 경우는 오류로 판정하게 된다.

1.1.2 일반적으로는 오류를 식별하는 기준으로 문법성(grammaticality)과 수용가능성(acceptibility)을 든다. 문법성의 기준에서는 형태적으로나 의미적으로 완성된 언어 형식을 갖춘 경우를 문법적이라고 인정하며, 수용가능성은 언어적 요인 외의 요소가 개입된 문맥 내에서도 자연스럽게 받아들여지는 경우를 긍정적인 경우로 본다. 이와 같은 문법성과 수용가능성 중 어느 한쪽 또는 양쪽에서 어긋날 때 오류로 판단할 수 있다.

그러나 문법성과 수용가능성은 정도의 문제이기 때문에, 실제로 어느 정도로 벗어나면 오류라 할 수 있는지를 객관적인 기준으로 제시하기는 그리 쉽지 않다. 이것은 다음의 예에 대해 문법성과 수용가능성을 기준으로 오류 여부를 판정해 볼 때 어떤 결과가 도출될 수 있는지를 통해 생각해 볼 수 있다.[1]

- 오늘 아침은 아주 춥더니 _____

    ㄱ. 지금은 따뜻해요.

    ㄴ. ?감기에 걸렸어요.

    ㄷ. *일어나고 싶지 않았습니다.

    ㄹ. *따뜻한 옷을 입어야 합니다.

- 오전부터 날씨가 흐린 걸 보니까 _____

    ㄱ. ?아마 비가 올 거예요.

    ㄴ. ?추운 것 같아요.

    ㄷ. ?*밖에 나가면 우산을 가져가세요.

    ㄹ. *산에 올라 갈까?

---

1) 이 자료는 학습자들의 글에서 조사하여 간략하게 재구성한 것이다(우형식, 2004 참조). 이에 대해 문법성과 수용가능성의 정도를 기준으로 하여 적절성을 판단하고, 그 정도에 따라 구분하여 '?'는 약간 적절함, '?*'는 약간 부적절함, '*'는 부적절함으로 구분하여 표기하였다. 물론 위의 예에 대한 판단은 반드시 일치하지는 않을 것이다.

1.1.3 오류 분석은 우선 대상이 되는 자료를 선정하여 오류를 판별해 내고, 이를 오류의 유형에 따라 구분하여 그 원인과 대안에 대해 설명하며, 마지막으로 결과에 대해 평가하는 절차로 진행된다. 이러한 일반적인 오류 분석의 절차는 실제 수행에서 여러 가지 변수가 작용하기는 하지만, 다음과 같이 정리될 수 있다.

자료 선정 → 판별 → 분류 → 설명 → 평가

자료 선정 단계에서는 학습자 언어에서 나타나는 오류 중에서 무엇을 어떻게 수집할 것인지를 결정한다. 여기서는 자료를 수집하기 위해서 수집할 자료의 내용과 수집 방법을 정하는데, 수집할 오류의 내용과 수집 방법을 한정하지 않을 수도 있고, 특정할 수도 있다. 즉, 무작위로 여러 학습자에게서 여러 가지 내용의 오류 자료를 수집하거나, 특정 내용의 오류를 여러 학습자에게서 수집하거나, 특정 학습자에게서 나타나는 특정 내용의 오류로 한정하여 수집하는 등의 방식으로 접근할 수 있다.

판별 단계에서는 어떤 것에 비추어 학습자의 언어를 오류로 볼 것인가 하는 오류 판정의 기준을 정한다. 여기에는 학습자의 잘못된 언어가 오류인지 단순한 실수인지를 결정하는 문제와 판정의 기준에 문법적 적절성(문법성)과 의사소통적 적절성(수용가능성)을 어떻게 반영할 것인지를 결정하게 된다. 분류 단계에서는 판별된 오류를 주어진 기준에 따라 분류한다. 예를 들어 문법적 오류를 다룬다면, 형태상의 문제인지 아니면 통사적 문제인지로 나눌 수 있고, 그중에서도 형태적인 문제를 다룬다면 형태가 잘못 대치되었거나 누락 또는 첨가되었는지 등으로 나누어 분석할 수 있다.

설명 단계에서는 분류된 오류에 대해 발생의 원인과 처리 방법 등을 설명한다. 오류는 언어 구조가 복잡하고 그 구조를 사용하기 어려운 경우가 주요 발생 원인이 되지만, 목표 언어의 사회적 규범을 몰라서 생길 수도 있다. 그리고 평가 단계에서는 오류의 정도가 어떠한지 등에 대해 평가하고, 그에 대한 피드백 방안을 모색한다.

1.2 오류의 원인과 유형

1.2.1 오류의 원인에 대해서는 다양한 해석이 있어 왔다. Selinker(1972)에서는 외국어 학습의 과정을 5단계로 구분하고 이들 과정이 외국어 학습에서 오류를 초래하는 원인이 될 수 있다고 보았다.

- 모국어로부터의 간섭 (interference from the mother tongue)
- 훈련을 통한 전이 (transfer-of-training)
- 목표 언어 규칙의 과잉일반화 (overgeneralization of target language rule)
- 제2언어 학습의 전략 (strategies of second language learning)
- 제2언어 의사소통의 전략 (strategies of second language communication)

외국어 습득의 과정에서 처음에는 모국어로부터의 간섭(interference)에서 시작하여 훈련(교재나 교육 등의 수련 과정)을 통해 모국어의 특징이 목표 언어에 전이(transfer)됨으로써 오류가 나타나게 된다. 그리고 어느 정도 습득된 외국어의 규칙은 다른 언어 현상을 습득하는 데에 지나치게 일반화하여 적용되는 단계가 나타나는데, 이 과정에서도 오류가 발생한다.[2] 또한 습득자의 목표 언어 습득 전략과 의사소통 전략이 어떻게 설정되는가에 따라서도 오류가 발생할 수 있다. 그것은 외국어 습득에서 전이될 수 있는 것에는 목표 언어에 내재된 규칙뿐만 아니라 담화와 같

---

2) 한국어 학습의 경우로 예를 들면, 학습자들이 한국어의 발음이나 어순을 자신의 모국어식으로 하는 것은 모국어로부터의 간섭에 해당하고, 한국어 용언의 불규칙 활용을 규칙적인 것으로 표현하는 것은 과잉일반화에 해당한다.

은 운용상의 규칙도 포함되기 때문이다.

또한 훈련을 통한 기계적 암기로 특정 문법 항목을 학습할 경우, 학습한 것을 적절한 상황에서 어떻게 사용해야 하는지 모를 때에도 오류가 발생한다. 특히 교실에서 학습한 언어는 상황에 맞지 않는 정형화된 문어체적 형태들이 대부분이므로, 상황에 따라 다양하게 표현되는 교실 밖의 언어와 반드시 일치하지 못하게 된다. 이것은 교실 밖의 상황에서 나타나는 오류의 원인이 되며, 이에는 특정 방언이나 속어 등도 문제가 될 수 있다.

1.2.2 오류의 원인은 크게 언어 간(interlingual transfer) 전이와 언어 내적 전이(intralingual transfer)로 구분하여 살필 수 있다. 언어 간 전이는 외국어 학습에 개입하는 모국어의 영향에 관한 것으로, 오류의 원인에 관한 논의에서 가장 크게 주목을 받아 왔다.

외국어 학습에서 나타나는 모국어의 영향에 대해서는 긍정과 부정의 견해가 모두 존재한다. 긍정적 견해에서는 인간의 경험은 두 경험 사이의 유사성이 크면 클수록 상호 영향력이 커지므로, 모국어와 목표 언어의 유사성이 크면 학습에 긍정적으로 작용하게 될 것이라고 본다. 부정적 견해에서는 모국어와 목표 언어가 크게 다를 경우 외국어 학습자는 자신의 모국어 지식을 이용하여 목표 언어를 습득하고자 하게 되므로 오류 발생의 소지가 크다는 점을 지적한다.

행동주의 언어 이론에 바탕을 둔 언어 습득 가설에서는 외국어 습득 과정에 모국어적 습관이 지속적으로 전이(transfer)된다고 설명한다. 다시 말하면, 외국어 습득 과정에서 목표 언어를 표현하거나 이해할 때 모국어가 지닌 언어적 특성을 적용하려는 경향을 보인다는 것이다.[3] 이 과정에서 모국어와 목표 언어 사이에 유사한 언어 현상은 쉽게 습득되고, 상

---

3) 이러한 현상은 외국어 학습에서 자주 나타나는 것으로, 예를 들어 초기의 외국어 학습에서 먼저 모국어로 생각하고 다시 목표 언어로 번역하는 것 등이 이와 관련된다.

이한 언어 현상을 습득하기에는 어려움이 따르는데, 전자를 긍정적 전이, 후자를 부정적 전이(간섭, interference)라 한다. 그리하여 긍정적 전이는 외국어 습득에 긍정적으로 작용하여 목표 언어를 정확하게 사용할 수 있도록 하지만, 부정적 전이는 습득을 방해하는 요인으로 작용하게 되어 오류 발생의 원인이 된다.

행동주의 언어관에서 보면, 오류는 나쁜 습관이므로 외국어 학습에서는 적절한 교육적 수단을 통하여 이를 피하도록 처리할 필요가 있다. 외국어 학습을 대조 분석(contrastive anaysis)에 바탕을 두는 가설에서는 모국어와 목표 언어의 대조 분석을 통해 목표 언어 학습에서 나타날 수 있는 오류를 예견할 수 있다고 본다. 즉, 두 언어의 대조 분석을 통해 유사성과 상이성을 발견하여 외국어 학습에 활용할 수 있다는 것이다.

1.2.3 학습 초기 단계에서는 언어 간 전이인 모국어의 간섭이 두드러지게 나타난다. 그러나 일단 학습자가 목표 언어 체계의 일부분을 습득하기 시작하면 점점 더 많은 언어 내적 전이가 일어난다. 즉, 이미 학습한 목표 언어의 형태가 하나의 선행 경험으로서 학습자의 인지 구조에 남아 새로운 목표 언어 형태의 학습을 도와주거나 방해할 수 있다.[4]

언어 내적 전이에 의한 오류는 다음과 같은 유형들이 존재한다 (Richards, et. al., 1992;127 참조).

---

[4] 여러 연구에서는 오류의 원인으로 모국어의 간섭에 의한 것이 가장 보편적이고 빈도가 높은 것으로 보았다. 그런데 이와는 달리 Dulay & Burt(1974)에서는 모국어의 간섭에 의한 언어 간 전이의 오류 비율은 3%에 불과하며, 나머지 중 82%는 목표 언어 학습 과정에서 일어나는 언어 내적 전이에서 비롯된 오류에 해당한다고 하였다.

- **과잉일반화:** 목표 언어의 규칙들을 부적절한 문맥에까지 확대하여 발생하는 오류
- **단순화:** 목표 언어에서 발견되는 규칙보다 단순한 언어 규칙으로 산출하여 생기는 오류
- **발달상의 오류:** 자연적인 발달 단계를 반영하는 오류
- **의사소통 오류:** 의사소통 전략 때문에 생기는 오류
- **유도된 오류:** 훈련의 전이 때문에 생기는 오류
- **회피 오류:** 목표 언어의 구조가 너무 어렵게 여겨져서 특정한 구조를 사용하지 못하여 생기는 오류
- **과생산 오류:** 특정한 구조를 너무 자주 사용하여 생기는 오류

그러나 이러한 해석은 오류의 원인이 어디에 있는지 그 영역이 분명하게 구별되지 않는 부분이 있다.[5]

한편, 언어 간 전이와 언어 내적 전이 외에도 학습자의 목표 언어 학습의 환경이 오류의 원인을 제공하기도 한다. 여기서 학습 환경 요소에는 교사와 교재가 있는 교실뿐만 아니라, 교실 밖에서 자연스럽게 학습하는 사회적 상황도 포함된다. 특히 어떤 문법 항목의 용법에 대해 교사가 잘못 설명하거나, 교재에서 학습하고자 하는 구문이나 어휘에 대해 잘못 제시할 경우, 결과적으로 교사나 교재가 학습자들로 하여금 언어에 대한 잘못된 가설을 만들어 오류가 발생되게 하기도 한다.

1.2.4 오류는 여러 측면에서 구분될 수 있으나, 오류의 유형은 내용과 형식의 두 가지 측면에서 살펴볼 수 있다. 내용적 접근법은 앞에서 다룬 오류의 원인으로 유형을 구분하고, 형식적 접근법은 문법적 범주와 오류 형태를 중심으로 유형을 구분한다.

---

5) James(1998)에서는 오류 발생에서의 언어 내적 요인들을 종합하여 잘못된 유추(analogy), 오분석 (metanalysis), 불완전한 규칙의 적용, 형태소의 과잉 사용, 공기 제약의 무시, 과잉 적용, 과잉일반화 또는 단순화 등의 일곱 가지를 들었다.

오류에 대한 형식적 접근에서 보면, 우선 오류는 그것이 영향을 주는 문장 구성의 범위에 따라 전면적(global) 오류와 부분적(local) 오류로 구분할 수 있다(Burt, 1975 참조). 여기서 전면적 오류는 전체 문장 조직에 영향을 주는 것이고, 부분적 오류는 의사 전달에 크게 영향을 주지 않는 간단한 요소에서 나타나는 것을 말한다.[6]

특히 전면적 오류는 부분적 오류에 비해서 문장의 전반적인 구조를 침해하기 때문에 더욱 심각하며, 이것을 처리하기도 어렵다. 전면적 오류는 무슨 내용인지 이해하기조차 어려워 수정이 불가능한 경우도 있다. 그런데 부분적인 오류라 하더라도 어떻게 처리하는 것이 적절한지가 분명치 않은 경우도 존재한다.

(1) ㄱ. *회사에 다니다가 배가 고파서 김밥을 샀어요.

　　ㄴ. *이 아파트가 가까운지 보여서 버스를 안 탔어요.

(2) ㄱ. *학교는 우리가 공부를 한다.

　　ㄴ. *내 친구 직업은 약국으로 일하고 있다.

위 (1, 2)는 대체적인 내용은 이해할 수 있겠으나 일부 문법 형태를 적절하게 사용하지 못한 것으로 보이는데, 구체적으로 어떻게 수정할 것인지에 대해서는 여러 논의가 가능할 것으로 보인다.

이와 유사하지만 좀 특이한 경우로 다음의 예도 있다(권진수, 2018 참조).

---

[6] 이것은 의사소통에 어느 정도로 영향을 미치는가에 따라 오류를 분류하는 것이다.

(3) ㄱ. *어제 아기 울다 있어요. 오늘 울다 없어요.

　　ㄴ. *남자 울다 안 돼요. 여자 울다 괜찮아요.

(4) ㄱ. *아이 유치원 보내했습니다.

　　ㄴ. *아침에 일어나서 요리를 만들어해요.

위 (3)에서는 동사 '울다'를 명사처럼 사용하는 문제를 생각해 볼 수 있으며, (4)는 '-하다'로 구성되는 한국어 동사 형태에 유추하여 동사나 형용사 어간에도 '하다'를 결합한 것으로 보인다.

그런데 형식적 접근에서는 일반적으로 발음상의 오류, 어휘적 오류, 문법적 오류, 담화적 오류 등으로 언어의 하위 영역에 따라 구분하는 것이 보통이다. 그리하여 실제로 학습자의 오류 분석에서는 발음, 어휘, 문법, 담화 등의 언어의 하위 영역에 따라 구분하고 이를 다시 여러 요인에 따라 분석한다. 특히 표면적인 형태의 실현에 관련되는 경우에는 오류를 대치(형태 교환, altering form), 누락(omission), 첨가(addition) 등으로 구분하기도 한다.

(5) ㄱ. 도서관에서(√도서관에) 사람이 많아요.

　　ㄴ. 지금 교실에(√교실에서) 공부하고 있어요.

(6) ㄱ. 지금 집(√집에) 돌아가고 있어요.

　　ㄴ. 우리는 학교 앞(√앞에서) 만났어요.

(7) ㄱ. 나는 영희를도(√영희도) 좋아한다.

　　ㄴ. 오늘에(√오늘) 친구들을 만날 거예요.

　　ㄷ. 가족들이와(√가족들과) 함께 여행을 갔으면 좋겠다.

위에서 (5)는 조사 '에'와 '에서'가 서로 대치된 것이고, (6)은 '에, 에서'가 누락된 것이며, (7)은 '를, 에, 이' 등이 불필요하게 첨가된 것이다.

이러한 복합적인 관점에서 이정희(2003:84)에서는 한국어 오류 분석을 위한 유형 분류를 다음과 같이 제시하였다.

대분류	중분류	소분류
원인에 따른 분류	모국어의 영향	부정적 전이
	목표어의 영향	과잉 적용
		불완전 적용
	교육과정의 영향	교육 자료에 의한 오류
		교수 방법에 의한 오류
결과의 판정에 따른 분류	범주	발음 오류
		문법 오류
		어휘 오류
		기타(맞춤법, 어순 등) 오류
	현상	대치 오류
		누락 오류
		첨가 오류
	정도	전체적 오류
		부분적 오류

위에서는 원인과 결과로 대분류하고, 이를 다시 원인은 모국어(언어 외적 전이)와 목표어(언어 내적 전이), 교육과정의 영향으로 구분하였다. 그리고 결과는 언어의 하위 영역에 따른 분류와 형태의 실현과 관련하여 나타나는 현상과 정도에 따라 구분하였다. 이것은 평면적으로 적용되는 것이 아니라 입체적인 관계로 해석된다. 따라서 어떤 특정 오류 현상에 대해 '과잉 적용-문법-누락-부분' 등과 같이 다면적인 분석이 이루어지게 되는 것이다.

1.3 오류의 처리

학습자의 오류는 교정되어야 한다. 그러나 학습자의 오류를 발견했다 하더라도, 어떤 항목에 대해 어떻게 피드백을 해야 하는지, 또는 오류를 언제 처리해야 하는지 등의 문제를 결정하는 것은 쉬운 일이 아니다. 즉, 오류 처리의 내용과 방법도 문제려니와 그 시기 또한 고려의 대상이 되는 것이다.

언어 교육에서 학습자의 목표 언어 사용에 교사가 지나치게 개입하여 교정해 주거나 하여 잘못된 언어 형태 사용에 대해 지나칠 정도로 관심을 보이는 것은 학습자의 의사소통 시도를 방해하기도 한다. 그러나 교사가 학습자 오류를 그대로 간과한다든지 이해하지 못한 것을 알아들은 척한다든지 하면, 학습자의 오류는 강화되고, 결과적으로 학습자에게 화석화 현상이 나타날 수도 있다. 즉, 학습자의 오류에 대한 피드백이 지나치게 긍정적이거나 지나치게 부정적인 것 모두 타당치 못한 것이다.

따라서 학습자의 오류에 대해 너무 지나치게 관심을 갖는 것은 위험한 일이다. 오류에 너무 유의하여 자유로운 의사소통을 위한 긍정적인 강화 수단을 잃게 해서는 안 되기 때문이다. 또한 오류로 나타난 자료를 너무 지나치게 강조하는 것도 위험하다. 오류는 표출된 것만을 대상으로 하며 학습자의 이해 정도를 그대로 반영하지는 못하기 때문이다. 그리고 학습자의 오류를 발견했다 하더라도, 즉각적으로 반응해야 하는지 아니면 사후에 처리해 주어야 하는지, 오류 부분을 명시적으로 수정해 주어야 하는지 아니면 암시적으로 제시하여 수정을 유도해 주어야 하는지 등의 문제도 비중 있게 고려되어야 한다.

1.4 오류 분석의 의의

1.4.1 언어 교육에서 오류와 관련하여 대조 분석 가설과 중간언어 가설이 있다. 대조 분석 가설(contrastive analysis hypothesis)은 언어 습득을 일종의 습관 형성으로 보는 행동주의에 근원을 두며, 외국어의 습득에 모국어가 체계적으로 영향을 미친다(간섭한다)는 것을 요점으로 한다. 이 이론은 언어 습득을 모방과 반복적인 연습을 통해 단순히 기계적으로 주어지는 습관 형성으로 본다는 점에서 구조주의 언어학을 바탕으로 하고 있다(앞의 1장 1.1절 참조).

대조 분석 가설에서는 언어를 고정적 체계로 보고, 모국어와 목표 언어 사이의 동일성과 상이성에 바탕을 두는 관점에서 오류를 해석하였다.[7] 특히 여기서는 모국어와 목표 언어의 대조 분석을 통해 목표 언어 습득에서 일어날 수 있는 오류를 예견할 수 있다고 보았다.

그런데 대조 분석 가설은 다음과 같은 점에서 문제가 있다.

- 언어 간의 상이성과 습득의 난이성이 반드시 오류를 유발하는 것은 아니다.
- 언어 간 간섭은 예견할 수 있다 해도 언어 내적 요소 사이의 간섭은 예견할 수 없다.
- 외국어 습득을 지나치게 언어학적으로 해석하여 정태적인 양상으로 설명한다. 즉, 언어 습득의 역동성과 가변성을 경시한다.
- 언어 습득에서의 비언어적 요소들(학습 동기, 사회·문화적 요인, 연령, 환경 등)을 고려하지 않는다.

---

7) 대조 분석 가설에서 오류는 양방향적(bi-directional)인 성격을 띠는 것으로 본다. 즉, A 언어 화자가 B 언어를 습득하는 과정에서 나타나는 오류는 B 언어 화자가 A 언어를 습득하는 과정에서도 동일하게 적용될 수 있다는 것이다. 그런데 학습자의 모국어와 목표 언어 사이의 대조는 단순히 두 언어를 1:1로 다루는 것보다는 좀 더 일반적인 언어유형론적(typological) 관점에서 접근하는 것이 합리적일 것이다(앞의 7장 참조).

이 가설은 Ellis(1986:31)에서처럼 언어의 차이는 언어학적 개념이지만 습득의 어려움은 심리적인 개념이기 때문에 두 가지 개념을 서로 연관시키기 어렵다는 지적을 받을 수 있다. 그리고 부분적으로 보면, 오류 분석은 학습자의 총체적인 실체를 보여 주지 못하며, 대부분의 오류 분석이 발달 단계별로 기술됨으로써 특정 시점의 단면을 보여 주는 데 치우친다는 점에서 방법상의 문제도 있다. 또한 학습자들이 난이도가 높은 특정 언어 자료에 대해 회피하는 경향이 있어서 모든 언어 자료에 대한 오류 분석이 쉽지 않다는 점에서도 한계가 있다.

1.4.2 1960년대 들어 오류 분석이 응용언어학의 한 분야로 발전하면서, 외국어 학습에서 나타나는 오류는 학습자의 모국어 때문이라기보다는 보편적인 학습 전략을 반영한다고 해석하였다. 이에 따라 대조 분석의 대안으로 중간언어 가설(interlanguage hypothesis)이 성립하였다. 이 가설에서는 오류는 부정적인 것이 아니라 목표 언어 습득 과정에서 나타날 수밖에 없는 자연스러운 현상으로 보며, 언어 자체의 구조적인 차이뿐만 아니라 학습자의 심리적·사회적 요인들도 오류 발생에 영향을 미친다는 점을 강조하였다.

중간언어는 습득하려는 목표 언어의 입력과 출력의 중간 과정에서 산출되는 다양한 언어적 체계를 뜻한다. 따라서 중간언어는 외국어 습득에서 목표 언어에 단계적으로 접근해 가는 연결체로서, 모국어나 외국어와는 다른 독특한 체계와 규칙을 지닌다고 할 수 있다. 이것을 도해하면 다음과 같이 된다.

$$L_1 \quad \rightarrow \quad L_2^1 \quad \rightarrow \quad L_2^2 \quad \rightarrow \quad \ldots\ldots \quad \rightarrow \quad L_2^n \quad \rightarrow \quad L_2$$

(모국어)   (중간언어)   (목표 언어)

즉, 모국어(제1언어)인 L_1으로부터 외국어(목표 언어) L_2로 전이되는 과정에서 L_2^1에서부터 L_2^n에 이르기까지 여러 단계의 중간언어가 나타난다. 그리고 중간언어는 언어로서의 체계성을 지니지만, 잠재적이고 가변적이어서 불안정한 상태로 존재하는데, 중간언어 가설에서는 이러한 중간언어의 산출 과정에서 자연스럽게 오류가 발생한다는 것이다.

1.4.3 학습자의 오류는 학습자가 현시점에서 사용하고 있는 언어의 체계에 대한 증거를 제공한다는 점에서 상당히 중요하다. 이런 측면에서 볼 때, 오류는 다음과 같은 점에 의의가 있다(Corder, 1981 참조).

- 교사에게는 학습자가 목표 수준에 어느 정도 도달했으며 무엇을 더 가르쳐야 하는지를 말해 준다.
- 연구자에게는 언어의 학습, 습득의 방법과 학습자가 목표 언어 학습에서 사용하고 있는 전략과 과정을 암시해 준다.
- 학습자 자신에게는 목표 언어를 배우는 과정에서 자신이 세운 가설이 타당한지를 검증해 볼 수 있는 수단이 된다.

오류는 학습자가 사용하고 있는 목표 언어(이른바 중간언어)의 체계를 보여 주는 것이어서 특히 중요한 의미를 지닌다. 즉, 오류는 학습자의 목표 언어 학습의 진행 상황과 목표 도달 정도, 학습 전략에 관한 정보와 함께, 보충해야 할 부분이 무엇인지에 대한 정보를 제공해 준다는 점에서 의의가 있다.

그런데 넓은 의미에서 보면, 오류 분석은 교수 방법의 개선이나 교재의 개발과도 관련된다. 그것은 개별적인 오류의 예들을 수집하고, 이들을 분석하여 그 결과가 교수 방법이나 교재에 반영됨을 의미한다. 따라서 오류 분석의 결과는 학습자의 현재적 수준에 대한 정보뿐만 아니라 교육과정의 운영에도 관련되는 것이다(고석주 외, 2004 참조).

❷ 문법의 오류

2.1 문법 오류의 성격

문법에서의 오류 발생은 앞에서 논의된 일반적인 오류의 원인에서 크게 벗어나지 않지만, 모국어의 전이와 아울러 문법 규칙의 과잉일반화, 단순화, 과잉 적용, 회피 등이 주요 요인으로 논의된다. 즉, 특정의 문법 규칙을 지나치게 일반화시켜 확대 적용하거나 어떤 규칙의 제약을 무시하고 규칙을 불완전하게 적용할 때, 또는 학습자가 어떤 개념을 잘못 이해하여 사용함으로써 오류를 유발하게 된다는 것이다. 이러한 문법상의 오류는 어휘 등과는 달리 쉽게 고쳐지지 않고 장기간에 걸쳐 나타난다는 것이 특징이다.

학습자가 특정한 문법 항목을 습득하는 데에는 다양한 단계를 거친다고 하는데, 예를 들어 박경자 외(2001;34)에서는 영어의 불규칙 과거 시제형 'ate'의 습득 과정을 다음과 같이 제시한 바 있다.

단계	기술	예
1	동사의 과거형을 표시하지 못한다.	'eat'
2	불규칙 과거형을 산출하기 시작한다.	'ate'
3	규칙 과거형을 과잉일반화한다.	'eated'
4	때때로 혼성 형태를 산출한다.	'ated'
5	불규칙 과거형을 정확하게 산출한다.	'ate'

즉, 학습자들은 'eat'의 과거형에 대하여 처음에는 'ate'로 매우 정확하게 적용하다가 나중에는 'eated' 또는 'ated' 등과 같이 후퇴를 하게 되고, 마지막으로 목표 언어의 규범에 따라 'ate'로 수행하게 된다는 것이다. 이것은 U자형 발달 노선(U-shaped course of development)이라 하는데, 문법의 학습에서 초기에는 학습한 대로 정확히 적용하지만 일정한 기간

이 지나면 다시 일탈 현상이 나타나고, 최종적으로는 올바른 수행으로 돌아온다는 것을 의미한다. 이러한 문법 규칙의 발달 과정에서 중간 단계에서의 일탈된 수행이 오류 발생의 주요 내용이 된다.

문법에서의 오류 여부의 판별은 일반적인 접근에서와 같이 문법성과 수용가능성이 기준이 된다(앞의 12장 1.1절 참조). 문법성은 문법적으로 오류가 없는 것으로, 의미적으로나 형태적으로 완성된 형식을 갖추었을 때 인정될 수 있다. 그리고 수용가능성은 대화 맥락이나 담화상의 연결이 자연스러운지를 판단하는 것이다. 그리하여 문법성과 수용가능성 중 어느 한쪽 또는 양쪽을 거스를 때 오류로 판정할 수 있다. 그러나 실제로 문법적인 일탈의 정도와 수용가능성의 정도는 객관적 기준으로 제시하기는 그리 쉬운 것은 아니다.

2.2 문법 오류의 양상

2.2.1 형태적인 교착성을 지닌 한국어에서는 형태적으로 조사와 어미가 매우 복잡하게 발달되어 있다. 그리하여 모국어가 한국어와 형태적 유형이 다른 학습자의 경우에는 한국어의 조사와 어미를 습득하는 것이 그리 쉬운 일이 아니어서 자주 오류를 일으키기도 한다.

한국어의 조사는 동일한 기능을 하는 것이라도 선행 음절의 음운적 환경에 따라 이형태로 나타나는데(예를 들어, 주격의 '이/가', 목적격의 '을/를' 등), 학습자로서는 이에 대한 구별이 쉽지 않아서 오류가 발생하는 경우가 있다. 조사의 오류는 형식적 측면에서 누락, 첨가, 대치로 나뉘는데, 발생 원인은 모국어의 전이와 과잉일반화, 단순화, 과잉 적용, 회피 등으로 설명된다. 이들 사이의 관계에서 보면, 누락은 조사의 정확한 사용법을 알지 못할 때 회피해 버림으로써 발생하는 경우와 모국어의 전이에 의한 경우가 대부분이며, 첨가는 과잉 적용과 모국어의 전이에 의해 발생한다. 그리고 대치는 문법 형태의 용법에 대한 이해의 부족 등 다양한 요인이 복합적으로 작용하는데, 그 예를 보면 다음과 같다.

(8) ㄱ. 우리 집 앞(√앞에) 빵집이 있어요.

  ㄴ. 어제 동생(√동생과) 함께 청소했어요.

(9) ㄱ. 감기 때문에 목이가(√목이) 너무 아파요.

  ㄴ. 우리는 과자를와(√과자와) 빵을 많이 샀어요.

(10) ㄱ. 제 고향에는 맛있는 음식을(√음식이) 많이 있어요.

  ㄴ. 우리 아이가 해운대에(√해운대에서) 잘 놀았어요.

(11) ㄱ. 내가(√나는) 기숙사에서 살고 있어요.

  ㄴ. 이 과일은 저는(√제가) 가장 좋아하는 사과입니다.

위에서 (8)은 누락, (9)는 첨가, 그리고 (10, 11)은 대치에 해당하는 예이다(앞의 예문 (5~7) 참조). 특히 (11)은 '은/는'의 용법(주제 표시)에서 비롯된 오류로 해석된다.

어미의 경우에도 선행하는 음절의 환경에 따라 구분되는 부분에서 어려움을 겪는다. 예를 들어, 종결어미의 '-ㅂ니다/습니다', 연결어미 '-아서/어서/여서', 선어말어미 '-ㅆ/았/었/였-' 등이 이에 속한다. 특히 어미의 오류에서는 용언의 활용에서 불규칙 활용에까지 규칙적 현상을 동일하게 확대 적용한다든지, 연결어미의 용법을 혼동하는 경우 등이 빈번히 나타난다.

(12) ㄱ. 나는 부산에 살습니다(√삽니다).

  ㄴ. 나는 가족이 그립은(√그리운) 생각이 납니다.

  ㄷ. 어머님이 여러 가지로 밥을 짓셨다(√지으셨다).

  ㄹ. 선생님 전화번호를 알으면(√알면) 좀 가르쳐 주세요.

(13) ㄱ. 나는 도서관에 가고(√가서) 책을 읽었다.

  ㄴ. 어제 버스를 타서(√타고) 학교에 갔다.

  ㄷ. 선생님을 만나러(√만나려고) 전화를 합니다.

ㄹ. 주말에 약속이 없거든(√없으면) 집에 있어요.

(14)　ㄱ. 어제 몸이 불편했더니(√불편하더니) 오늘 열이 났어요.

　　　ㄴ. 딸기를 너무 먹고 싶었더니(√싶어서) 딸기맛 우유를 사서 마셨다.

(15)　ㄱ. 내가 늦게 일어나기에(√일어나기 때문에) 빨리 숙제를 준비했다.

　　　ㄴ. 철수 씨가 좋은 성적을 받기에(√받아서) 장학금을 받았다.

위에서 (12)는 불규칙 활용의 적용에서 나타난 오류이며, (13~15)는 연결어미의 용법에서 비롯된 오류에 해당한다.

용법이 복잡한 특징을 보이는 연결어미의 경우 오류의 양상도 매우 다양하게 나타난다. 예를 들어, 연결어미 '-느라고'는 한국어 학습자들이 학습에 부담을 느끼는 것 중의 하나이다. 그것은 이 형태가 의미적으로는 인과 관계로 선·후행절을 이어 주지만, 문법적으로는 매우 복잡한 제약을 지니고 있기 때문이다. 즉, '-느라고'는 선·후행절의 주어가 동일하며, 선행절의 동사가 비순간상의 성격을 띠어야 하고, 선·후행절의 시간 관계가 단순한 순차 관계가 아니라 시간대가 일치해야 한다는 제약이 있다.

이와 같은 제약으로 인해 '-느라고'는 특수한 인과적 상황에서만 쓰인다. 특히 '-느라고'는 교실 환경에서 그리 많이 쓰이지 않기 때문에, 교실 학습에만 의존하는 학습자들이 자주 오류를 발생하게 하는 항목이기도 하다.

(16)　ㄱ. *영희가 예쁘느라고 화장을 했어요.

　　　ㄴ. *어젯밤에 숙제를 하느라고 오늘 지각을 했어요.

　　　ㄷ. *동생이 T.V.를 보느라고 내가 잠을 못 잤어요.

위에서 (16-ㄱ)은 '-느라고'가 동사 뒤에만 첨가되고 형용사 뒤에는 첨가될 수 없는 제약에 위반된 것이다. 그리고 (16-ㄴ)은 선행절과 후행절의 시간대가 겹쳐야 한다는 조건에서, (16-ㄷ)은 선행절과 후행절의 주어가 같아야 한다는 조건에서 벗어난 것이다.

또한 의존명사 또는 의존용언 덩이 형태 구성에 의한 연결 표현에서도 많은 오류가 발생한다.

(17) ㄱ. *감기가 심해지는 통에 건강에 영향을 줘요.

ㄴ. *시험 통에 학생들이 스트레스를 받아요.

(18) ㄱ. *카페에 가고 보니까 중학교 선생님을 만났어요.

ㄴ. *교재를 읽고 보니까 아무것도 몰랐어요.

ㄷ. *이 게임을 하고 보면 즐길 거예요.

ㄹ. *이 일을 하고 보면 너무 어려워서 결국 포기했다.

(19) ㄱ. *소설책을 읽고 나니까 독후감을 썼어요.

ㄴ. *설거지를 안 하고 나면 엄마가 야단을 칠 거야.

ㄷ. *시험을 보고 나면 너무 어려워요.

위에서 (17)은 '–는 통에, 통에', (18)은 '–고 보니까, –고 보면', (19)는 '–고 나니까, –고 나면'에 의한 연결 표현에서 비문법적이거나 수용불가능한 문장이 구성된 것이다.

<u>2.2.2</u> 문법범주에서 보면, 한국어 학습자들이 일으키기 쉬운 오류 중 하나가 시제이다. 이는 시제라는 개념이 모호한 탓도 있고 한국어 시제와 상의 체계가 체계적으로 정리될 수 있는 문법범주가 아니라는 점 때문일 것이다.

(20) ㄱ. 시험을 잘 보지 못했어서(√못해서) 기분이 나빠요.

ㄴ. 어제 해운대에 갔는데 사람들이 많아요(√많았어요).

ㄷ. 저는 이제 불고기를 잘 만들었습니다(√만듭니다).

ㄹ. 친구가 지금 곧 오겠어요(√올 거예요).

(21) ㄱ. 은행에서 돈을 찾았어(√찾아) 가지고 친구 생일 선물을 샀어요.

ㄴ. 선생님께서 몇 년 전에 학교를 졸업하는지(√졸업했는지) 몰라요.

(22) ㄱ. 입 안에 음식이 남고(√남아) 있을 때 이야기하면 안 된다.

ㄴ. 그는 한국에 있지만 그의 가족은 미국에 살아(√살고) 있다.

피·사동의 경우에도 오류가 많이 나타난다. 특히 한국어의 피동은 여러 형식으로 실현되기도 하거니와 문법적 절차로 설명하기 까다롭기 때문이기도 하다. 또한 서술어의 형태나 문맥에 따라 구성되는 피동의 형식이 다르며, 또한 그것이 어떤 원리나 규칙으로 수렴되기 어렵다는 문제도 있다. 피동에서 나타나는 오류의 예를 보면 다음과 같다.

(23) ㄱ. 나무가 바람에게(√바람에 의해) 꺾였다.

ㄴ. 피로가 쌓으면(√쌓이면) 스트레스가 심해진다.

ㄷ. 이젠 한국 생활을 적응해졌어요.(√한국 생활에 적응되었어요)

ㄹ. 건너편에 음식을 팔리는(√파는) 가게가 있어요.

한국어는 유난히 높임 표현이 발달된 언어 중의 하나이다.[8] 따라서 한국어의 높임법 체계는 조사와 어미뿐만 아니라 어휘의 대체까지 포함하여 형태적으로 복잡한 양상을 띠기도 하거니와, 실제로 높임법의 사용은 사회언어학적인 특징과 함께 화자의 심리적 양상까지도 고려되기 때문에 학습자들의 오류 발생의 빈도가 높다고 할 수 있다. 높임법에서의 오류의 예를 보면 다음과 같다.

(24) ㄱ. 교수님들이도(√께서도) 아주 친절하십니다.

ㄴ. 저는 할머니한테(√할머님께) 맛있는 것을 사 주었어요(√드렸어요).

ㄷ. 아빠는 낮에 자고(√주무시고) 저녁에 일을 나가세요.

---

8) 한국어에서 높임법(honorific)은 단순한 정중성(politeness)의 표현이 아니라 일정한 규칙에 따라 실현되는 문법적 현상이며, 규범적인 특징을 지닌다.

ㄹ. 엄마는 시간이 많이 계세요(√있으세요).

    한국어의 부정 표현은 문장의 종결 형식에 따라 '안/못' 부정과 '-지 말다' 부정으로 구분된다. 또한 '안/못' 부정은 의미적으로 의도/능력에 따라 구분되며, 각각 '-지 않다/-지 못하다'와 같은 긴 형식으로 표현되기도 한다. 따라서 한국어에서 부정 표현을 적절히 실현하기 위해서는 의미적인 양상과 함께 각각의 표현 형식이 지닌 제약 관계를 올바로 이해할 필요가 있다. 부정 표현에서 나타나는 오류의 예를 보면 다음과 같다.

    (25) ㄱ. 요즘은 배운 한국어를 잘 기억하지 않아요(√못해요).
        ㄴ. 저는 자신감을 잃지 말았습니다(√않았습니다).
        ㄷ. 저는 술을 마시면 안 운전해요(√운전하지 않아요).
        ㄹ. 내 방은 못(√안) 넓어요.

    어순에서도 다양한 유형의 오류가 나타난다. 그것은 학습자 모국어의 어순이 SOV 어순으로 핵어 후치형인 한국어와 다를 경우 두드러지게 나타나는 현상이다. 또한 한국어의 어순이 비교적 자유롭지만, 수식-피수식 관계에서 어순이 고정되는 경우에도 오류가 발생한다.

    (26) ㄱ. 나는 어제 하고 같이 친구(√친구하고 같이) 학교에 갔어요.
        ㄴ. 책상 책이 위에(√책상 위에 책이) 있어요.
        ㄷ. 어제 세 명 친구를 (√친구 세 명을) 만났어요.
        ㄹ. 아직 안 밥을 먹었어요(√밥을 안 먹었어요).

    문법범주와는 다르지만, 문장의 구성에서 호응 관계가 나타나는 경우가 있다. 특히 양태성을 띠는 부사와 부정부사가 이러한 경향을 띠는데, 이와 관련한 오류를 보면 다음과 같다.

(27) ㄱ. 얼마나(√아무리) 힘들지라도 끝까지 공부해야 해요.

ㄴ. 아마 친구가 내일 와요(√올 거예요).

ㄷ. 만약 고향에 가서(√가면) 친구를 만나고 싶어요.

ㄹ. 음식이 별로 맛있었어요(√맛없었어요).

이 밖에도 한국어의 다양한 문법 항목에서 오류가 발생되기도 한다.[9] 그리고 이러한 오류 현상을 조사하여 자료를 축적하고, 이를 분석하여 한국어 교육의 제반 영역에 반영하게 된다.

---

9) 한국어 문법 오류에 대한 분석은 상당한 연구가 축적되어 왔다. 여기서 제시된 것은 앞선 연구에서 논의된 것의 일부를 재구성한 것이며, 더 자세한 내용은 한국어 문법의 오류 분석과 관련한 연구들에서 확인할 수 있다(이은경, 2000; 이정희, 2003; 고석주 외, 2004; 권진수, 2018 등 참조).

제 13 장

한국어 문법의 평가

■ 교육과정에는 평가 단계가 존재한다. 여기서 평가는 단순한 결과의 측정을 의미하는 것이 아니라 교육 내용과 방법을 비롯한 교육과정의 구성 요소에 대한 반성적 작용을 포함한다. 이 장에서는 언어 평가의 일반적 원리를 살피고, 그 안에서 한국어 문법 평가가 어떻게 준비되고 실행되는지에 대해 정리해 보기로 한다.

① 언어 능력 평가의 일반적 원리

1.1 평가의 요건과 내용

1.1.1 교육에서 평가(evaluation)는 개인 학습자의 성취도에 대한 질적인 판단을 내리는 과정, 또는 교육 현상(프로그램, 성과, 과정, 프로젝트, 교육과정 등)의 가치나 질, 효과를 결정하는 과정을 말한다.[1] 여기서 평가의 대상은 학습자(특히 성취도)는 물론 교육에 관련된 모든 것을 포함한다. 그리하여 교육 평가는 평가의 목적이나 단계, 평가의 주체와 내용, 방법 등을 주요 내용으로 한다.

그런데 일반적인 관점에서 보면, 평가는 교수-학습 과정의 목표가 달성되었는지의 여부를 결정하는 것을 목적으로 한다. 목표 달성에 실패한 경우에는 그 원인을 밝히고 그에 대한 어떤 결정을 내리게 된다. 따라서 평가는 단순히 결과의 측정 기능이 아니라 교육 과정의 제반 현상을 되돌아보게 함으로써 교사나 학습자 모두에게 긍정적인 영향을 미치는 적극적인 기능도 있다.[2]

한편, 평가는 결과 중심적인 것과 과정 중심적인 것으로 나누어 생각할 수 있다. 결과 중심의 평가는 어떤 주어진 과제에 대한 학습자의 수행 정도를 평가할 수는 있지만, 학습자가 과제의 수행 과정에서 어느 부분이

---

1) 평가(evaluation)는 시험(testing)이나 측정(measurement)과 유사하면서도 어떤 대상의 가치를 판단한다는 점에서 구별된다(측정은 타당한 법칙에 따라 특정 대상의 속성에 수치를 부여하는 과정을 말한다). 따라서 교육에서의 평가는 단순히 학습자의 성취나 수행 능력을 대상으로 하기보다는 교육의 과정을 전반적으로 되돌아보고 그 적절성의 여부 또는 정도와 같은 가치 판단을 주요 내용으로 한다. 한편, 사정(assessment)은 졸업 사정 등과 같이 장기간에 걸쳐 수행되는 교육에서 목표 도달 정도를 총체적으로 파악하는 것으로, 시험이나 관찰, 포트폴리오, 구술 면접 등 다양한 방법을 동원하여 종합적으로 판단하는데, 때로는 수행 평가(performance assessment)에서처럼 평가로 번역되어 쓰이기도 한다(강승혜 외, 2006:13-15; 신상근, 2010:46-47 참조).

2) 평가는 목표 지향적인 것과 가치 판단 또는 의사 결정 지향적인 것으로 구분되기도 한다. 목표 지향적 평가는 교육목표가 어느 정도 구현되고 있는가를 결정하는 것이고, 의사 결정 지향적 평가는 의사 결정에 필요하고 적절한 정보의 수집하고 기술하는 것으로 정의된다.

미흡한지 그리고 그에 대한 해결 방법은 무엇인지를 제시해 주기가 어렵다. 이에 비해서 과정 중심의 평가는 학습자의 학습 결손을 필요한 시기에 진단하고 학습자의 능력에 적합한 다양한 학습 방법과 자료를 제시해 주는 데 유용한 정보를 얻을 수 있다. 또한 과정 중심의 평가는 교수-학습 과정의 상황과 특징을 살핌으로써, 교수-학습 활동의 개선 방법을 모색할 수 있다는 특징을 지닌다.

평가는 대체로 교수-학습 과정의 마지막 부분에 수행되는 활동으로 간주되어 왔다. 즉, 총괄 평가에서처럼 교수-학습 활동이 끝난 후에 평가가 이루어지는 것으로 이해해 왔던 것이다. 그러나 평가가 교수-학습 과정에서 이루어지는 것으로 보기도 하는데, 여기서는 평가와 교수-학습을 별개의 활동이 아니라 통합된 형태로 해석한다.[3] 이것은 평가가 사후적 활동이 아니라 교수-학습 과정과 상호작용 속에서 이루어지는 것임을 뜻한다. 또한 학습자 중심의 활동을 강조하는 교수-학습에서는 학습자의 개별성을 중시하므로, 평가 과정도 역시 학습자의 학습 활동과 자료의 활용을 중심으로 이루어져야 함을 강조한다.

1.1.2 일반적으로 평가가 정당성을 가지고 유용하게 쓰이려면 다음의 요건을 갖추어야 한다.

- 타당성   - 신뢰성   - 실용성

---

3) 이를테면, 지식을 간접적인 지필 검사 중심으로 평가하던 전통적인 방식에서 벗어나 새롭게 논의되고 있는 평가 형태를 지칭하는 것으로 대안적(alternative) 평가가 있다. 이것은 수업과 평가의 연계성을 강조하며, 평가 과정에서 학습자는 단순한 피평가자가 아니라 교사와 함께 책임을 공유하고 협력하는 적극적인 참여자가 된다. 그리고 학습자는 흥미있고 유의미하며, 실제적인 과제를 직접적으로 수행하게 된다. 대안적 평가는 수행 평가(performance assessment), 직접 평가(direct assessment), 실제적 평가(authentic assessment) 등으로 불리기도 한다.

타당성(validity)은 무엇을 재고 있느냐의 문제인 동시에 그 평가 도구가 학습 목표를 얼마나 정확하게 재고 있는가의 문제와 관련된다. 이에 따르면 평가의 타당도는 몇 가지로 구분되는데, 우선 내용(content) 타당도는 평가 문항이 평가하고자 하는 내용 영역을 얼마나 적절하게 반영하고 있는가의 정도를 말하고, 준거 관련(criterion-related) 타당도는 평가 결과가 어떤 준거와의 상관관계를 얼마나 적절하게 예측하는가의 정도에 해당한다. 그리고 구인(構因, construct) 타당도는 평가가 측정하고자 하는 대상의 구인(구성 요인)을 얼마나 적절히 반영하는가의 정도와 관련된다.

신뢰성(reliability)은 어떻게 재고 있는가의 문제로, 일관성 있고 객관적이며 믿을 수 있는 평가가 신뢰성 있는 평가가 된다. 이에 따르는 신뢰도는 평가 도구와 채점에서 문제가 되는 것으로, 전자는 하나의 평가 도구를 가지고 몇 번을 되풀이해서 재었을 때 비슷한 결과가 나와야 한다는 것(평가 도구 신뢰도)이고, 후자는 평가의 주체가 누구이든지 비슷한 결과가 나와야 믿을 수 있다는 것(채점자 신뢰도)이다.

실용성(practicality)은 시험의 준비와 실시 시간, 채점의 용이성, 경제성, 활용 가능성 등과 관련된 요건이다. 예를 들어, 수험자가 자신의 능력을 제대로 발휘할 수 있도록 하기 위해서는 숙달도 정도, 문제의 유형과 길이, 문항의 수, 학습자의 집중도 등의 여러 가지 요인들을 살펴서 실시 시간을 정하게 되는 것이다.

1.1.3 언어 교육에서 평가는 학습자가 목표 언어에 대해 어느 정도 알고 있고 얼마나 숙련되어 있는가를 측정하여 실제 일상생활에서의 언어 사용 능력을 추론하는 것을 일컫는다(『한국어교육학사전』, 2014:998 참조). 즉, 언어 교육에서 평가는 결국 언어 사용 능력의 정도를 알아보는 것이라 할 수 있는데, 여기서 평가의 주요 내용을 이루는 언어 사용 능력의 개념이 무엇인지가 정리될 필요가 있다.

이와 관련하여 Bachman & Palmer(1996)에서는 언어 평가의 목적을 언어 수행 능력(language ability)을 평가하는 것으로 보고, 언어 수행 능력을 언어 지식(language knowledge)과 전략적 능력(strategic competence)으로 구분하였다. 그리고 이에 대해 하위 구성요소의 체계를 제시하였는데, 간략히 정리하면 다음과 같다.

언어 지식	조직적 지식	문법 지식	어휘에 관한 지식
			통사에 관한 지식
			음운/문자에 관한 지식
		텍스트 지식	응결성(cohesion)에 관한 지식
			수사적 또는 담화적 조직에 관한 지식
	화용적 지식	기능적 지식	관념적(ideational) 기능에 관한 지식
			조작적(manipulative) 기능에 관한 지식
			자기발견적(heuristic) 기능에 관한 지식
			상상적(imaginative) 기능에 관한 지식
		사회언어학적 지식	방언과 변이형에 관한 지식
			언어 사용역(register)에 관한 지식
			자연스러운/관용적 표현에 관한 지식
			문화적 참고사항과 비유적 관련에 대한 지식
전략적 능력			목표 설정(goal setting), 판단(assessment), 계획(planning)

위에서 언어 지식은 언어 평가의 주요 내용이 되는 것으로 언어 조직에 관한(organizational) 지식과 화용적(pragmatic) 지식을 포함하는데, 이것은 언어 평가가 문법과 텍스트 등의 언어 내적 구조에 관한 지식뿐만 아니라 기능적(functional) 지식과 사회언어학적 지식에도 관련됨을 보여준다. 즉, 언어 평가에서 언어 지식은 문법이나 텍스트 등의 언어 조직에

관한 지식에만 머무는 것이 아니라 의사소통 상황에서 요구되는 기능적 지식과 사회언어학적 지식을 포함한다는 것이다.

1.1.4 한국어 평가의 경우에도 특정 맥락이나 상황에서 적절하게 언어를 사용할 수 있는 의사소통 능력을 주요 내용으로 하는데, 우선 문화체육관광부·국립국어원(2020)의 '한국어 표준 교육과정'에서는 평가 방향을 다음과 같이 기술하고 있다.

"한국어 평가는 외국어 평가로서의 보편적인 특성과 함께 한국어 평가라는 개별성을 고려하여 계획되고 시행되어야 한다. 한국어 평가는 평가 내용과 방법에 있어서 타당도를 유지하고, 일관성을 갖추어 신뢰할 수 있어야 하며 한국어 담화 공동체의 언어생활을 반영한 실제성을 갖추어야 한다.

즉, 한국어 평가는 보편성과 개별성에 부합하고, 타당성과 신뢰성, 실제성의 요건을 갖추어야 한다는 것이다.

한편, 숙달도를 지향하는 한국어 능력 평가는 듣기와 말하기, 읽기, 쓰기 등의 언어 기술을 중심으로 수행된다. 이에 대해 김중섭 외(2016)에서는 언어 기술의 평가 범주와 등급별 평가 내용을 다음과 같이 구체화하였다.

평가 범주	평가 내용
문법적 능력 사회언어학적 능력 담화적 능력 전략적 능력 과제 수행 능력	주제 기능 언어 지식 텍스트 유형

위에서 평가 범주는 일반적으로 논의되는 Canale & Swain(1980)의 의사소통 능력의 하위 영역 네 가지에 과제 수행 능력이 포함된 것이다(앞의 1장 3.2절 참조). 그리고 평가 내용은 주제와 기능, 언어 지식, 텍스트 유형의 네 가지로 구분하였다.[4]

그런데 위 평가 내용은 문화체육관광부 · 국립국어원(2020)의 한국어 교육 내용 체계 구성요소에 따르면 다음과 같이 해석된다.

- **주제:** 의사소통의 내용
  - 생각이나 활동을 이끌어 가는 중심이 되는 문제이자 내용
  - 말이나 글의 중심이 되는 화제
  - 개인 신상, 대인 관계, 여가, 교육 등
- **기능:** 의사소통의 기능
  - 언어 형태를 기반으로 의사소통을 수행할 수 있도록 하는 것
  - 의사소통을 통해 수행하고자 하는 일
  - 설명하기, 비교하기, 동의하기 등
- **언어 지식:** 언어 재료
  - 생각(내용)을 언어로 구현시키는 언어의 형태
  - 한국어의 형태적, 통사적, 음운적 특성
  - 의사소통 기능을 수행하는 데에 필요한 언어 재료인 어휘, 문법, 발음 등
- **텍스트:** 내용이 담긴 형식과 구조
  - 문장보다 큰 문법 단위로 문장이 모여서 이루어진 한 덩어리의 말이나 글
  - 말이나 글의 유형·종류 및 그것의 형식과 구조
  - 대화, 독백, 설명문, 논설문 등

<u>1.1.5</u> 언어 교육의 평가에서 평가의 결과는 학습자의 학습 결과뿐만 아니라, 교수–학습의 과정을 되돌아보면서 더 나은 방향을 모색하는 데 활용한다. 즉, 평가 결과는 학습자의 성취 수준을 판단할 뿐만 아니라,

---

4) 김중섭 외(2017)에서는 등급별 평가 내용을 주제, 기능 및 과제, 언어 지식(어휘, 문법, 발음), 텍스트 유형으로 구분하였다.

교수-학습의 내용과 방법을 개선하는 데에도 활용되며, 학습자의 성취 의욕을 고취하는 역할도 있음을 의미한다. 따라서 평가는 교사와 학습자, 그리고 관련 당사자들에게 피드백되어 앞으로의 교수-학습의 계획과 활동에 활용되는 것이다.

이와 같은 맥락에서 문화체육관광부 · 국립국어원(2020)에서는 평가 결과의 활용에 대하여 다음과 같이 기술하고 있다.

---

① 평가 결과를 교수·학습 개선을 위해 활용한다.
② 학습자가 자신의 강점과 약점을 명확히 알 수 있도록 개인차를 고려하여 평가 결과를 해석하며, 환류 효과가 효과적으로 나타나도록 학습자에게 이해하기 쉽게 피드백을 제공한다.
③ 학습자가 평가 결과를 자기 평가 자료로 활용할 수 있게 지도한다.
④ 평가 결과를 차후 평가 계획에 반영한다.

1.2 평가의 유형

언어 교육에서 평가는 목적과 내용, 기준에 따라 다양하게 분류될 수 있다. 평가의 유형을 몇 가지로 구분하여 살피면 다음과 같다.

• **성취도 평가와 숙달도 평가** 성취도(achievement) 평가는 특정한 교수-학습의 과정에서 일정한 기간 동안 학습한 것을 대상으로 교육 목표의 도달 정도를 평가하는 것이다.[5] 예를 들면, 중간고사나 기말고사 등이 이에 해당한다. 숙달도(proficiency) 평가는 학습자가 학습 축적의 결과로서 현재 행할 수 있는 언어 수행 능력을 측정하는 것이다. 영어의

---

5) 이와 관련하여 앞으로 일어날 언어적 과제의 수행 가능성이나 언어 학습의 잠재 능력을 예측하는 데 초점을 두는 언어 적성 검사도 있다.

TOEFL이나 TOEIC, 중국어의 HSK(한어수평고시), 일본어의 JLPT(일본어능력시험), 한국어의 TOPIK(한국어능력시험) 등이 이에 해당한다.

• **진단 평가와 형성 평가** 진단(diagnostic) 평가는 교수-학습 활동이 시작되기 전에 사전 정보를 수집하여 활동을 준비하거나 처방하기 위해 시행하는 것이다. 형성(formative) 평가는 교수-학습이 진행되는 과정에서 그 적절성을 평가하는 데 주안점을 두며, 과정 중심의 특징을 지닌다.

• **총괄 평가와 배치 평가** 총괄(summative) 평가는 교수-학습의 종결 시점에 총체적으로 평가하는 것으로, 결과 중심적 성격을 띤다. 그리고 배치 평가(placement test)는 교수-학습 활동의 효율성을 위해 학습자를 적절한 그룹으로 배치하는 기준으로 활용된다.

• **직접 평가와 간접 평가** 직접(direct) 평가는 학습자의 언어 수행 능력을 직접적으로 측정하는 것이고, 간접(indirect) 평가는 이를 간접적으로 측정하는 것이다. 전자에는 구두 시험이나 작문 시험 등이 있고, 후자에는 지필 평가 방식으로 시행되는 문법이나 어휘 능력 시험 등이 있다.

• **분리 평가와 통합 평가** 분리(discrete) 평가는 듣기와 말하기, 읽기, 쓰기 등의 언어 기술과 문법, 어휘, 발음 등의 언어 지식들을 분리하여 평가하는 것으로, 언어의 특정 영역에 대한 학습자의 능력을 판단하는 것이다. 이에 비하여 통합(integrative) 평가는 언어 기술과 언어 지식을 구분하지 않고 종합적인 언어 수행 능력을 평가하는 것이다.

• **준거 지향 평가와 규준 지향 평가** 준거 지향(criterion-referenced test) 평가는 임의로 정해진 교육 목표에 학습자의 언어 능력이 부합되는지를 평가하는 것으로, 절대 기준 평가라 하기도 한다. 규준 지향(norm-referenced) 평가는 시험이 출제되고 관리된 후 타인의 성취도와 비교하

여 상대적인 서열, 즉 순위를 부여하게 되는데, 상대 기준 평가라 하기도 한다.

평가의 유형에는 이 외에도 주어진 시간 안에 얼마나 많이 해결하는지를 측정하는 속도(speed) 평가와 충분한 시간을 주지만 어려운 항목을 포함시켜 학습자의 능력을 평가하는 역량(power) 평가가 있다. 여기서 속도 평가는 유창성에 중점을 두고, 역량 평가는 정확성에 중점을 둔다는 점에 특징이 있다.

1.3 평가 절차와 도구

1.3.1 올바른 평가를 위해서는 평가의 목표와 내용에 따라 적합한 평가 방법과 도구를 활용해야 한다. 따라서 언어 능력의 평가를 위해서는 평가 도구를 개발하게 되는데, 그 절차는 다음과 같이 진행될 수 있다.

우선 기획 단계에서는 평가 목표를 설정하고 평가 형태를 결정한다. 여기서는 실제 수험자에게 부여되는 시간과 채점에 주어지는 시간적 여유를 고려하여 평가 영역의 범위를 한정하게 된다. 이에 따라 평가 목표에 타당한 근거를 바탕으로 평가 항목을 선정하고, 문항을 작성한다. 그리고 작성된 문항을 검토하여 적절성을 확인하고, 평가를 시행한 뒤 결과를 해석한다.

평가는 후속되는 교육적 행위에 긍정적이거나 부정적인 영향을 미치게 되는데, 이를 환류 효과(washback effect)라 한다.[6] 이러한 환류 효과에 따라 평가는 그 결과가 수험자뿐만 아니라 교육과정, 교수-학습의 내용과 방법에도 영향을 미치기 때문에, 언어 능력 평가에서도 평가 문항을 구성할 때 그 영향력을 예측하여 수용 가능한 범위 내에서 구성될 수 있도록 한다.

1.3.2 평가 문항은 평가 목표에 따른 내용을 항목으로 구성한 것으로, 그 유형으로는 주관식과 객관식, 선택형과 서답형, 폐쇄형과 개방형, 반(半)개방형 등으로 구분하기도 한다. 이들은 모두 지필 검사를 전제로 한다는 점에서 공통된다. 언어 평가에서는 이들 중에서 일반적으로 짧은 시간에 많은 항목을 평가할 수 있는 선택형이 가장 많이 사용된다. 선택형은 채점이 신속하며, 기계에 의한 채점이 가능하기도 하다. 그러나 이것은 실제 언어 사용보다는 언어 지식에 치우치는 경향이 있어서 수험자가 언어를 실제로 구사할 수 있는지를 평가하기 힘들다는 한계가 있다.

언어 능력의 평가에서 평가 문항은 일반적으로 폐쇄형과 개방형, 그리고 반개방형으로 구분된다(『한국어교육학사전』, 2014:1013-1019 참조). 여기서 폐쇄형(close-ended question)은 수험자가 선택함으로써 반응하는 것으로 진위형과 선다형, 배합형(연결형)을 들 수 있는데, 이것은 채점 결과가 객관적이고 신속한 채점이 가능하다는 장점이 있으나 단편적 사실에 대한 기계적인 기억에 의존하는 문항이 구성될 가능성이 높다는 단점도 있다.

반개방형(semi-open-ended question)은 수험자가 비교적 짧은 어휘로 표현함으로써 반응하는 것으로 단답형과 괄호형(완성형), 규칙적인 빈칸 채우기 등이 이에 해당한다.[7] 이것은 선택형에 비해 좀 더 높은 정도

---

6) 'washback effect'는 세환 효과나 역류 효과, 워시백 효과 등으로 번역하기도 한다.

7) 규칙적인 빈칸 채우기(cloze test type)은 일정한 원칙에 따라 문장 속에 연속적으로 빈칸을 삽입한 후 문장을 완성하게 하는 형식을 말한다.

의 학습 성과를 측정할 수 있고 추측으로 답을 찾을 가능성을 최소화할 수 있으나, 채점이 어렵고 객관도가 낮다는 단점도 있다. 그리고 개방형 (open-ended question)은 수험자가 자기 자신의 어휘로 서술함으로써 반응하는 것으로 논술과 번역, 작문, 받아쓰기, 구두 시험 등을 들 수 있다.

언어 능력의 평가에서는 지필 검사 외에도 관찰이나 면접 등이 활용될 수 있다. 관찰(observation)은 학습자가 과제를 수행하는 과정에서 표현하는 언어나 행동 등을 직접 보고 평가하는 방법이다. 이것은 일화 기록이나 체크리스트 등을 활용할 수 있는데, 학습자의 무의식적 행동 특성에 관한 자료를 수집하는 방법으로 매우 유용하지만, 많은 노력과 시간이 요구되고 관찰자의 주관이 개입될 수 있다는 단점이 있다. 그리고 면접(interview)은 언어적 상호작용을 통해 심층적이고 다양한 정보를 수집할 수 있는 방법이다. 따라서 언어 능력이 낮은 학습자에게 적절한 것이기도 하다. 그런데 면접은 상당한 노력과 시간이 소요되며, 수행 과정에서 면접자가 피면접자에게 영향을 미칠 수 있고, 그 결과에 대한 신뢰도가 낮다는 단점이 있다.

실제로 언어 평가에서는 영역에 따라 다양한 방식을 적절하게 활용하도록 하되, 학습자의 성취 수준을 판단할 때에는 영역별 성격을 고려하게 된다.[8] 평가 방법을 간접 평가와 직접 평가로 구분하면, 전자에서는 학습 결과를 중시하고 객관성과 공정성을 강조하여 선택형 지필 평가 방식이 선호되고, 후자에서는 학습자의 발달 정도를 직접적인 관찰을 통해 평가하고자 한다.

---

8) 여기에는 자기 평가(self-assessmaent)와 동료 평가(peer-assessment) 등도 활용할 수 있다.

② 문법의 평가

2.1 문법 평가의 목표와 내용

2.1.1 언어 평가에서 문법은 언어 지식으로서의 문법 능력을 주요 내용으로 한다. 여기서 문법 능력은 실제적 의사소통 상황에서 적절한 문법 규칙을 적용하여 자동적으로 처리하는 능력을 말하는데, 이것은 목표 언어에 대한 개념적 지식과 목표 언어를 사용하는 데 요구되는 절차적 지식을 모두 포함한다(앞의 2장 1절 참조).

이와 관련하여 남기심 외(2002:538-539)에서 제시하고 있는 한국어 문법 영역의 평가 항목을 보면 다음과 같다.[9]

- 한국어의 수준별 문법의 이해 능력
- 문법(구문과 문형, 활용, 문법적 기능어의 용법) 구사의 정확성 및 적절성
- 표준적 문장의 구성 능력
- 한국어의 언어 구조에 관한 지식
- 문법의 문화적 역사적 배경에 관한 이해도

위에서 보면, 문법의 평가 항목에 한국어 문법에 대한 이해와 올바른 구사 능력, 문장 구성 능력, 그리고 언어 구조에 대한 지식이 포함되어 있다.

한국어 교육에서 문법 교육의 목표가 한국어를 통한 의사소통 능력의 신장에 있다고 볼 때, 문법 영역의 평가는 의사소통을 위해 문법 지식을 활용하는 정도를 평가하도록 구성되어야 함은 당연하다. 따라서 문법 평가에서의 문법 능력은 문법에 대한 지식만이 아니라 의사소통적 상황에

---

9) 남기심 외(2002)에서는 어휘 및 문법 영역으로 되어 있는데, 여기서는 문법 영역에 해당하는 부분만 제시한다.

서 요구되는 올바른 사용을 위한 능력을 포괄하는 것이다.

2.1.2 문법 평가는 문법적 표현이 이루어지는 언어 단위에 따라 형태적 차원과 통사적 차원, 담화적 차원으로 구분하여 볼 수 있다. 한국어 교육에서는 문법 평가가 형태적 차원을 중심으로 구성되는 경향이 있는데, 그것은 한국어가 형태적으로 복잡하게 분화되는 교착성을 띤다는 특성에 기인하는 것이기는 하지만, 형태적 차원은 특정한 언어 형태로 제시될 수 있어서 평가의 대상이 분명하고 구체적이라는 점에서 설명될 수 있다. 형태적 차원 평가의 예를 보면 다음과 같다.

1. (　　)에 알맞은 것을 고르십시오.

> 월요일(　　) 금요일까지 회사에서 일을 합니다.

① 에　　　　　② 부터　　　　　③ 한테　　　　　④ 조차

2. 다음 밑줄 친 부분이 틀린 것을 고르십시오.

① 창문을 열으세요.　　　　　② 김치찌개를 만들까요?

③ 누가 기숙사에 삽니까?　　　④ 공원에서 친구하고 놉니다.

위의 예에서 1.은 적절한 조사를 찾는 것이며, 2.는 문장 종결 형식에 대한 형태적인('ㄹ'불규칙) 오류 인지 여부를 묻는 것으로 형태 중심으로 구성된 문항이다.

통사적 차원은 문장 호응이나 규칙과 관련한 통사적 절차를 말하는데, 이들은 추상적이어서 구분이 모호하기 때문에 실제 평가에서는 형태적인 실현 양상을 중심으로 다루어진다. 한편, 담화적 차원에서는 발화의 형식적인 응집성과 의미적인 응결성을 중심으로 평가하며, 이도 역시 담화 표지 등의 언어 형태적인 양상으로 표현되는 것에 관심을 둔다. 이에 대

한 예를 보면 다음과 같다.

---

1. (   )에 알맞은 것을 고르십시오.

> 가: 걸어서 갈까요?
>
> 나: 시간이 (   ) 택시를 탑시다.

① 없어서   ② 없으니까

③ 없어 가지고   ④ 없어서 그런지

2. (   )에 알맞은 것을 고르십시오.

> 가: 같이 영화를 볼까요?
>
> 나: 네, 영화를 (   ).

① 보세요   ② 봅시다

③ 보지 않아요   ④ 안 보겠어요

3. 다음 질문에 맞는 대답을 고르십시오.

> 가: 어떻게 오셨어요?
>
> 나: (   )

① 친구 만나러 왔어요.   ② 버스 타고 오려고 해요.

③ 점심을 먹고 왔어요.   ④ 빨리 학교에 올 거예요.

위에서 1.은 통사적 차원에서 연결어미의 용법에서 나타나는 통사적 제약에 대한 이해를 평가하는 것이고, 2~3.은 담화적 차원에서 적절한 대화 구성의 가능성을 단순화하여 평가하는 것이다.

2.2 문법 평가의 방법

2.2.1 문법 평가는 성취도로서의 평가와 숙달도로서의 평가가 서로 구별될 필요가 있다. 문법은 언어 지식을 중심으로 평가한다면 성취도 평가가 적절할 것이며, 의사소통 능력의 하나로서 실제적인 사용 능력과 관련하여 평가한다면 숙달도 평가가 적절할 것이다. 이에 대해 문화체육관광부·국립국어원(2020)의 '한국어 표준 교육과정'에서는 다음과 같이 기술하고 있다.

"한국어 평가는 …… 진단, 배치, 성취도 및 숙달도 확인 등의 목적 아래 시행될 수 있다. 대단위 숙달도 평가에서는 한국어 표준 교육과정의 성취기준에 도달한 정도를 평가하는 것을 목적으로 하는 반면, 교실 기반 평가에서는 개별 교육과정이 정한 등급별 목표에 도달한 정도를 중심으로 평가할 수 있다."

즉, 한국어 평가는 목적에 따라 성취도 평가와 숙달도 평가로 시행될 수 있다는 것인데, 이들은 각각의 특징을 지니고 있다.

성취도 평가는 그 내용이 교수-학습의 내용에 따라 선정되므로 문항 구성이 비교적 쉽고, 간단한 형식의 주관식 문항을 통해 목표 언어의 실제적인 생성 능력을 평가할 수 있다는 장점이 있다. 또한 성취도 평가는 특정 문법 항목을 분리하여 평가함으로써 특정 문법 항목의 습득 여부를 판단하는 방법이 되기도 하며, 아울러 평가 결과에 따라 학습한 문법 항목에 대한 의식을 강화해 주기도 한다(김정숙, 2010 참조).

숙달도 평가는 언어 지식이 아니라 실제적인 의사소통 상황에서 요구되는 언어 사용 능력을 평가한다. 따라서 성취도 평가가 일정 기간 동안 교수-학습 상황에서 학습한 특정 문법 항목에 대한 정확한 이해와 사용 가능성을 평가한다면, 숙달도 평가는 다양한 상황과 맥락에서 나타나는 문법적 표현을 종합적으로 이해하고 실제로 사용할 수 있는 능력을 평가

한다는 점에서 구별된다(이은경, 2005 참조).

2.2.2 문법 평가는 성취 수준의 측정뿐만 아니라 교육의 개선을 위한 자료로도 활용된다. 따라서 학습자의 학습 결과보다는 과정을 중시하며, 듣기와 말하기, 읽기, 쓰기 등의 언어 기술의 영역과 통합적 평가를 지향하고, 평가 방법을 다양화할 필요가 있다.

일반적으로 문법 평가는 언어 기술 영역의 평가와 구별하여 독립적으로 적용되어 왔다. 그런데 실제적인 언어 사용에서는 듣기와 말하기, 읽기, 쓰기 등의 언어 기술이 통합적으로 수행되며, 이러한 언어 기술의 수행에는 문법에 대한 지식과 사용 능력이 요구된다. 이런 관점에서 보면, 문법은 말하기와 읽기, 쓰기 등의 언어 기술의 평가와 통합적으로 평가될 수 있는 것이다.

문법 평가에서 문법 지식을 별도로 분리하여 평가할 것인지, 아니면 말하기와 읽기, 쓰기 등의 언어 기술 영역과 통합적으로 시행할 것인지의 문제는 문법 교육의 관점에 따라 달리 선택될 수 있다. 예를 들면, 결과 중심의 문법 교육의 관점에서는 문법 지식을 별도의 영역으로 평가하고, 과정 중심이나 기능 중심의 문법 교육 관점에서는 언어 기술 영역에서 문법 지식을 통합적으로 평가하는 것이 바람직할 것이다.[10] 그런데 문법을 언어 기술 영역과 분리하여 평가하든 아니면 통합하여 평가하든, 문법 평가의 의미는 그대로 존재한다.

2.2.3 문법 평가에서 지필 평가 방식을 도입하는 경우, 주로 선다형과 완성형이 선호되어 왔다. 선다형은 문제에서 요구하는 답을 두 개 이상 제한적으로 주어진 답지 중에서 선택하는 것이다. 이것은 형식적 측면에서 융통성이 있어 다양한 내용과 형태의 문제를 만들 수 있고 평가가 객

---

10) 문화체육관광부·국립국어원(2020)에서는 학습자의 성취 수준을 정확히 판단하고자 할 때, '정확한 어휘 및 문법 사용에 대한 확인이 필요한 경우 어휘, 문법 등 언어 지식을 분리하여 평가한다.'고 기술하고 있다.

관적이며 채점이 쉽다는 점에서 널리 활용되고 있는 것이기도 하다.

한국어 문법 평가의 경우, 선다형은 주어진 빈 곳에 알맞은 또는 알맞지 않은 문법 항목을 고르는 것이나 동일한 형태의 활용형 중에서 맞는 것 또는 맞지 않는 것(오류형)을 고르는 것, 바꿔 쓸 수 있는 비슷한 표현 고르는 것, 형태는 동일하나 의미나 용법이 다른 하나를 고르는 것 등으로 활용되어 왔다(이은경, 2005 참조).

우선 질문에 맞거나 맞지 않는 답지를 고르는 것은 대체로 〈보기〉를 주고 빈 곳에 적절한 문법 항목을 선택하는 방식으로 구성된다. 이때 〈보기〉는 대화문으로 제시되기도 한다.

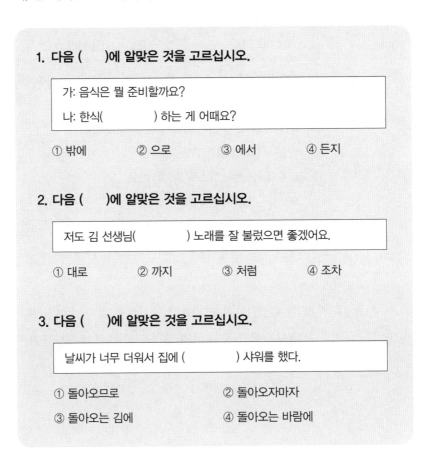

다음은 동일하거나 다른 형태의 활용형 중에서 맞거나 맞지 않는 것(오

류형)을 고르는 형식이다.

---

1. 다음 (   )에 알맞은 것을 고르십시오.

> 가: 미나 씨, 어디 아프세요?
>
> 나: 네, 감기에 (   ).

① 걸려요   ② 걸렸어요   ③ 걸리세요   ④ 걸릴 거예요

2. 다음 (   )에 알맞은 것을 고르십시오.

> 가: 머리가 너무 아파서 다음에 시험을 보고 싶어요.
>
> 나: 머리가 (   ) 오늘 시험을 봐야 해요.

① 아프더라도   ② 아프니까   ③ 아프다가   ④ 아팠으면

3. 다음 밑줄 친 부분이 틀린 것을 고르십시오.

① 집에서 학교까지 가까운가요?

② 주말에는 한국 뉴스를 들어야 해요.

③ 오늘은 김밥을 만들었으면 좋겠어요.

④ 백화점 문을 몇 시에 열는지 아세요?

바꿔 쓸 수 있는 비슷한 표현을 고르는 것은 주어진 표현과 의미가 동일하거나 유사한 일종의 의역 표현을 찾는 것에 해당한다.

※ **다음 밑줄 친 부분과 바꾸어 쓸 수 있는 것을 고르십시오.**

1.

> 가: 오늘 좀 만날 수 있을까?
>
> 나: 그렇지 않아도 너한테 <u>전화하려던 참이었어.</u>

① 너한테 전화했었어.　　　　　② 너한테 전화하려고 했어.

③ 너한테 전화한다면 좋겠어.　　④ 너한테 전화하려다가 안 했어.

2.

> 오늘은 날씨도 <u>좋은데다가</u> 시간이 있어서 등산을 다녀왔다.

① 좋다시피　　② 좋으나마나　　③ 좋을뿐더러　　④ 좋기는 해도

3.

> 발표를 할 때 <u>실수하지 않도록</u> 미리 연습을 많이 해 두는 것이 좋다.

① 실수할 텐데　　　　② 실수하지 않게

③ 실수하지 않는지　　④ 실수할 게 아니라

　이와 같은 선다형은 몇 가지 유의할 점이 있다. 우선 여러 선택지 중에 정답 또는 최적의 답이 있어야 하며, 문항에서 정답을 찾을 수 있는 단서가 제공되어서는 안 된다. 그리고 오답은 그럴 듯하고 매력적이어야 하며, 가능하면 부정적이거나 단정적인 표현은 삼가야 한다.

　완성형은 서답형 문항의 한 형식으로 진술문의 일부분을 비워 두고 그곳에 적합한 단어나 구, 기호 등을 써 넣게 하는 문항의 한 형태이다. 한국어 문법 평가에서는 기본형을 제시하고 빈 곳에 알맞은 것을 써 넣는 것이나 주어진 항목 중에서 틀린 것을 찾아 올바르게 고치는 것 등이 활용되어 왔다.

1. 다음 (　　) 안에 들어갈 알맞은 말을 쓰십시오.

> 가: 해운대역까지 (　　　　　　　　) 얼마나 걸려요? (가다)
>
> 나: 아마 30분쯤 걸릴 거예요.
>
> 가: 30분이나요?
>
> 나: 보통 출퇴근 시간에는 그 정도 걸려요.

2. 다음 (　　) 안에 들어갈 알맞은 말을 쓰십시오.

> 가: 수잔 씨가 조금 전에 (　　　　　　　) 무슨 일이야? (울다)
>
> 나: 나도 모르겠어. 안 좋은 일이 있나 봐.

3. 다음 밑줄 친 것 중 틀린 것을 찾아 바르게 고쳐 쓰십시오.

> 너무 급했어서 밥을 빨리 먹었더니 배탈이 났어요. 약을 먹어야겠어
> 요.

> (　　　　　　　　　　　　　　　　　　　　　　　　　　　)

　그리고 특정 문법범주의 형태 중에서 적절한 것을 선택하여 빈 곳을 채우는 문항도 가능한데, 이것은 교실 수업을 근거로 하는 성취도 평가에서 유용할 수 있다.

1. 〈보기〉에서 적당한 조사를 골라 (　　) 안에 쓰십시오.

> 〈보기〉
>
> 은/는　　만　　부터　　까지　　조차　　(이)나　　보다

> 1) 일은 안 하고 먹기(　　　　) 해요.
>
> 2) 부산역(　　　) 모셔다 드리겠습니다.

3) 너무 배가 고파서 빵을 세 개(   ) 먹었어요.

4) 그 아이는 어머니(   ) 더 예쁘게 생겼어요.

5) 값이 비싸지만 질(   ) 좋습니다.

6) 언제(   ) 한국어를 배우기 시작했습니까?

7) 그 사람이 그렇게 빨리 결혼할 줄은 생각(   ) 못했어요.

2. 〈보기〉에서 적당한 표현을 골라 (   ) 안에 쓰십시오.

〈보기〉

에 비해   을/를 위해   을/를 가지고   (으)로 말미암아

에 대해   을/를 데리고   을/를 무릅쓰고

1) 이것은 누구(   ) 사 온 것이니?

2) 소방관이 위험(   ) 불 속에서 아이를 구출했습니다.

3) 별로 중요하지 않은 일(   ) 서로 다투지 마십시오.

4) 강아지(   ) 강변에 산책을 나갔습니다.

5) 이것은 저것(   ) 좀 비싸다고 할 수 있습니다.

6) 저는 그 문제(   ) 아는 것이 별로 없습니다.

7) 지진(   ) 많은 건물이 무너졌다.

또한 특정한 문법 형태의 용법에 대한 이해 정도를 묻는 문항에서는 해당 문법 항목을 사용하여 제한적인 범위에서 자신의 어휘로 문장을 구성하는 능력을 평가하기도 한다.

※ 다음에서 주어진 표현을 사용하여 문장을 완성하십시오.

1. 가: 요즘은 너무 바빠서 계속 앉아서 일을 하고 있어요.

   나: _____ 다가 보면 _____.

2. 가: 날씨가 참 좋군요.

   나: _____더니 _____.

3. 가: 요즘 건강이 많이 좋아진 것 같아요.

   나: _____고 나서 _____.

4. 가: 내일 민수 씨가 고향에 돌아갑니다.

   나: 아, 그래요? _____아/어야겠어요.

③ 한국어능력시험의 문법 평가

3.1

한국어능력시험(Test of Proficiency in Korean; TOPIK)은 표준화된 한국어 능력을 측정하는 제도로 1997년부터 시행되었다. 이 시험은 1회 (1997년)와 2회(1998년)는 한국학술진흥재단에서 주관하였고, 3회(1999년)부터 20회(2010년)까지는 한국교육과정평가원에서 주관하였으며, 21회(2011년) 이후 현재까지 국립국제교육원에서 주관하고 있다.

한국어능력시험은 종전 체제(Korean Proficiency Test: KPT)와 현행 체제(Test of Proficiency in Korean: TOPIK)으로 구분된다. 종전 체제는 1회부터 34회(2014년)까지 초급(1, 2급)과 중급(3, 4급), 고급(5, 6급)의 등급제로 시행되었다. 현행 체제는 35회(2014년)부터 시작되었는데, 초급(1~2급)을 대상으로 하는 한국어능력시험 Ⅰ(TOPIK Ⅰ)과 중·고급(3~6급)을 대상으로 하는 한국어능력시험 Ⅱ(TOPIK Ⅱ)로 구분되며, 획득한 총점에 따라 등급을 판정하는 등급제로 시행되고 있다(www.topik.go.kr 참조).

한국어능력시험은 영역별 언어 지식이 아니라 한국어의 종합적인 사용과 이해 능력을 의사소통 능력의 범주에서 평가하는 것을 목표로 한다. 이에 따라 평가 영역을 보면, 한국어능력시험 Ⅰ은 읽기와 듣기, 한국어능력시험 Ⅱ는 읽기와 듣기, 쓰기로 되어 있다.[11] 이것은 종전 체제에서는 평가 영역이 듣기와 읽기, 쓰기 등의 언어 기술 영역과 어휘·문법의 4개 영역으로 되어 있었는데, 현행 한국어능력시험에서는 어휘와 문법을 별도의 영역으로 설정하지 않고 듣기와 읽기, 쓰기 영역에서 간접적으로 평가한다는 점이 특징이다.

3.2

한국어능력시험은 각 등급별, 영역별 평가 기준을 마련하고 있다. 여기서 종전 체제에서의 어휘·문법 영역 중에서 문법 부분의 등급별 기준만을 제시하면 다음과 같다(박석준, 2011 참조).

1급	• 기본적인 조사와 연결어미를 이해하고 바르게 사용할 수 있다.(예 : '이/가, 을/를, -고, -지만') • 시제, 부정문, 자주 쓰이는 불규칙 활용('ㅡ, ㅂ, .ㄹ')을 바르게 사용할 수 있다.
2급	• 자주 쓰이는 조사와 연결어미를 이해하고 바르게 사용할 수 있다.(예 : '보다, 이나, -는데, -으면서') • 관형형('-은, -는, -을'), 높임법, 불규칙 활용('르, ㅅ, ㅎ, ㄷ'), 자주 쓰이는 보조 용언('-고 있다, -어 보다')을 바르게 사용할 수 있다.
3급	• 비교적 복잡한 조사와 연결어미를 이해하고 바르게 사용할 수 있다.(예 : '만큼, 처럼, -어도, -자마자') • 반말, 간접 화법, 사동법과 피동법, 비교적 자주 쓰이는 보조용언('-어 놓다, -어 버리다' 등)을 바르게 사용할 수 있다.

---

11) 2021년부터 말하기 시험이 별도로 시행되고 있다.

4급	• 복잡한 의미를 갖는 조사와 연결어미를 이해하고 바르게 사용할 수 있다.(예 : '치고, 는커녕, −더니, −다면') • 복잡한 맥락을 서술할 때 필요한 문법 표현을 이해하고 바르게 사용할 수 있다.(예 : '−기 마련이다, −는 한')
5급	• 신문 기사, 논설문 등에서 자주 사용되는 문법 표현을 이해하고 적절하게 사용할 수 있다.
6급	• 신문 사설, 논설문, 학문적인 저술 등에서 자주 사용되는 문법 표현을 이해하고, 적절하게 사용할 수 있다.

종전의 한국어능력시험에서는 평가 영역을 어휘 · 문법, 쓰기, 읽기, 듣기의 네 영역으로 나누어 문법을 별도의 영역으로 분리하여 평가하였다. 그리고 위의 등급별 기준에 따라 평가 문항이 제시되었다.

현행 한국어능력시험에서는 등급별 평가 기준이 제시되어 있는데, 문법의 평가 기준이 독자적으로 제시되어 있지는 않고 일반적 기준에 반영되어 있다. 문법과 관련되는 부분을 정리하면 다음과 같다.

시험 수준	등급	평가 기준
토픽 I	1급	• 자기 소개하기, 물건 사기, 음식 주문하기 등 생존에 필요한 기초적인 언어 기능을 수행할 수 있다. • 기본 문법에 대한 이해를 바탕으로 간단한 문장을 생성할 수 있다.
	2급	• 전화하기, 부탁하기 등의 일상생활에 필요한 기능과 우체국, 은행 등의 공공시설 이용에 필요한 기능을 수행할 수 있다. • 공식적 상황과 비공식적 상황에서의 언어를 구분해 사용할 수 있다.
토픽 II	3급	• 일상생활을 영위하는 데 별 어려움을 느끼지 않으며 다양한 공공시설의 이용과 사회적 관계 유지에 필요한 기초적 언어 기능을 수행할 수 있다. • 문어와 구어의 기본적인 특성을 구분해서 이해하고 사용할 수 있다.
	4급	• 공공시설 이용과 사회적 관계 유지에 필요한 언어 기능을 수행할 수 있으며, 일반적인 업무 수행에 필요한 기능을 어느 정도 수행할 수 있다.

토픽 II	5급	• 전문 분야에서의 연구나 업무 수행에 필요한 언어 기능을 어느 정도 수행할 수 있다. • 공식적 · 비공식적 맥락과 구어적 · 문어적 맥락에 따라 언어를 적절히 구분해 사용할 수 있다.
	6급	• 전문 분야에서의 연구나 업무 수행에 필요한 언어 기능을 비교적 정확하고 유창하게 수행할 수 있다. • 원어민 화자의 수준에는 이르지 못하나 기능 수행이나 의미 표현에는 어려움을 겪지 않는다.

위에서는 구체적인 문법 항목이 평가 가준으로 제시되지 않았으며, 내용도 매우 포괄적으로 서술되어 있다.

3.3

2014년 개편된 제35회 한국어능력시험에서부터 문법 영역은 종전과 같이 직접적으로 평가하는 것이 아니라, 듣기와 읽기, 쓰기 영역에서 간접적으로 평가하도록 하였다. 구체적으로는 듣기 영역에서는 한국어의 문법적 형태와 통사적 장치, 한국어 문장 구조의 이해를, 읽기 영역에서는 문장 구조와 문법 규칙의 이해를, 쓰기 영역에서는 학습자 수준과 담화 상황에 맞는 문법 활용 능력을 평가의 주요 내용으로 한다. 여기서 83회 TOPIK I 읽기 평가 문항의 한 예를 보면 다음과 같다.

51. ㉠에 들어갈 말로 가장 알맞은 것을 고르십시오.

> 인주시에서는 매년 5월 '인주 꽃 축제'를 엽니다. 이 축제에서는 세계 여러 나라의 꽃을 볼 수 있습니다. 특히 올해 축제에서는 많은 사람이 모여서 꽃으로 세계 지도 만들기를 합니다. 또 평일 오전에 가면 무료로 꽃다발을 (㉠) 꽃 그림 그리기를 할 수 있습니다.

① 만드는데   ② 만드니까

③ 만들거나   ④ 만들려고

53. ㉠에 들어갈 말로 가장 알맞은 것을 고르십시오.

> 저는 감기에 걸려서 오늘 학교에 못 갔습니다. 병원에 가고 싶었지만 한국어를 잘 못해서 그냥 기숙사에 있었습니다. 그때 친구가 기숙사에 와서 저를 데리고 병원에 갔습니다. 기숙사로 (㉠   ) 친구가 밥도 사 주었습니다. 정말 고마웠습니다.

① 돌아오지만   ② 돌아오려면

③ 돌아오지 말고   ④ 돌아오기 전에

위의 예는 읽기 지문을 바탕으로 하여 종전 체제에서의 어휘·문법 영역에서 제시되었던 문항들과 유사한 형식으로 구성되었는데, 이는 종전의 문법 평가 방식이 적용되고 있음을 의미하는 것으로 이해된다. 이것은 기본적으로 문법 능력이 전제되지 않으면 주어진 문제를 해결할 수 없기 때문에, 한국어능력시험에서 문법 능력에 대한 필요성이 여전히 존재하고 있음을 보여 주는 것이라고 할 수 있다(원미진, 2021 참조).

이와 관련하여 TOPIK Ⅱ 읽기에서는 문법 지식을 직접 평가하는 경우도 있는데, 83회 TOPIK Ⅱ 읽기 문항의 예로 보면 다음과 같다.

※ [1~2] (   )에 들어갈 말로 가장 알맞은 것을 고르십시오.

1. 책을 많이 (   ) 지식을 쌓을 수 있다.

   ① 읽으면   ② 읽든지   ③ 읽지만   ④읽거나

2. 꽃이 피기 시작하는 걸 보니 봄이 (   ).

   ① 오곤 한다   ② 온 모양이다   ③ 오는 편이다   ④ 온 적이 있다

　　한편, 쓰기 영역의 경우 문장을 완성하는 문항이 있는데 64회 TOPIK II의 일부를 예로 제시하면 다음과 같다.

이것은 문맥에 맞는 어휘(내용)와 문법 형태를 활용하여 문장을 완성하는 문제로, 51번은 실용문이고 52번은 설명문에 해당한다.

참고문헌

강승혜 · 강명순 · 이영식 · 이원경 · 장은아(2006), 『한국어 평가론』, 태학사.

강현화 · 이현정 · 남신혜 · 장채린 · 홍연정 · 김강희(2016), 『한국어교육 문법
　　－자료편－』, 한글파크.

강현화 · 남신혜 · 장채린 · 홍연정 · 김강희(2022ㄱ), 『담화와 한국어 문법교육』,
　　보고사.

강현화 · 홍혜란 · 박지순 · 김진희 · 김보영(2022ㄴ), 『맥락과 한국어교육』, 보고
　　사.

강현화(2006), '한국어 문법 교수학습 방법의 새로운 방향', 『국어교육연구』 18,
　　국어교육연구회.

강현화(2022ㄷ), 『한국어 문법교육론』, 소통.

고석주 · 김미옥 · 김제열 · 서상규 · 정희정 · 한송화(2004), 『한국어 학습자 말뭉
　　치와 오류 분석』, 한국문화사.

고영근 · 구본관(2008), 『우리말 문법론』, 집문당.

고영근(2012), '민족어의 격 어미 및 부치사, 첨사 범주와 그 유형론적 함의', 『
　　국어학』 65, 국어학회.

국립국어원 편(2005ㄱ), 『외국인을 위한 한국어 문법 1 －체계 편－』, 커뮤니케
　　이션북스.

국립국어원 편(2005ㄴ), 『외국인을 위한 한국어 문법 2 －용법 편－』, 커뮤니케
　　이션북스.

권진수(2018), '결혼이민자의 한국어 작문에 나타난 오류 분석', 부산외대 대학
　　원 석사학위논문.

김강희(2022), 『한국어 지시화행의 담화문법 연구』, 박이정.

김미형(2004), '한국어 구어와 문어의 특징 연구', 『한말연구』 15, 한말연구학회.

김성수(2009), '유형적 보편성을 통해 본 한국어 학습자의 관계절 사용 양상 연
　　구', 계명대 대학원 박사학위논문.

김세현(2020), '고쳐 말하기', 『외국인을 위한 한국어 교수법』(우형식 외), 도서
　　출판 참.

김왕규 외(2002), '한국어능력시험의 평가기준 개발 연구', 한국교육과정평가원.

김윤경(2020), '문법 의식 고양', 『외국인을 위한 한국어 교수법』(우형식 외), 도서출판 참.

김재욱(2003), '외국어로서의 한국어 문법 교육 -한국어 교육 문법의 제시 원리와 체계를 중심으로-', 『이중언어학』 22, 이중언어학회.

김정숙(2010), '한국어 문법 능력의 평가', 『학술대회 논문집』, 국제한국어교육학회.

김제열(2001), '한국어 교육에서의 기초 문법 항목의 선정과 배열 연구', 『한국어 교육』 12-1, 국제한국어교육학회.

김제열(2007), '한국어 문법 교육론', 『한국어 교수법의 실제』(곽지영 외), 연세대 출판부.

김중섭 외(2011), '국제 공통 한국어 교육 표준 모형 개발 연구 2단계', 국립국어원.

김중섭 외(2016), '국제 통용 한국어 표준 교육과정 활용 점검 및 보완 연구', 국립국어원.

김중섭 외(2017), '국제 공통 한국어 표준 교육과정 적용 연구', 국립국어원.

김지은(2002), '관형절의 한 유형에 대한 연구', 『애산 학보』 27, 애산 학회.

김창구(2010), '외국어로서의 한국어 관계절 습득 연구', 부경대 대학원 박사학위논문.

김혜진(2020), '입력 강화', 『외국인을 위한 한국어 교수법』(우형식 외), 도서출판 참.

남기심·고영근(2011), 『표준 국어 문법론』, 탑출판사.

남성우 외(2006), 『언어교수이론과 한국어』, 한국문화사.

문용(2015), 『(한국어의 발상 영어의 발상 -개정판-』, 서울대출판문화원.

문화체육관광부·국립국어원(2020), 『한국어 표준 교육과정』, 문화체육관광부 고시 제2020-54호(2020.11.27.).

박경자·장미경·오은진 공역(2001), 『제 2언어 습득』(PAAL 응용언어학 번역 총서 1), 박이정.

박경현(1987), 『현대국어의 공간개념어 연구』, 한샘.

박동호(2004), '외국인을 위한 한국어 문법 교육과정', 『문법 교육』1, 한국문법
  교육학회.

박민신(2019), '한국어 피동 표현의 교수학적 변환 양상 연구', 『언어와 문화』
  15-1, 한국언어문화교육학회.

박석준(2011), '한국어능력시험(TOPIK) 어휘문법 영역에 대한 논의', 『문법 교
  육』15. 한국문법교육학회.

박진호(2007), '유형론적 관점에서 본 한국어 대명사 체계의 특징', 『국어학』50,
  국어학회.

백봉자(1988), '기초 단계에서의 한국어 교육은 무엇부터 다루는 것이 좋은가?',
  『한글』201 · 202, 한글학회.

백봉자(1999), 『외국어로서의 한국어 문법 사전』, 연세대 출판부.

백봉자(2013), 『한국어 문법 어떻게 가르치는가?』, 하우.

서울대 국어교육연구소(2014), 『한국어교육학 사전』, 도서출판 하우.

서정수(1994), 『국어 문법』, 뿌리깊은나무.

서종학 · 최동주 · 신승용 · 심상민 역(2011), 『입력 강화 – 이론과 연구에서 교
  실까지–』, 한국문화사.

손다정(2018), '한국어 교육을 위한 문법 지식의 교수학적 변환 연구', 고려대 대
  학원 박사학위논문.

손호민(2008), '한국어의 유형적 특징', 『한글』282, 한글학회.

송경안(2019), 『언어의 유형과 한국어 그리고 영어』, 역락.

송정화(2020), '과제 기반 언어 교수', 『외국인을 위한 한국어 교수법』(우형식
  외), 도서출판 참.

신상근(2010), 『외국어 평가의 실제』, 한국문화사.

신은경(2014), ' 한국어 교사의 교수학적 내용지식(PCK) 연구', 부산외대 대학원
  박사학위논문.

양명희 외(2015), '한국어교육 문법 · 표현 내용 개발 연구(4단계), 국립국어원.

양민철(2020), '입력 홍수', 『외국인을 위한 한국어 교수법』(우형식 외), 도서출
  판 참.

양현권(2008), '교육 문법론과 영어 교육', 『교육 영문법의 이해』(양현권 외), 한국문화사.

연재훈(2020), '한국어 교육 문법서의 체계와 구성', 『2020-1 학술발표논문집』, 한국문법교육학회.

우형식 · 정기영 · 서민정 · 배도용 · 최판림(2005), 『한 · 일 양어 수 분류사의 명사 부류화 기능에 관한 대조적 연구』, 제이앤씨.

우형식 · 조위수 · 박성경(2007), 『쉽게 배우는 한국어 -말하기/듣기-』, Language Plus.

우형식 · 문명신 · 양윤정 · 송정화(2011), 『현장 중심의 한국어 교수법』, 한글파크.

우형식 외(2020), 『외국인을 위한 한국어 교수법 -13주제로 분석한 한국어 교수법의 이해-』, 도서출판 참.

우형식(1996ㄱ), '접속 기능의 명사구', 『국어문법의 탐구』Ⅲ(남기심 편), 태학사.

우형식(1996ㄴ), 『국어 타동구문 연구』, 태학사.

우형식(2001), 『한국어 분류사의 범주화 기능 연구』, 박이정.

우형식(2002), '한국어 문법 교육의 체계와 방법론 -토론문-', 『제18차 학술대회 발표요지』, 국제한국어교육학회.

우형식(2003), '한국어 교육 문법과 덩이 형태의 문법 기술', 『교육논총』 5, 부산외대 교육대학원.

우형식(2004), '한국어 학습에서 나타나는 오류 분석', 『외대어문논집』 19, 부산외대 어문학연구소.

우형식(2009), '규칙으로서의 문법과 사용으로서의 문법', 『외국어로서의 한국어교육』 34, 연세대 언어연구교육원 한국어학당.

우형식(2010ㄱ), '한국어 교육 문법의 체계와 내용 범주', 『우리말연구』 26, 우리말학회.

우형식(2010ㄴ), '한국어교육학의 내용 체계와 연구 방향 모색', 『동북아문화연구』 24, 동북아시아문화학회.

우형식(2010ㄷ), 『외국어로서의 한국어 교육론』, 부산외대 출판부.

우형식(2012ㄱ), '한국어 문법 교육에서 형태 초점 접근법을 적용하는 문제', 『한 어문교육』 26, 한국언어문학교육학회.

우형식(2012ㄴ), '한국어 관형절의 구조적 특징과 습득 양상', 『동남어문논집』 33, 동남어문학회.

우형식(2013), '한국어 문법 교육에서 처리 교수를 적용하는 문제', 『한어문교육』 29, 한국언어문학교육학회.

우형식(2014), '한국어 교육에서 교수 방법 적용의 실태 분석', 『우리말연구』 43, 우리말학회.

우형식(2016), '한국어 교육에서 교수 방법 적용에 대한 인식 분석', 『한어문교 육』 35, 한국언어문학교육학회.

우형식(2017ㄱ), 『한국어 문법론』, 부산외대 출판부.

우형식(2017ㄴ), '한국어 교육 문법의 성립과 과제', 『한국어 문법교육 연구의 다각적 모색』(제47차 춘계학술대회 자료집), 국제한국어교육학회.

우형식(2018), 한국어 명사 후치 표현의 형태 범주와 기능-서양인의 한국어 문 법 기술을 중심으로, 『코기토』 85, 부산대학교 인문학연구소.

우형식(2021), 『근대시기 서양인의 한국어 문법 연구』, 역락.

원미진(2021), '한국어 능력 평가와 문법의 역할', 『문법 교육』 43, 한국어문법교 육학회.

이기갑(2005), 부치사의 기능 -유형론적 관점에서-, 『어학연구』 41-3, 서울대 학교 어학연구소.

이미혜(2002), '한국어 문법 교육에서 '표현항목' 설정에 대한 연구', 『한국어교 육』 13-2, 국제한국어교육학회.

이미혜(2009), '한국어 문법 교육의 목표 -국어 문법 교육과의 차별성-', 『문법 교육』 10, 한국문법교육학회.

이민경·조위수(2018), '협동학습을 적용한 한국어 문법 교육 방안 연구: Jig- saw4를 중심으로', 『한국언어문화』 65, 한국언어문화학회.

이민선(2004), '기능에 기초한 한국어 문법 교수 방안 연구', 연세대 교육대학원, 석사학위논문.

이병규(2008), '국어과의 문법 교육과 외국어로서의 한국어 문법 교육의 특징 비 교 연구', 『이중언어학』 38, 이중언어학회.

이은경(2000), '한국어 학습자의 조사 사용에 나타난 오류 분석', 연세대 대학원 석사학위논문.

이은경(2005), '한국어능력 시험에서의 문법 평가 연구', 『문법 교육』 3, 한국문법교육학회.

이정희(2003), 『한국어 학습자의 오류 연구』, 박이정.

이해영·박선희·이정란·이민경·황선영·하지혜·이보라미(2018), 『외국인 학습자들의 한국어 담화·화용 연구 -문법의 경계 넓히기-』, 한국문화사.

이희자·이종희(2001), 『한국어 학습용 어미·조사 사전』, 한국문화사.

이희자(1994), '국어의 '주제부/설명부'구조 연구 : '텍스트'의 구성 성분으로서의 '발화문'과 '발화문'의 구성 성분으로서의 '주제부/설명부'', 『국어학』 24, 국어학회.

임동훈(2004), '한국어 조사의 하위 부류와 결합 유형', 『국어학』 43, 국어학회.

임진숙(2019), '한국어 교육에서 명사 후치 표현에 대한 연구 -동사적 구성을 중심으로-', 『인문과학』 74, 성균관대 인문학연구원.

임진숙(2020ㄱ), 'FonF와 PBL의 절충적 문법 수업 사례 연구'. 『교양교육연구』 14-2, 한국교양교육학회.

임진숙(2020ㄴ), '모방과 문형 연습', 『외국인을 위한 한국어 교수법』(우형식 외), 도서출판 참.

임진숙(2022ㄱ), '한국어교육에서 인과관계 의존성 명사 결합형 연구', 『인문사회과학연구』 23-3, 부경대 인문사회과학연구소.

임진숙(2022ㄴ), '프락시올로지 지식 기반 한국어 문법 교육 연구', 『새국어교육』 130, 한국국어교육학회.

임호빈·홍경표·장숙인(1988), 『외국인을 위한 한국어 문법 Ⅰ.Ⅱ』, 연세대출판부.

장수(2017), '형태 초점 교수를 통한 한국어 연결어미 교육 연구 -중국인 학습자를 대상으로-', 부산외대 대학원 박사학위논문.

정대현(2008), '입력강화를 통한 한국어 문법 형태 습득 및 본문 이해 양상 연구 : 관형사형 어미를 중심으로', 연세대 대학원 박사학위논문.

정희정(2004), '한국어 문법 교육의 목표 설정을 위한 제안', 『문법 교육』 1, 한국 문법교육학회.

조성식(1990), 『영어학 사전』, 신아사.

조위수(2020), '전략 학습', 『외국인을 위한 한국어 교수법』(우형식 외), 도서출판 참.

지현숙(2006), 『한국어 구어문법과 평가』(이론편), 도서출판 하우.

최동주(1997), '현대국어 특수조사에 대한 통사적 고찰', 『국어학』 30, 국어학회.

최서원(2009), '한국어 관형사형 어미 교육 방안', 부산외대 대학원 석사학위논문

최서원(2020), '듣고 다시쓰기', 『외국인을 위한 한국어 교수법』(우형식 외), 도서출판 참.

최윤곤(2007), 『외국어로서의 한국어 구문표현 연구』, 한국문화사.

한선경(2015), '태국인 학습자의 한국어 관계절 습득 연구', 부산외대 대학원 박사학위논문.

한선경(2020), '처리 교수', 『외국인을 위한 한국어 교수법』(우형식 외), 도서출판 참.

한송화(2006), '외국어로서 한국어 문법에서의 새로운 문법 체계를 위하여 -형식 문법에서 기능 문법으로-', 『한국어 교육』 17-3, 국제한국어교육학회.

홍재성(1999), '한국어 문장과 그 구조', 『외국인을 위한 한국어 교육의 방법과 실제』(남기심 외 공저), 한국방송대학교출판부.

Bachman, L. F. & Palmer, A. S.(1996), *Language Testing in Practice*, Oxford University Press.

Batstone, R.(1994), *Language Teaching: Grammar*, Oxford University Press.(김지홍 뒤침, 『옥스포드 언어교육 지침서 문법』, 범문사, 2002.)

Burt, M.K.(1975), Error Analysis in the Adult EFL Classroom, *TESOL Quarterly* 9-1.

Canale, M. & Swain, M.(1980), Theoretical Bases of Communicative Approaches to Second Language Teaching and Testing, *Applied Linguistics* 1-1.

Celce-Murcia, M. & Larsen-Freeman(1983), *The Grammar Book -An ESL/ EFL Teacher's Course-*, Heinle & Heinle.(박근우 편역, 『영어 교사를 위한 영문법』, 형설출판사, 1991.)

Chevallard, Y.(1985). *La Transposition Didactique*, Grenoble: La Pensée Sauvage.

Chomsky, N.(1965), *Aspects of the Theory of Syntax*, M.I.T. Press.

Comrie, B.(2003), Typology and language acquisition: The case of relative clauses, In (Eds) A. Giacalone Ramat, *Typology and second language acquisition*, Mouton de Gruyter.

Corder, S. P.(1981), *Error Analysis Interlanguage*, Oxford University

Craig, C. A.(1994), Classifier Languages, In (Eds.) Asher, R. E. *The Encyclopedia of Language and Linguistics*, Volume 2, Pergamon Press.

DeKeyser, R. M.(1998), Beyond focus on form: Cognitive perspectives on learning and practicing second language grammar, In (Eds.) Doughty C. & Williams, J., *Focus on Form in Classroom Second Language Aquisition*, Cambridge University Press.

Dixon, R. M. W.(1994), Adjectives, In (Eds.) Asher, R. E. *The Encyclopedia of Language and Linguistics*, Oxford: pergamon Press.

Doughty C. & Williams, J.(1998), Pedagogical choices in focus on form, In (Eds.) Doughty C. & Williams, J., *Focus on Form in Classroom Second Language Aquisition*, Cambridge University Press.

Dulay, H. D. & Burt, M. K.(1974), Errors and Strategies in child second language acquisition, *TESOL Quarterly* 8.

Ellis, R.(1986), *Understanding Second Language Acquisition*, Oxford University Press.

Ellis, R.(2002), The place of grammar instruction in the second/foreign language curriculum, In (Eds.) E. Hinkel & S. Fotos, *New Perspectives on Grammar Teaching in Second Language Classroom*, Lawrence Erlbaum Associates Inc.(김서형 · 이혜숙 · 이지영 · 손다정 역, 『새로운 시각으로 논의하는 제2 언어 교실에서의 문법 교육』, 한국문화사, 2010.)

Ellis, R.(2003), *Task-based Language Learning and Teaching*, Oxford University Press.

Finocchiaro, M., & Brumfit, C. (1983). *The Functional-Notional Approach*. Oxford University Press.

Fotos, S.(1994), Integrating grammar instruction and communicative language use through grammar consciousness−raising tasks, *TESOL Quaterly* 28−2.

Hawkins, R.(2007), Acquistion of Relative Clauses in Relation to Language Universals, *Studies in Second Language Acquisition* 29, Cambridge University Press.

Hymes, D.(1972), On communicative competence, In (Eds.) Pride, J. B. & Holmes, J. *Sociolinguistics*, Penguin Books.

James(1998), *Errors in Language Learning and Use*, Addison Welsey Longman Inc.

Jeon, K. S. & Kim, H. Y.(2007), Relativization in Korean as a Foreign Language, *Studies in Second Language Acquisition* 29, Cambridge University Press.

Keenan, E. L. & Comrie, B.(1977), Noun phrase accessibility and universal grammar, *Linguistic Inquiry* 8.

Krashen, S.(1982), *Principles and Practice in Second Language Acquisition*, Pergamon.

Krashen, S.(1985), *The Input Hypothesis: Issues and Implications*, Longman.

Larsen−Freeman, D.(2003), *Teaching Language -from grammar to grammaring-*, Heinle & Heinle.

Leech, G. & Svartvik, J.(1975), *A Communicative Grammar of English*, Longman Group Ltd.

Lewis, Michael(1993), *The Lexical Approach*, Language Teaching Publications.

Long, M. H. & Robinson, P.(1998), Focus on form: Theory, research, practice, In (Eds.) Doughty C. & Williams, J., *Focus on Form in Classroom Second Language Aquisition*, Cambridge University Press.

Long, M. H.(1988), Focus on form: A design feature in language teaching methodology, Paper presented at the European–American Symposium on Needed Research in Foreign Language Education, Bellagio, Italy: Rockefeller Center.

Long, M. H.(1991), Focus on form: A design feature in language teaching methodology, In (Eds.) K. de Bot, R. Ginsberg & C. Kramsch, *Foreign language research in cross-cultural perspective*, John Benjamins.

Marysia Johndon(2004), *A Philodophy of Second Language Acquisition*, Yale University Press(김희숙·문은주 옮김, 『외국어 습득의 원리와 이해』, 한국문화사, 2011).

Nunan, D.(2004), *Task-based Language Teaching: A comprehensively revised edition of Designing Tasks for the Communicative Classroom*, Cambridge University Press.

O'Grady, W. & Lee, M. & Choo, M.(2001), The Acquisition of Relative Clauses by Heritage and Non–Heritage Learners of Korean as a Second Language: A Comparative Study, 『한국어 교육』 12-2, 국제한국어교육학회.

O'Grady, W. & Lee, M. & Choo, M.(2003), A subject–object asymmetry in acquisition of relative clauses in Korean as a second language, *Studies in Second Language Acquisition 25*, Cambridge University Press.

Pagin, P.(1994), Rules, In (Eds.) Asher, R. E. & Simpson, J. M. Y., *The Encyclopedia of Language & Linguistics*, Pergamon Press.

Penny, Ur.(1996). *A Course in Language Teaching*, Cambridge University Press.

Radford, Andrew(1988), *Transformational Grammar*, Cambridge University Press.(서정목·이광호·임홍빈 옮김, 『개정 신판 변형 문법』, 을유문화사, 1990.)

Richards, J. C. & Platt J. & Platt, H.(1992), *Dictionary of Language Teaching & Applied Linguistics*, Longman Group Ltd.

Richards, J. C.(2002), Accuracy and fluency revisited, In (Eds.) E. Hinkel & S. Fotos, *New Perspectives on Grammar Teaching in Second Language Classroom*, Lawrence Erlbaum Associates Inc.(김서형 · 이혜숙 · 이지영 · 손다정 역, 『새로운 시각으로 논의하는 제2 언어 교실에서의 문법 교육』, 한국문화사, 2010.)

Richards, J. C. & Rodgers, T. S.(2014), *Approaches & Methods in Language Teaching(Third edition)*, Cambridge University Press. (전병만 · 오준일 · 김영태 · 안병규 · 오윤자 옮김, 『언어 교육의 접근방법과 교수법(3 판)』, 케임브리지, 2017).

Selinker, L.(1972), Interlanguage, *International Review of Applied Linguistics* 10.

Shulman. L. S.(1987). Knowledge and Teaching: Foundations of the new reform. *Harvard Educational Review* 57.

Stern, P. P.(1983), *Fundamental Concepts of Language Teaching*, Oxford University Press.(심영택 · 위호정 · 김봉순 옮김, 『언어교수의 기본 개념』, 하우, 1995.)

Strickland, D. S. & Golda, L. & Cullinan, B. E.(2004), *Language Arts -Learning and Teaching-*, Thomason Learning.

Swain, M. & Lapkin, S.(1995), Problems in output and the cognitive processes they generate: A step towards second language learning, *Applied Linguistics* 16-3.

Swain, M.(1985), Communicative competence: Some roles of comprehensible input and comprehensible output in its development, In Gass, S. M. & Madden, C. G. (Eds.), *Input in Second Language Acquisition*, Heinle & Heinle.

Swain, M.(1995), The function of output in second language learning, In (Eds.) G. Cook & B. Seidlhofer, *Principle and practice in applied linguistics*, Oxford University Press.

Thornbury, S.(1999), *How to Teach Grammar*, Longman Group Ltd.(이관규 외 역, 『문법을 어떻게 가르칠 것인가?』, 한국문화사, 2004.)

Tomasello & Herro (1988), Down the garden path: Inducing and correcting overgeneralization errors in the foreign language classroom, *Applied Psycholinguistics* 9–3.

VanPatten, B. & Cadierno, T.(1993), Explicit instruction and input processing, *Studies in Second Language Acquisition* 15–2.

VanPatten, B.(1996), *Input Processing and Grammar Instruction -Theory and Research-*, Ablex.

VanPatten, B.(2003), Input Processing in Second Language Acquisition, In (Eds.) VanPatten, B. *Processing Instruction -Theory, Research, and Commentary*, Routledge.

Wajnryb, R.(1990), *Grammar Dictation*, Oxford University Press.

Westney, P.(1994), Rules and Pedagogical Grammar, In (Eds.) Odlin, T. *Perspectives on Pedagogical Grammar*, Cambridge University Press.

Widdowson, H. G.(1978), *Teaching Language as Communication*, Oxford University Press.

Williams, J. & Evans, J.(1998), What kind of focus and on which forms?, In (Eds.) Doughty C. & Williams, J., *Focus on Form in Classroom Second Language Aquisition*, Cambridge University Press.

찾아보기

외국어로서의
한국어 문법 교육론

초판 인쇄	2024년 4월 18일
초판 발행	2024년 4월 25일
저자	우형식
편집	권이준, 김아영, 임세희
펴낸이	엄태상
디자인	김지연
조판	이서영
콘텐츠 제작	김선웅, 장형진, 조현준
마케팅	이승욱, 왕성석, 노원준, 조성민, 이선민
경영기획	조성근, 최성훈, 김다미, 최수진, 오희연
물류	정종진, 윤덕현, 신승진, 구윤주
펴낸곳	한글파크
주소	서울시 종로구 자하문로 300 시사빌딩
주문 및 교재 문의	1588-1582
팩스	0502-989-9592
홈페이지	http://www.sisabooks.com
이메일	book_korean@sisadream.com
등록일자	2000년 8월 17일
등록번호	제300-2014-90호

ISBN   979-11-6734-046-7 (93710)